你可以嫁得更好

婚前必须清楚哪些事

张丽珊 著

天津出版传媒集团

天津人民出版社

图书在版编目(CIP)数据

　　你可以嫁得更好：婚前必须清楚哪些事 / 张丽珊著
. -- 天津：天津人民出版社，2014.1(2016.10 重印)
　　ISBN 978-7-201-08412-1

　　Ⅰ.①你… Ⅱ.①张… Ⅲ.①婚姻–社会心理学
Ⅳ.①C913.13

　　中国版本图书馆 CIP 数据核字(2013)第 235870 号

你可以嫁得更好

NI KE YI JIA DE GENG HAO

张丽珊 著

出　　版	天津人民出版社
出版人	黄　沛
地　　址	天津市和平区西康路 35 号康岳大厦
邮政编码	300051
邮购电话	(022)23332469
网　　址	http://www.tjrmcbs.com
电子信箱	tjrmcbs@126.com

策划编辑	任　洁
责任编辑	张　璐　玮丽斯
装帧设计	明轩文化　TEL:23674746

印　　刷	三河市华润印刷有限公司
经　　销	新华书店
开　　本	710×1000 毫米　1/16
印　　张	18.75
字　　数	270 千字
版次印次	2014 年 1 月第 1 版　2016 年 10 月第 6 次印刷
定　　价	34.80 元

推荐序一

一个温柔的声音陪伴听众20年

知道丽珊始于1995年。天津教育广播台开通"亲子热线",邀请当时在天津青少年心理学界有影响力的丽珊担任专家主持;之后音乐广播台的"音乐心语"开通心理热线、经济广播台金牌节目"悄悄话"开通"青春红绿灯"专栏,都邀请丽珊担任专家主持……当时我认为丽珊是一位德高望重的老专家。

初次见到丽珊是在电台主办的天津市女性发展论坛,她的演讲理论功底深厚,语言表达精准,情绪饱满,精辟而独到的观点和幽默的语言引起观众阵阵掌声……见到本人多少让我有点意外,她那么年轻,脸上的表情那么干净,内心那么从容、恬静……我们相识了。十年来,我们成了无话不说的好朋友。

丽珊是学生的好老师。1993年她开始学习心理学,一直以来,她怀揣一颗爱心,为那么多学生和听众提供心理支持。在以《中国青年报》为代表的报纸上开设"与厌学孩子心灵对话"、"从孩子看家庭"、"丽珊青春信箱"等专栏,已出版13本关于青少年心理学的专著。丽珊将人的每一个选择都放到人生长河中进行考察,具有明显的前瞻性和预见性,给很多的来访者拨云见日,也形成了独特的丽珊心理咨询风格。

丽珊是企业管理者的好智囊。2004年她开始担任企业心理顾问,她的专业领域拓展到职业生涯规划、领导力提高、情绪管理、为500强企业选拔人才、绩效评估等多方面,将心理学应用到企业管理中,做到"人尽其才"。在她的"没有最好的职业,只有最适合的岗位"理念指引下,许多职业人走向了成功的人生,丽珊则成为真正的"托起太阳的人"。她在《每日新报》上开设的"九型人格与职场成败"、"中层危机"等专栏,丝丝入扣,帮助读者提高职场成长力。

丽珊是受众的好闺蜜。无论处于怎样的社会地位,最能牵动人心的唯有情感:友情、爱情、夫妻情、亲子情、手足情……丽珊通过天津生活台广播"丽珊热线"、《今晚报》"揭开原生家庭之谜"、《今晚经济周报》"丽珊面对面"、北方网"丽珊生活心理学大讲堂"等专栏,与受众娓娓道来。她剥丝抽茧,将受众的困扰梳理清楚,几种解决问题的方案及每个方案的效果预估清楚地呈现出来,然后请受众选择最适合自己的方案。

托尔斯泰曾经说过:"幸福的家庭都是一样的,不幸的家庭各有各的不幸。"每个人都希望自己成为先知先觉的人。阅读丽珊的这套丛书,透过来访者遭遇的困难和丽珊的答疑解惑,你会学到生活的智慧,你也会对幸福增强了预见性。

知己知彼,百战不殆。女孩要想收获婚姻的幸福,一定要先认清自己,知道自己的"痛点",了解自己的依恋模式,原生家庭父母的互动模式给自己带来的影响,明确自己希望通过婚姻获得什么……认清自己的目的是避免对婚姻存在不合理的期待。在认清自己的基础上,明确什么样的男生最适合自己。无论从过来人的视角还是为人父母,我都同意"丽珊—新门当户对"观点。我们见过太多女孩在婚姻中的跌跌撞撞,不仅影响了她们的心理成长、事业发展,更无从谈起幸福,而她们的父母也被拖进了痛苦的泥潭。如果她们在结婚前看看丽珊的《你可以嫁得更好》,回避不适合自己的男生,一切都会变得不一样。婚姻没有好与不好,只有是否适合,是否幸福。

孩子对于中国家庭来讲永远是重中之重,让孩子赢在起跑线的最好办法就是在怀孕之前考虑清楚几个问题:夫妻感情质量如何?是否可以给孩子一个稳定的家庭?孩子的到来使"二人世界变成多人世界",相关的人之间关系是否和谐?面对孩子的来临是否可以拧成一股绳,给孩子营造一个和谐的心理环境?孩子的潜意识像张白纸,在母亲的子宫里就开始记录各种内心感受了。作为准妈妈,你意识到自己的情绪将会直接影响孩子对自己、对未来世界的认识,甚至对孩子的性格构成不可逆的影响吗?给孩子积极向上的潜意识是母亲给孩子最好的生命礼物。临产前，你是否有信心应对小宝宝给你提出的各种挑战？看看丽珊的《你可以生得更踏实》，你可以让自己成为有准备的好妈妈。

男女两性最大的差别在于生活的关注点不同。男性属于社会，牵动他们的是外在环境，事业的成功是他们的最高追求；女性属于家庭，无论在事业上成功与否，最牵动女性的依然是婚姻的幸福和孩子的健康成长。既然家庭是女性心理环境的重要组成部分，就塌下心来和丽珊一起学习《给孩子不伤害的爱》吧，用温情邀请老公和自己一起为孩子创设温暖的家庭气氛，让孩子成长得更自信、更快乐、更有力量！

三本书都值得女性拥有，无论你处于哪个年龄段，盘点自己的来路，优化当下，预见未来，能够避免许多的唐突和误判。

我觉得"丽珊她话题"丛书的出版真是成熟女性的福音。作为天津人民广播电台的总编辑，我非常欣慰，我们为听众选对了心理专家。她品德高尚、专业精湛，更难得的是接地气。丽珊最大的特点就是将深奥的心理学理论与现实生活紧密地结合在一起，她对人情世故的精准把握，深入浅出，真正做到了从群众中来到群众中去，这使她的建议具有现实性和可操作性。20 年，丽珊无间断地通过电波为百姓排忧解难，提供最专业的心理支持；20 年，她用温柔甜美的声音、美丽至爱的心灵陪伴着一代又一代听众，滋养着一个又一个柔弱的心田；而天津广播也因为有了一大批像丽珊这样的专家而越来越受到听众的喜爱，成为大家离不开的朋友与伙伴。

通过这套丛书，我也充分意识到媒体的社会责任，我们为专家搭建了施展才华、用自己的专业知识服务百姓的平台，达成了普惠公众的效果。请更多品行高尚、专业精湛、与百姓生活息息相关的专家走进直播间，在为社会公众服务的同时，成就他们自己人生事业的梦想，同时也使媒体的影响力、正能量发挥到极致。

天津人民广播电台总编辑、台长　李英华

2013 年 7 月 18 日

推荐序二

丽珊心理疗法，适合中国人的心灵成长方案

1999 年，由于事业和生活严重失衡，我陷入谷底。借回国参与 NGO（非政府非盈利组织）高端论坛之机，向丽珊求助。丽珊用她独特的心理疗法帮助了我，她的辅导使我坚信无论在海外定居多少年，都无法改变中华文化在我内心的根深蒂固。崇拜丽珊、追随丽珊不仅使我的人生越来越幸福，也使我走上心灵成长师之路！

丽珊从事心理学工作二十多年，拥有很高的美誉度，但她从不张扬，是我见过的"高调做事，低调做人"的典范。她专注于心理咨询的理论研究和实践，成果颇丰正得益于此。

丽珊运用其独特的心理疗法帮助了无数来访者，这基于她扎实和广博的知识、探索人性的热情和丰富的人生阅历。历史专业出身的她更愿意用历史的眼光洞察人的发展与环境的关系，把握社会发展规律对人的影响。丽珊有着深厚的中华文化底蕴；熟悉心理学的读者在阅读中不难发现，丽珊博采西方心理学各流派之长，将两者有机地融合在一起，形成独具风格的丽珊心理疗法。我感觉该疗法与其他心理咨询流派最大的不同有三个方面：一是中华传统思想对每一个华人的心理价值取向构成深刻而深远的影响，尊崇这些思想会使自己的人生顺畅。二是父母都发自内心地爱孩子，而孩子也是爱父母的。由于双方成长的年

代不同,价值观和行为方式不同也是正常的。如果两代人本着"求大同,存小异"的态度,双方达成爱的互动,就会拥有幸福人生。三是提出原生家庭的概念。所谓原生家庭与新生家庭是相对而言的。原生家庭是由父母照料,孩子出生并成长的家庭;新生家庭是孩子长大之后组建的家庭。原生家庭对一个人的影响包括个性、人格、人际互动、情绪管理、恋爱、婚姻状况、事业发展的轨迹和可持续性等各个方面。原生家庭对新生家庭的影响是有规律可循的。

丽珊是一位极具创造性、思维灵动、语言活泼的心理咨询大师,本丛书中有很多借助数学方法解读人生的有趣的坐标图,其中涉及婚姻、亲子等各个方面,使原本在大家心目中看不见摸不着的心理现象变得具体而直观。

丽珊根植于耀华中学,对学生进行了20年的成长跟踪,她真实地感受到中学时代的人生体验对其一生的深远影响。丽珊扎根学校的同时也在广播电台、电视台、报纸、期刊、网络等各种媒体开设心理学专栏,为企业、团体做心理顾问以及心理咨询工作,这使她对不同社会阶层的人的心理有全面的把握,对成年人所面临的来自生活、人际、事业、金钱、性、健康、心理等方面的压力有直观的认识,继而再将这些社会经验化作人生智慧传授给在校的学生,为他们指明人生道路。在咨询中,从横向上看,丽珊能比较精准地把握来访者的思维方式、行为习惯、给周围人的感受,以及他在人群中所处的位置;从纵向上看,透过来访者此时此刻的行为,她能够了解到他过往的经历,同时对他的未来也有了某些预见。因此,丽珊给予学生或者来访者的指导具有难得的系统性和前瞻性。下面我简要总结本书的一些基本见解。

丽珊心理疗法理念

1."趋利避害"是人性的核心,顺势而为,只要方法得当,每个人都会做出最符合自己幸福的选择。

2.本民族的传统文化是人们心底最深层的价值取向,一旦挑战传统文化则会造成内心的纠结和系统的混乱。

3.改变是需要生命能量的。人际系统中生命能量最旺盛的人最具弹性,最先改变并带动其他系统内成员的改变。

4.家族间的情绪是相互关联的,作为新生代要无条件接纳长辈,否则新生代将会沿袭自己否决的老一辈的思维模式和行为模式,并沿袭不幸福的人生。

5.每个人都有智慧的潜质,一旦外界环境适宜,则会激发智慧的光芒。

6. 智慧与学历之间没有必然的联系。知书和达理是对人的不同维度的描述,知书可以通过学历来量化证明,而达理则是智慧,通过生活质量和幸福感来验证。

7.人生是流动的、连贯的,当下的选择基于过往的经验,又为未来的选择奠定基础,所有的事情都有前因后果。

8.人与环境之间是互动的、相互作用的。每个人的生活现状都与环境息息相关,每个人的思维和行为都是环境的产物,要想改变人的思维方式和行为模式,与其相关联的人际环境也要做出相应的调整。

9.联系是必然的、全面的,在一个系统中任何一个部分的变化都会带来其他部分的变化。

丽珊心理疗法对婚姻和家庭的阐述

1.婚姻不只是两个人的结合,也是两个家族的联姻。

2.和谐婚姻以两个家族的社会地位、人生价值观、情感亲密度、人际交往模式的协调一致为基础。

3.婚姻难以承担医治原生家庭创伤的重任,不能将伴侣当作心理咨询师。

4.不同的夫妻沟通模式培养不同个性的孩子,并为孩子未来的婚姻涂上基础色。

5.孩子的天职是维护父母婚姻的稳定,为此他们会采取各种手段,不排除自我牺牲、自我伤害。

6.孩子的生命品质是其原生家庭健康状态的试纸。

7.孩子能够体会到自己在父母内心而没有明确用语言表达出来的自我价值。

8.健康的婚姻是两个心智健康的人共同经营实现的。

丽珊心理疗法的实施方案

1.身心合一,在心理咨询中可以调动一切积极因素进行调整。

2.在心理咨询师指导下的同伴互助是高品质、高效心理咨询最行之有效的辅助手段。

3.家庭系统的调整是艰难而缓慢的,但也是最能保证问题不再复发的方案。

4.当婚姻出现问题,要从双方的原生家庭中找到问题的起因和解决的方案。

5.心理咨询师要对人生有全面的把握,了解每个选择对未来人生的影响。站在发展的高度帮助来访者选择最具有可持续发展的成长方案。

6.爱是最核心的生命能量。在心理咨询中修复来访者受伤的爱和被爱的能力,会使来访者的生命更有力量。

我是心理学的受益人,珍惜每次与丽珊交流的机会,并将她的观念传播开来。感谢丽珊将为此套丛书写序的机会给予我,让我先于读者反复研读本套丛书。尽管我已经竭尽全力,依然无法完整解读本丛书的内涵。我真切地感受到丽珊心理疗法是适合中国人的心灵成长方案。祝愿本丛书的读者们能在阅读的过程中有更多更深入的发现,获得自身的成长。衷心期待丽珊能够出版更多的专著。

Angel

In Los Angeles, USA

June 16,2013

推荐序三

幸福源自内心的强大

丽珊受我熏陶,酷爱文学,内心宁静,从小就看了很多的书,养成了写随笔的好习惯,少女时代她的梦想就是成为作家。年少时,这个爱好不但没有带给她荣耀,反而带来了伤害。小升初考试时,她的作文引经据典,一气呵成,语文老师转考场时特意看了她的作文,十分兴奋地告诉我丽珊肯定是一类文,甚至可能满分。但非常遗憾,成绩下来仅仅是及格分,学校找到阅卷老师,人家认为这篇作文完全超出了六年级小学生的实际水平,肯定是事先准备好的……就这样,丽珊和全市最好的中学失之交臂。这次经历并没有让她放弃对文学的爱好,她依然如饥似渴地阅读中外名著、各类文学刊物……对于一个性格内向的孩子来讲,她在阅读中了解世界,也在阅读中澄清自己。从小养成写随笔的习惯使她日后能够将咨询的案例及时记录下来,为她出版这么多的专著奠定了坚实的基础。

丽珊善于观察,肯动脑子,极具执行力。女儿平时很少说话,总是默默地关注周围的人和事。小学一年级,她就利用周二下午没课的机会组织同学到我家来包饺子,那是我今生吃到的最香的饺子。丽珊从小就有主人翁意识,上小学后就当上小管家,负责支配家里的生活费,购买副食、蔬菜,她手里总有钱但从来不乱花钱,极具理财意识和理财能力。积极参与家庭管理锻炼了她的统筹能力,做事有条不紊,朋友们都亲切地称她"高效人士"。

　　我的家教严格，使丽珊养成了隐忍的性格，她对周围的一切充满敬畏，因为敬畏所以她信守承诺，因为敬畏所以她为人谦逊，但她的内心非常强大，绝不会盲从。中考时她毅然决然地选择了离家很远的学校，当时她没有说明理由，后来我阅读她的《学生时代　赢在心态》一书，才知道她在初中被班主任刁难，她觉得如果继续留在那个学校上高中，很难考上大学，所以她舍近求远。1991年大学毕业进入耀华中学，丽珊很敬业，教学水平得到天津市中学历史学界的高度认同，带领文科班学生在高考中获得骄人的成绩，她也因此成为历史学科的一颗新星，32岁就破格晋升为高级职称。面对一条笔直通畅的专业成长之路，她急流勇退，放弃历史，专职从事心理教学和心理咨询。20世纪末，绝大多数人还不知道心理健康是什么意思、心理咨询是干什么的，她放弃已知的通途选择了未知，许多人不理解，我也替她捏把汗，但我没有阻拦她，因为在人生中她的每次选择都经过深思熟虑，而事实又证明她的选择都是对的。

　　丽珊是"被富养"的成功典范。丽珊出生时，我已经四十岁了，我们夫妻对她的爱介乎于父母的"理性"和隔辈人的"无原则"，在物质上"富养"的同时，精神上更是"富养"，丽珊胆小、自律，我们基本上没有严厉地批评过她。没有悬在头上的警钟反而造就了她内心的强大和对自己选择的高度责任感。丽珊始终清楚自己最想要的是什么，并不懈地努力。

　　我一直说丽珊是一员福将：生活中，从小被父母当作掌上明珠般地宠爱；她老公接过我们手中的接力棒疼爱、照顾她，儿子也反哺给她很多的爱……事业上，她用自己的勤奋和担当，赢得学校领导的肯定和同事的认可；交友中，她的真诚和善良使得朋友遍布世界各地；专业上，她用爱心和智慧帮助来访者，收获了大家的尊重和喜爱。她做着自己喜欢做又擅长做的事情。丽珊说"幸福是一种感觉，也是一种能力，更是一种智慧"。

　　眼前摆放着丽珊已经出版的13本专著，我仿佛又回到了从前，那个托着腮专注听我讲故事的小女孩……在我心中，她永远是我的听话、守规矩、沉静、笑眯眯的小女儿……

　　在我85岁生日之际，给女儿的幸福丛书写序，是她给我的别样的贺寿！

母亲：王瑛

2013年7月19日

目 录

前 言

嫁得对才能真的好

女性一生的幸福和梦想都与爱情有关,少女时代问自己:"会有人愿意娶我吗?我嫁得出去吗?"谈恋爱时问自己:"这就是我最爱的人吗?以后会不会遇到更好的呢?"谈婚论嫁时问自己:"我真的将一生托付给眼前这个人吗?我们真的能白头偕老吗?"女性在爱情上是专业的,夫妻和美,子孝母慈是她们最高的追求;男性在爱情上是业余的,事业上的成就感是他们最高的追求。女性更在意爱情,更想紧紧抓住爱情,但往往因为读不懂自己、读不懂对方而想错了方案,出错了招儿!

千万不要狭义地认为嫁得好就是嫁给有权有势的男人,如果你没有足够的智慧、宽广的胸怀、极大的包容、自我牺牲的精神、独当一面的生活能力是难以驾驭这样情感的。嫁得对才能真的好,那么如何才能嫁得对呢?

找准自己的位置并以此为圆点,以心智的成熟度、人际交往舒适区的大小、情绪管理的水平为半径画一个圆,入围的则是你可以选择的男人,这个圆以外的男人无论多优秀、多赏心悦目都与你无关,那根本就不是你的"菜"。

如何具体地找准自己的位置呢?你要考虑自己的外在形象与气质、社会地位、物质基础、成长经历、性格秉性、为人处世、原生家庭中父母感情和谐度等等。

入围的男性中哪位会是你的老公呢?他的圆和你的圆交集越大,你们的和谐度、稳定性和幸福感就越大。如果希望选准了，你就要充分地了解他，在你的心中帮他也画一个同样的圆。许多女孩与男孩相爱许久，却对他的家庭知之甚少，这不算婚姻导向的爱情。因为婚姻不是两个人的结合，而是两个家庭的联姻。二十年的心理咨询和婚姻治疗使我总结出"丽珊—新门当户对"学说，社会转型期的婚姻不但不能摒弃门当户对，反而要增加更多的指标。

经年过往，无论是 50 后、60 后、70 后还是 80 后，闺蜜们凑在一起讨论的都是同一个话题"嫁给爱我的人还是嫁给我爱的人"。我们不妨借助经济学的投入产出比（收益率＝所获得的产出总量/所投入的总成本×100%），来理性分析两种婚姻模型的收益率。

"嫁给爱我的人"，表面上投入的总成本少，收益率高，但却承担着隐性的投资风险。老公此时此刻全盘接受你的现状，优点、缺点照单全收。老婆不需要为他做任何的改变，只要能够和他在一起就已经是他最荣耀、最幸福的事了。但请你自问一下，"他为什么爱我，是因为我可爱，还是因为他拥有的资源少"？这可是完全不同的两个视角。如果因为你可爱，那么你的可爱具有不可替代性吗？能保值吗？如果因为他可调动的资源少，你会因为他而自觉贬值，会失去一部分来自家人和朋友的祝福，你不能坦然将他带入朋友圈，这本身就是无形的成本，只是结婚前往往被忽略掉了。如果某一天，他资源丰富了，是否会依然照单全收你的优缺点呢？从长远来讲，这是低收益率高风险的选择。当然，如果你能保持成长的态势，鼓励老公打拼，并始终站在他的身边，成为他的加油站，则会成为高收益低风险的选择。

"嫁给我爱的人"，表面上因为你爱他、崇拜他，所以在经营这份感情中你会投入的成本高，其中既包括你为了照顾他而付出的体力成本、时间成本和爱心成本，也包括你的内外兼修，比如保持身材、学会打扮自己，让自己更加令人赏心悦目；性格更好、人际交往更和谐；修炼自己的内心，使其更强大等等。在赢得老公的喜爱的同时也提高了自己的存在感和价值感。从长远来讲，这是高收益率低风险的选择。当然，如果婚后你无暇顾及自我成长，而将全部精力聚焦于他会不会移情别恋，处于紧张和焦虑之中……则会成为低收益高风险的选择。

在婚姻中，老公最渴望得到妻子的崇拜，来自妻子的积极期待可以使老公获得前进的动力，为了不辜负妻子的崇拜，他将始终努力工作，幸福生活！在婚姻中,女性最渴望被男性保护和宠爱,由此获得安全感和归属感。如果遇到有责任感,敢于担当的男人,她在收获这种感觉之后更加全力以赴地崇拜他、爱他、照顾他。这是最理想的婚姻模式。

谈婚论嫁是需要学习的。我们约定俗成地将学校教育视为人生中最重要的事情,在学校接受老师的教育,如果成绩不理想还会找家教补课。成人后却发现那个成果并不能对我们的人生负责,更无法保证我们获得幸福。而婚姻对于我们生活质量影响之深、时限之长、波及面之广是其他事情难以比拟的,但非常遗憾,我们却没有学习谈婚论嫁的意识,更没有学习的行动。一切从感性出发,缺乏理性的符合逻辑的思考。嫁对了拜天所赐,嫁错了则陷入无望、无奈、无助的生活旋涡之中……我精心选择了39个案例,从影响婚姻质量的不同维度入手,讲述来访者的纠结和痛苦。通过阅读,你完全可以做到"先知先觉",规避开那些婚姻的毒药,让自己的选择更理性,使婚后生活简单顺畅。每章后面的心灵作业是你的自学提纲,如果你能认真填写,一定会提高你应对婚姻的能力。如果遇到一些问题拿不准,就向婚姻治疗师请教吧,他们的专业知识和阅历能够帮助你拨云见日,梳理思路,可能在你看来无法逾越的沟壑只需要改变不合理的理念,增强双方信任度,就可以胸有成竹地步入婚姻殿堂。也可能并没有引起你关注的隐患在结婚生子后会被无限放大,不仅使你难以获得幸福,还会殃及家人的生活品质,那就要学会放手。每个人都有资格追求幸福,结婚不需要赴汤蹈火的勇气。

我从事心理咨询二十年,通过实证研究得出的具有规律性的六个测试和模型,它们将复杂的心理学理论或心理学现象经由数学原理进行量化处理,让大家更加直观地了解和掌握。谈婚论嫁、生儿育女、相夫教子是女人一生的三个重要阶段,为了避免在三册书中重复出现,我将模型分别放在其影响力最明显的那个阶段的书中,下面从宏观上给读者作一简要的介绍。

第一部分是先天具有的品质——丽珊—幼儿气质类型测试。气质是个人心理活动的稳定的动力特征。心理学界一直沿用的气质类型测试是成年版,我研发出母亲通过对幼儿的观察,判断幼儿的气质类型倾向的一套测试题,由此理解孩子的某些行为特征和心理需求,以便因材施教。该部分内容在《你可以生得更踏实》一书中。

第二部分是解读自己的潜意识——丽珊—内在小孩理论：从幼年开始，人就期望被周围人当作"人"来爱，同时也有人接受他的爱，这是一个人学会爱与信任的起点。如果成长中所期望的需求被漠视、被压抑，孩子就会体验到痛苦与伤害，自我贬低，无法与他人建立信任关系。我整合了现有的很零星的内在小孩理论，用实证的方法提出"内在小孩"的自助成长方案，该部分内容在本书中。

丽珊—人的内在冰山形成及消除：我在精神分析学派的"人的内在冰山"理论基础上，详细地讲解了潜意识的组成、人的内在痛点从何而来以及如何消除痛点的具体方案。该部分内容在《你可以生得更踏实》一书中，将此理论应用到解读人生各阶段的非理性行为都是有效的。

第三部分是原生家庭与人的个性发展——丽珊—原生家庭亲子互动图：父母教养方式对孩子身心发展产生的影响是具有明显规律性的，该部分内容在《给孩子不伤害的爱》一书中详细表述，父母了解了教养方式对孩子的影响之后可以在充分了解孩子个性的同时，以将孩子培养成为什么样的人为目标，修正教养方式以期达成目标。该内容既可以追溯到幼儿阶段，也可以预见孩子未来在谈婚论嫁阶段的各种表现。

丽珊夫妻—亲子互动模型：父母间的互动使孩子真切地看到两性交往的模式，既对孩子个性形成、人际交往品质构成影响，又对长大后的两性交往和亲密关系质量都有着深刻而持久的影响。在《给孩子不伤害的爱》一书中着重强调不同夫妻互动会对孩子的个性和人际交往方面产生的影响；而在本书中则着重强调夫妻互动对孩子的异性交往、伴侣选择的影响。夫妻的互动对幼儿阶段的孩子也会产生影响，并根植于孩子的潜意识之中，在一定程度上决定了孩子的某些人生选择。

第四部分是人的依恋模式。父母的教养方式直接影响到幼儿阶段孩子的依恋模式的形成，不适当的教养方式会在不经意中让孩子形成不安全型依恋。该部分内容在《你可以生得更踏实》一书中呈现。我在幼儿依恋模型的基础上，进行大量定性研究，研发出丽珊依恋—亲密模式。不安全依恋模式的人进入青春期之后，难以获得和谐的人际互动，该部分内容在《给孩子不伤害的爱》一书中呈现。不安全型依恋的成人，在亲密关系中会有各种纠结和痛苦，该部分内容在本书中呈现。希望通过我的介绍使读者对这三本书之间的关系有个全面的把握。

　　姐妹们,选择老公最简单的标准就是站在你未来孩子的角度,他愿意让眼前的这个男人做自己的父亲吗? 好父亲不一定是成功人士,但他应具备养活孩子的能力、有替妻和子遮风避雨的勇气、心智成熟、情绪稳定、有爱心、有耐心、善于人际沟通等特征。

　　姐妹们,如果你有机会阅读本套丛书另外两本《你可以生得更踏实》和《给孩子不伤害的爱》,你就会充分体会到一个男人对他妻子的幸福感和他孩子的人格健全有多重要了。没有结婚,你就拥有选择权,珍惜呀!

　　丽珊祝福每一位女孩都能选对老公,拥有幸福和美的婚姻生活!

　　(本套丛书的所有人物皆为化名。)

丽珊

2013 年 5 月 19 日于观水轩

第一章　你的内在小孩可安好

丽珊——内在小孩理论

在四下无人无车的路口，你也要停下来左顾右盼；你对周围人过分有礼貌、守规矩，对周围人的表现过分敏感，往往将别人的负性情绪归因于自己在某方面没有做好，内心充满了自责和内疚；在你认为重要的人面前用造作的声音讲话，希望得到他人对你的注意；处处为他人着想，牺牲自己的利益，但事后又为没有得到期待的情感回馈而沮丧……这都是你的"内在小孩"在影响着已经成年的你，这个来自幼年时代的受忽视、受伤害的"内在小孩"，正是人类主要的痛苦之源。

"内在小孩"是德国心理学家弗洛伊德提出的，他发现神经症和性格问题都是我们没能解决的童年困扰所造成的。

非常感谢弗洛伊德提出了"内在小孩"理论，使我得以站在巨人的肩膀上。二十多年心理咨询一线工作的经历，使我发现"内在小孩"对人的影响不仅仅局限于神经症和性格问题，而是影响到每个人的各个方面，包括自我价值感、人际交往、亲密关系、情绪管理、子女教育等等。

我们已经无法要求父母还给我们所欠的爱，我们知道不完美的父母是这个不完美的人生中的必然，就像我们自己也同样无法对我们的子女承诺我们会是完美的一样。现在，真诚地认识"内在自我"，在心理咨询师的带领下认领她、接纳她、陪伴她、滋养她，彻底帮助她长大、丰满、坚强。"内在小孩"成长了，你的现实生活也将开启美好的篇章，你将收获丰盈的幸福感。

难道我只能做备胎

当"内在小孩"太瘦弱了，人就会因为缺乏自我价值感而处处迎合、讨好别人。在爱情中会用自我牺牲来挽留对方，从而维持感情。不对等的人际交往因为偏离正常的轨道而变得怪异。

杜淮维今年 27 岁，是我担任心理顾问的一家欧洲公司的 HR 助理，和我接触比较多。平时沟通各种事项时，她与我的助手接洽。助手曾几次向我请教，在交流中杜小姐永远是谦卑的，无论对方说什么，她都会第一时间点头如鸡啄米，"我知道了、我明白……"助手不明白是自己说话太过繁琐，侵占了杜小姐宝贵的时间，她以此来制止他的话，还是她固有的语言习惯。通过观察，他觉得杜小姐"充耳不闻"，明明是她"已经知道"的事情却没有遵照执行。我告诉助手，和杜小姐交流之前先将自己的思路梳理清楚，归结为几个方面，既可以让杜小姐做到心中有数，又可以"坚定"自己的信心，不要被她的"明白了"打乱思路，然后逐项进行交流、敲定。助手后来向我反馈这种方案比较可行，能够与杜小姐完整交流问题了。

公司高管在管理团队中发现有的员工内心脆弱，往往因为一些小事而引爆强烈的负性情绪。针对这个问题，我安排了"拥抱你的'内在小孩'"工作坊活动，带领大家找寻到"失散了很久却从没有离去的""内在小孩"。在培训中杜淮维的表现引起了我的注意,她时而心领神会,时而陷入深思,但始终表现出对我的极度追捧。工作坊活动结束之后,杜淮维马上申请了与我面对面咨询。

"丽珊老师,我的'内在小孩'测试得了 10 分,测试评估显示:在成长过程中'内在小孩'曾经受到过伤害,尽管生活主流还是好的,但遇到特定的一些问题会表现出极端难以控制的状态。我觉得这个测试真的太准了。今天和您见面想解决目前困扰我的两个问题:一是工作中,遇到强势同事我就害怕,总是被她们无端驱使,却敢怒不敢言;二是感情上,我无法维持长时间的恋爱,交往一段时间就无疾而终了。"

杜淮维认为自己长得不是太好看,穿衣服也不是太有品味,在白领中显得有些怪怪的。但周围人说她工作好、收入比较高、人也很真诚,谈恋爱不应该有问题。

"淮维,请你将最近发生的感情讲给我听好吗?"

去年春节,杜淮维回老家参加高中同学的婚礼,认识了一个男生,他当时表现得对杜淮维很感兴趣,有一见如故的感觉。回到北京之后,他们在 QQ 上一直保持联络,他在称呼上很暧昧,"宝贝"、"傻丫头"什么的,杜淮维觉得他是爱上自己了。"我经常做白日梦,憧憬着我们的未来……当时我意识到异地可能是我们之间最大的障碍,就明确地告诉他,为了他,我可以放弃在北京的工作,回老家发展……"之后再聊天时杜淮维偶尔和他开玩笑:"你得对我好,不然对不起我为你而牺牲北京工作……"杜淮维坚信他们是在谈恋爱,但不知道为什么男生突然间对她冷淡了,明明挂在网上,却不与她聊天。

这段"恋情"是杜小姐自己捏造的。网络上称"宝贝"、"傻丫头"代表不了什么。时下热播的都市题材的电视剧中,女主角经常是北京女白领,由此北京女白领成为现代时尚生活的符号。男生在朋友的婚礼上邂逅杜小姐,对她充满好奇,他希望近距离地接触一下,感受她们的不一样,仅此而已。杜小姐谈恋爱的状态毁了男生的想象。

"淮维,你如何确定自己和老家男生是在谈恋爱呢?你之前有过深刻的恋爱经历吗?"

"我从来没有谈过恋爱，或者更准确地说，我几乎没有和太多的男生交流过。"

"这就是问题的根源，你不太会'聊天'，还没有经历相互了解的普通朋友阶段，就直奔爱情，竟然说为了和他在一起而放弃北京的工作，太不按套路出牌了，完全打消了男生继续与你交流的念头。"

杜淮维没有深入地谈过恋爱，无法判断朋友、暧昧和恋人的区别。电视连续剧《粉红女郎》中刘若英扮演的"结婚狂"对男生很真诚，但男生却无一例外地逃掉，为什么？她选择男朋友没有明确的标准，只要男生愿意和她交流，她就会"爱上"人家，并误认为人家对自己也有意思。这对根本没有想要发展爱情的男生来讲简直无法理解。

"丽珊老师，从小到大我一直固执地认为自己没有任何吸引男生的资本，不会被男生喜欢的，那就别瞎耽误工夫了，一门心思念书得了。随着年龄的增长，我有强烈的急迫感，各方面比我优秀的女生还被剩下，像我这样的如果不趁着年轻嫁出去，年龄大了更没人要了。所以只要遇到对我感兴趣的男生，我就会假设他对我有意思，就要积极争取一下，千万别错过了……"

我告诉杜淮维，绝大多数的爱情都是发生在双方充分了解的基础之上，并且双方对等。如果爱情是以一方的自我牺牲来换取，感情则容易生病。如果你真的为了爱情而放弃北京的工作回到老家，可能整个工作的环境和状态都不如意，你自然会要求对方对自己好。但是他为什么要承受这样的压力呢？

"噢，还真的，当我决定为他而放弃北京的工作之后，就经常在聊天中说你得对我好，我为你付出……那后面的一段交往是不是也因为我太主动了？"杜淮维继续讲——

"一位客户单位的小伙子走进了我的视野。在工作中，他特别善解人意，总是帮我完成一些任务。我们俩由工作关系发展成私人朋友，开始约会了。我了解到他女朋友出国了，他很孤独，对他们的感情没有一点儿把握……看着他的痛苦，我特别想给他以爱的抚慰。我和他在一起特别快乐，他特别能演、能说，总逗我开心，我坚信他早晚会成为我的老公。有一次我们聊到以后另一半是什么样的,我告诉他我的理想老公就是他这样的,而他却说非国外的女友不娶。我当时挺失落的,随后又安慰自己,他只是还没有和女友正式分手,等他们分手了,自然就会选择我。

"我一如既往地关心他,希望多与他见面,但他却对我越来越冷。前几天我给他发短信,希望我们能够携手人生。他告诉我,女孩子的青春耽误不起,抓紧谈恋爱把自己嫁出去……丽珊老师,您说他是始终没有爱过我还是经过交往之后不喜欢我呢?"

"淮维,客户男和你之间的交往有多少因素是为工作,又有多少为'感情',我们不得而知,但他一再地跟你讲出国的女友,本身就是给你一个明示:他已然是'名草有主'了,请你把握好分寸和界限。你一意孤行地和他'谈恋爱'使他很纠结,他不想欺骗你,但又怕因为拒绝你而影响工作关系。你的'执着'让客户男太惶恐,他只能明确地告诉你抓紧找靠谱的人谈恋爱。"

杜淮维有些沮丧地低下头,我能感觉到她在鼓励自己面对现实。"丽珊老师,难道这两个人都没有爱过我吗?闺蜜说我一直是男生的备胎。但我不明白原因是什么? 是长得不好看,还是不会说话?"

"其实不是你不可爱,而是没有找到合适的人。这两个小伙子都很正派,没有和你玩暧昧,而是断然叫停了你的不切实际的想法。如果遇人不淑,你有情他有'意',你十分容易陷入男生的圈套。"

"丽珊老师,我就是觉得他们人挺好的,我特别希望能够找到依靠,希望得到别人的关心。我当时说回老家发展也并不是单单为男生牺牲,我希望结婚,希望离开现在的公司,希望永远离开我根本无法适应的职场,做个全职太太。我每天在公司就像个小丑一样,被那么多的同事呼来唤去,每天都处于纠结和痛苦之中,总希望能够彻底逃离。如果能够为感情牺牲,我觉得是离开公司最体面的理由。"

所有的付出其实都是有前提条件的,当你决定为了婚姻而放弃现在所拥有的一切之前,请你问问自己到底想逃避什么?而想逃避掉的事情万万不能以婚姻来解决,因为婚姻才是影响我们生命质量最重要的因素。

　　"我刚工作时是 HR 一组的行政助理,为团队服务。这个团队中的几个女同事都比较强势,其中有一个曾经是空姐,她最霸道,脾气暴躁,经常和同事发脾气,但因为她人脉广,好像什么事情都能够办到,又热心帮助别人,所以人缘儿还不错,大家谁都不敢得罪她。我年初被升为总监助理,为总监提供服务,但办公区域并没有任何改变。总监将这个岗位变化告诉给经理们了。

　　"现在团队中有一个新助理了,但前空姐还是指使我去干这干那,我稍微拖延或请她让新助理去做,她就会发脾气……前空姐总是跟同事们说我消极怠工,整天呆如木鸡地盯着电脑,不知道我到底在干什么。明明我听到,却不敢跟她解释或辩驳什么,站在她面前,我就觉得自己矮她一头似的。

　　"人力资源部总监的工作是繁杂的,经常有急活儿,前一段时间为了避免得罪前空姐,我抢在总监的任务之前做了她的事情,总监知道后特别生气,严肃地告诉我:'你要清楚,你是我的助理,你要为我提供最及时、最准确的支持。如果你还希望做一组的助理,可以给我发个邮件……'我心里充满了委屈,但谁会体谅我内心的感受呢?

　　"丽珊老师,我现在左右为难,得罪总监吧,影响我在她心目中的形象,肯定对未来的职业发展不利,但她人比较温和,不会当众斥责我;得罪前空姐她会当众斥责我,跟别人说我坏话,让我每天都过得不愉快……"

　　为了无法适应职场中的人际关系而选择结婚做全职太太是完全不靠谱的事情,亲密关系是人际关系中难度最大的,如果普通人际关系都搞不定,那么亲密关系就更难经营得好了。婚姻绝不能成为退出职场的理由。

　　杜淮维的"内在小孩"浮出水面……自卑、讨好、胆怯。杜淮维是家中的老二,老大是强势的姐姐,老三是伶俐的妹妹,最小的是弟弟。杜淮维在家庭中总是被忽略的,她甘愿服从大姐的调遣,甘愿让着弟弟,但她难以接受妹妹仗着得到父亲的宠爱而在她面前发号施令。但每次和妹妹的较量都会以她被父亲训斥而告终……在她的骨子里害怕一切强势、仗势欺人的人。这也是为什么那两个男生对她好一点儿,她就想到要托付终身的缘由,她太缺爱了。

　　"淮维,作为职业人,你不能因为惧怕谁而听命于她,你要尊重自己的职业岗位。之前你是团队的行政助理,那么就要为团队中的每一个人提供服务,让团队的工作得到顺利落实。现在你是总监的助理,你要效忠总监这个岗位的人,无论是现在的总监,还是未来任何坐到这个位置上的人。你要忠于职守,但方法可以迂回一下。"

第一步是找总监进行交流,请她在企业系统中将岗位变化进行公示,让全公司的人都知道杜淮维小姐的岗位发生变化了。尽管总监告诉经理们了,但助理岗位的变换对于经理来讲的确不是大事情,尤其经理很少直接与助理发生业务关系,所以估计经理并没有非常正式地告诉团队中其他人,所以前空姐才会对你的"无作为"表示不理解。

第二步当前空姐再让你帮助她做工作时,你可以很有底气地告诉她:我现在是总监的助理,我要对总监负责,你可以让团队新助理来帮助你做。所有的人对工作都要经历一个由陌生到熟悉的过程,当新助理熟悉了,一定会做得很好。当然如果你很信赖我,那就等我忙完之后再帮你忙吧,只是完成的时间不好保证。

"淮维,当你和前空姐说这些话时,态度坚决,语气和缓,不容置疑。如果跟她说一次没有奏效,就说第二次,只要你坚持几次,她一定会放弃再指使你了。"

杜淮维在后期的咨询中,帮助"内在小孩"不断地成长,慢慢地,她在人际交往中变得从容而坚定了。

【丽珊女性幸福心理学】

"他是唯一对我好的人呀,我只能选择他了"是"内在小孩"比较微弱的女孩在恋爱时常有的态度。这种缺乏自信的态度会让男生不舒服,没有任何的征服快感,"我只是找到了一个别的男生都不会对她好的女生而已",这也太悲催了!

女孩要先让自己的"内在小孩"长大,然后挺直腰背去选择适合自己的男朋友。

被忽略的女孩在婆家遭"冷落"

周凌云新婚嫁入婆家,总是一副郁郁寡欢的表情。婆婆不得要领,经常打电话给自己的老战友,询问如何做才能让女孩开心?"无论到哪里都被人忽略是我的命"道出了周凌云"内在小孩"的苍凉。

表情幽怨的儿媳

气宇不凡、性格爽朗的周老看上去完全不像将近 70 岁的人。"张老师呀,真是不好意思,给您添麻烦了。我这人一生乐观开朗、知足常乐,可我那丫头不太随我。她小的时候,我工作忙,很少回家,她看到我总是跑开。我当时感觉她没见过世面、胆子小,认为等她长大后就会好了。我对她的关注不够,把自己仅有的一些空闲时间给了其他几个孩子。可事情的发展证明我当时的想法是错的,问题是越来越严重……"

我们的父辈在陪伴孩子成长的过程中, 常有这样的思维方式——"树大必直"。他们认为孩子身上的一切问题都会随着年龄的增长而慢慢消失。那个时代人们没有意识到孩子的负性情绪体验会直接影响一个人的情绪管理能力和人际交往能力,有的甚至会影响人格形成,忽略了情绪管理和人际交往能力都是需要学习的。

周老的女儿周凌云自幼性格内向,在父亲的记忆中,她从来没有笑过。无论是学业还是工作,她都特别不顺。她难以适应环境,每次进入新环境,她都会找出这个环境对她不利的因素,从而产生强烈的抵触情绪。周凌云长大后的几次恋爱也都是如此。在父亲的极力促成下,27岁的周凌云与父亲老战友的儿子结婚了。周老原本以为,凭借双方父母几十年的交情,他完全可以放心女儿的归宿了。可是周凌云结婚后不久,亲家母就把电话打到了周家:"凌云总是不开心,无论我们做什么,她的表情总是很幽怨,问她有什么不满意的地方,她也不说。你快告诉我们,如何才能讨好你的宝贝闺女?"周老刚刚放下的心又悬了起来。他感激亲家对他女儿的关怀,经常带上礼物去看望亲家。但慢慢地,亲家再也不打电话来了,也不再欢迎周老去串门了,周老明显感到亲家对他将这样的女儿嫁过去有意见了。周凌云结婚五年,已经有一年多没有去过婆婆家。这桩婚姻不但没有让周老省心,而且还毁坏了他和老战友几十年的交情。

说起女儿,周老流露出疲惫而颓然的神情,倍显苍老。

"周老,恕我直言,凌云与婆家的问题绝不是简单的婆媳不和,在一定程度上,婆家是无辜的,他们迎娶了一位在情绪管理和人际交往方面有问题的媳妇,您同意我的说法吗?"

周老忐忑地点点头:"我同意您的说法,我现在觉得特别对不起老战友一家,我当初像甩包袱一样地将她嫁了出去,我很愧疚……"

周老的明事理令我钦佩。我没有任何顾虑地与周老一起讨论原生家庭对凌云人格形成的影响。

怀孕,是婚姻的转机还是危机

"周老,您家有几个孩子?"

"三个,凌云是老二。老大是儿子,挺像我,上学、工作都挺让我省心,我很满意;老三是女儿,乖巧、聪明,她现在在美国,一直希望我们老两口儿去美国养老,但我怎么能够撇下老二呢?"周老叹了口气,"不把她安排好,我死难瞑目呀。"

美国实证心理学家研究发现,在多生子女家庭中,排行老二的子女与家人的亲密度最低。在一个家庭中父母对头生子女充满了新奇并格外关注;随着弟弟妹妹的出生,头生子女又晋级成为父母的助手,被父母倚重,这使他们有很强的自我价值感和社会适应性。老二的出生对于父母来讲则没有了欣喜感,又因为老二增加了父母的家务负担,所以他们得到父母宠爱的机会也比较少。此外,来自稍微年长的老大的"管理"又使老二倍感压抑。家中最后一个子女出生时,父母的年龄一般已经偏大,他们对生命充满了敬畏,也更加珍爱最小的孩子。同时,因为年龄的悬殊,最小的孩子得到哥哥姐姐的照顾也比较多,在他们的潜意识中,自己被所有人欢迎和宠爱,所以常常表现出极强的自信。老二的地位是尴尬的,他们与家人的亲密度低造成他们在人际交往中容易出现敏感多疑的状态,有的人还采取各种手段来追求"平等"的权益。

"周老,听您的秘书说,事情最近又有了新的发展,是什么呢?"

"凌云怀孕了。她刚结婚时,我盼着她怀孕,觉得有了孩子,大家的关注点都转移了,或许会缓和婆媳关系,但她迟迟没有怀孕。与婆婆关系弄僵以后,我就不太希望她有孩子了。半个月前,老伴告诉我,凌云怀孕了,我寝食难安——她的个性会因为孩子的出生而改变吗?孩子的出生会促进婆媳关系的改善,还是将两代人的关系彻底推向崩溃?夫妻关系肯定会因为婆媳关系不好而出现问题,离婚是迟早的事。如果把孩子留给婆家,凌云肯定不能接受;但孩子跟着她也不会有好日子……他们的婚姻质量决定孩子是否应该降生。"

"周老,您的分析理性而全面,我能感受到您对女儿的爱是着眼于她未来发展的大爱。"

"张老师,您别夸我了,我现在是亡羊补牢呀。如果在她年少时,我就能像现在这样重视她的问题,她也不会是今天这个样子。我觉得她也是无辜的,只怪我们当初一点都不懂得如何教育子女。"

在婚姻问题上,用简单的方法解决复杂的问题只能使问题更加复杂。婆媳关系的恶化直接影响到夫妻关系,如果将维系婚姻的希望寄托于还未出生的孩子,显然风险太大了。经营婚姻需要双方不断学习爱的能力,增强彼此的接纳度,提升双方表达感情的能力。一旦确认要将孩子带到这个世界,夫妻双方就应该努力为孩子营造良好的原生家庭,以便孩子能够拥有健全的人格。

"我永远是被冷落的人"

周凌云冷冷地看着我。"我丈夫几年前就建议我去看心理医生,这是他对我的侮辱,试图以此来掩饰他母亲对我实施的精神虐待。"

"是什么让你下决心与我面对面呢?"

"我父亲和我谈了三个小时,他说预约到您很不容易,希望我来一下,不然太不礼貌了。"

"谢谢你与我见面。在平时的人际交往中,你总是出于礼貌而违背自己的意愿吗?"

"是呀,我这辈子受的委屈太多了……为了生存,总要委曲求全。只有我不再贪恋生命的时候,才能将自己的真实感受告诉给周围人……"周凌云的眼泪夺眶而出,声音变得凄楚。

我静静地陪伴着她,希望她能释放更多的负性情绪,却不料想她很快就平复了自己,甩了甩头:"说什么都没有用,我就是这命。"

"你经常这样处理自己的情绪吗?"

"您认为我像泼妇一样大哭大闹就好吗?"周凌云以挑战性的口吻问道。

我告诉她,人们往往认为,表达自己的感受就会情绪失控,给人留下情绪化的印象,所以会尽力压抑自己。事实却正好相反,被压抑下来的、未准确表达的感觉,一段时日后,还会爆发出来。因此,每当情绪或感觉出现时,要适时表达,如细水长流般地将其释放出来,而不是在累积太多的痛苦后,让它猛烈爆发。

周凌云好像接受了我的观点。"刚结婚时,我太渴望被他们一家人接纳了,无论他们做什么,我都告诉自己要微笑。但时间长了,再也没有人关注我的感受了。大嫂能言善辩,占尽先机,一家人围着她转。而我,可有可无……"

"结婚前,你在娘家是不是也有过类似的感受?"

"我不是说了吗,我就是这个命!"周凌云的话证明了我的猜想:她将原生家庭中的情感缺失带入了婆家。为了进一步探知原生家庭在她内心的烙印，我开始了"人生脚本"的访谈测评。测评开始时，凌云依然保持"礼貌"，但随着问题的深入，她难以控制自己的情绪了，几次因为哭泣而难以应答——

　　周凌云出生时，父母工作很忙碌，他们把她送到了乡下姥姥家。当周凌云上小学回到父母身边时，满口的乡下话让哥哥和妹妹时常笑话她，她第一次意识到自己遭遇到了不公平的待遇。出于自我保护的本能，她开始观察家庭中的每个成员：哥哥长得像父亲，性格开朗，在部队大院里是小朋友中的领袖，父亲格外重视他，总要求两个女儿向哥哥学习；妹妹长得娇小、漂亮，父亲格外宠爱她。在凌云的记忆中，自己几乎没有穿过新衣服，包括过年时都是穿哥哥替换下来的衣服，以至于她刚从姥姥家回到父母身边时，邻居都不知道她是男是女……凌云为了引起父母的关注，作出很多努力，但根本没有效果。她的内心充满失落、嫉妒、委屈和痛恨。她根本就不属于那个环境。(她在婆家的感受与此多么地相似！)

　　更令周凌云绝望的是，她发现不仅父母忽略自己，学校的同学和老师也根本不接纳自己，她总是被孤立。初中时，她发现只有制造麻烦，才能提醒父母他们还有一个女儿的存在。这使她每天总是想着如何制造麻烦，看着父母为她的事情而着急，她内心充满快感。

　　20岁左右时，周凌云无数次地幻想着能够找到一个爱自己的人，拥有一个专属于自己的家。可是结婚后，她发现尽管自己忍让了许多，却依然无法得到关注，婆婆虚情假意地迎合自己，内心却始终把大嫂放在最重要的位置……周凌云再次打响了要求"平等待遇"之战。

　　周凌云的成长经历使她的自我价值感低下，她与人的交往模式已经陷入了自动化的程度，很难有所改善。

检视自己，让内在需要趋向合理

　　"凌云，在成长过程中，父母的确没有给予你足够的关注，你渴望在婆家获得情感补偿的心情是可以理解的，你主观地赋予婆家一个使命——无条件地接纳你，爱你……"

　　我感觉到周凌云已经接受了这个观点，于是布置了检视自我的作业——将婆婆令你不满的行为逐一列出来,然后分析哪些是婆婆这个身份必须给予儿媳的,哪些是你强加给她并不是她这个角色必须做的。

第二次见到周凌云是在一周以后,她的表情比第一次见面时显得开朗了许多。

"老师,这个作业很神奇!随着我对问题进行深入思考,我觉得自己对婆婆的要求的确有些过分。实话实说,老人家对我还算是公平的,我不可能将她全部的爱都拿过来。"

"凌云,你真的太棒了,如此客观地分析问题。"我及时给予她鼓励。周凌云告诉我,现在她已经能够理性地思考问题,但遇到具体问题还是难以消除内心的失落感和愤怒感。我告诉她,这些感受来自她的潜意识,又给她布置了更加具体的作业,并邀请她的丈夫下次一起来接受咨询。

周凌云的丈夫很感谢我对他妻子的帮助,他告诉我凌云的情绪已经比以前稳定了许多。他知道彻底改变周凌云的心理问题需要一个过程,但他有信心在陪伴凌云改变的同时期待着他们孩子的降生。

我顺势将他们全家人的沟通模式进行量化处理,发现依然存在一些沟通无法有效对接的问题,建议他们继续接受辅导。"我们一定积极配合您,将我们自己梳理好,以便给孩子营造一个积极健康的原生家庭。"

我告诉他们,通过了解和内观自己的情绪,可以改变自己对事情的感觉,更能进一步改变对自己的感觉。人活着追求的就是相信自己、照顾自己,并且认为自己是有价值的。无论是得意还是失意,别忘了常回过头来内观自己的感觉,活出真正健康快乐的自己。

在长达半年的家庭辅导过程中,周老积极配合,他不但鼓励女儿和女婿坚持心理咨询,而且还组织了一次别开生面的旅游,周老一家、凌云夫妻、婆婆一家去了当年他们战斗过的边陲。旅游路上,凌云切实感受到父辈的艰苦,两代人的心灵融合了,凌云也理解了父亲当时对自己的疏于关爱。两个家族之间亲密度增强了。

【丽珊女性幸福心理学】

如果将伴侣当作自己的心理师,医治"内在小孩"的瘦弱;将婚姻作为诺亚方舟,逃离原生家庭;将婆婆想象成母亲,弥补在娘家感情的缺失……那就全错了。婚姻无法承受这种压力。

我已经不再是我了

女人一生最常见的负性情绪是委屈。委屈是指当我们将自己托付给别人，却无法得到预期的关爱时所产生的负性情绪。如果你经常委屈，请回答我的问题：为什么要将自己的心灵托付给别人呢？

杨筱薇和EAP(企业员工心理援助计划)接线老师预约咨询时说："我的生活全乱了，生活逼得我已经不再是我了，请丽珊老师帮助解读我的'内在小孩'，并梳理现在生活、工作中的繁杂。"

杨筱薇是我担任心理顾问的一家美国医药企业医学部的初级管理者。她接受了"内在小孩"的测试，得16分，说明她有过被伤害的经历，会在不经意间爆发负性情绪。

"丽珊老师，我觉得目前自己的生活全乱了，在公司我表现得特别温和，甚至同事都不相信我会发脾气，但每当晚上或我一个人的时候，我总是陷入委屈之中，有时甚至影响我的睡眠质量。"

杨筱薇的上一份工作是在一间三甲医院的药房做药师，几年的工作使她清楚地意识到这个岗位基本没有发展，并且收入也太少了。休产假后她接受了猎头的邀请，跳槽到这家美国药厂。工作环境改善了，收入提高了许多，但几年下来,她并没有找到想象中的幸福感。

"这里的工作比以前忙,并且每个岗位都承担着责任,马虎不得。晚上下班也难以第一时间离开公司,偶尔还会加加班,再经过漫长的车程回到家里已经是精疲力尽了。

"我的孩子没有获得在离家近的国办幼儿园入园的机会,只能坐将近一个小时的校车到很远的一所幼儿园。早晨6:30起床,7:00就得上校车。每天看着远去的校车,我心里特别难受,孩子这么小却要这么早起床。我暗下决心,今天晚上一定要耐心地与孩子玩儿……但晚上回到家,看到老人把家'收拾'得一塌糊涂,把孩子宠得没有规矩就难以克制负性情绪,不能说老人什么,只能将脾气发在孩子身上。孩子睡觉之后,我就开始自责……周而复始,我痛苦地发现女儿现在脾气特别急躁,说话声音很高,正朝着我所厌恶的方向发展。

"幼儿园总是搞开放日,我却因为工作而无法参与,想着有的小朋友能和母亲在一起玩儿,多么快乐呀,而我的女儿却没有这样的机会。我内心充满了委屈。如果我老公多考虑一下家庭而不是他的个人成长,不读博士而是全力工作的话就能全部担负起家庭重担,我就做全职太太,给孩子更多的母爱。

"遗憾的是,我现在是家庭的经济支柱,为此,双方老人要每月'换防'帮我接孩子,而这样又打乱了双方老人的生活。婆婆原本帮助小姑子带孩子,轮到她来时,只能是我公公一个人带那个孩子;我母亲帮我弟弟带孩子,只能让我父亲来帮我。在北京他们失去了原来的社交圈子,总是有抱怨情绪,况且他们的生活习惯和我完全不一样,每当我有怨言时,他们就会毫不客气地说'我可不想待在你家,我家里一大摊子事情……'为什么他们帮别人就这么心甘情愿,而为我做点事情就这么多的怨言呢?"

杨筱薇几乎没有给我插话的机会,一口气说了这么多,我清楚她内心已经压抑了太久了,甚至于这些话在她内心已经一再说了很多遍了。趁着她喝水的空,我插话进去。

"筱薇,我想请问你几个问题:首先,在校车上只有咱一个孩子吗?"

筱薇若有所思地摇摇头。

"咱孩子并不是同龄人中最苦的,对吗?她表现出痛苦吗?"

筱薇又摇摇头。

"那你为什么觉得她委屈呢？你的这种情绪对孩子是积极的还是消极的呢？"

"消极的。"筱薇回答。

"你的情绪会感染给孩子，让她觉得自己特别可怜，而你又无力改变，是不是给孩子添乱了呢？"

筱薇有些紧张地点点头。

我建议筱薇不要放大这件事，换个角度思考一下。孩子在幼儿园阶段就养成早睡早起的习惯，未来上小学时不但不会出现其他小朋友因为无法早起床而面临的新环境适应不良，而且会觉得上小学比幼儿园更轻松，这样岂不是很好？筱薇听得很认真，身子始终向前探着。

"如果老人从老家到北京只是为了给你接孩子的话，成本太高了，你完全可以在社区里找个'小饭桌'。'小饭桌'的经营者专门帮助父母把孩子从幼儿园接回来，组织孩子做游戏、吃水果、学习，父母下班再接孩子。这样就把双方老人解放了，你的内心也轻松了，没有了负性情绪自然会对孩子和风细雨了。"

"丽珊老师，如果我做全职太太是不是就能避免这些问题呢？"

我告诉筱薇，全职太太表面上躲过了此时此刻的生活和工作平衡的压力，却潜藏着更大的危机。全职太太的角色不仅是现在没有经济收入而已，更挑战精神。全职太太离开工作岗位，和社会脱节，无法从工作中体现自我价值，而是从孩子的成长中间接收获自我价值。让孩子成为同龄人中最优秀的才能补偿母亲的付出，这无形中就加大了孩子的成长压力。全职太太不与社会互动，她们难以准确地把握社会规则，对孩子的要求容易出现偏差。当孩子长大了，不再需要母亲全程陪伴了，母亲再想回归社会时会发现自己难以跟上社会的脚步，由此产生不安全感，情绪会处于剧烈的波动之中。

"筱薇，孩子是完全可以接受双职工家庭模式的，现在你要做的是调整好自己的情绪，每天下班走进社区之后就要放慢脚步，做做深呼吸，将工作中的焦虑和烦恼抛开，当自己全然放松了，再回家与孩子面对面。"二十多年的心理咨询经验告诉我，孩子的身心是否健康并不在父母与孩子相处的时间长短，而在于相处的质量。

"丽珊老师，我想做全职太太有两个原因，一是没有工作的压力，我会更加专注于陪伴孩子,给她更多的爱,免得她长大像我一样'内在小孩'太小;二是我觉得现在已经不是我自己了。我是家中的老大,下面有一个弟弟,那个时候我可泼辣了,什么事情都不惧。那个时候我看不惯父母,他们不敢跟任何人争,一切都选择避让。我内心一直提醒自己千万不要成为他们那样的人,但现在的我也是一切都选择避让,尽管内心充满了委屈。"

"你回想一下,你的父母因为他们的避让损失了什么?如果他们去和人家争抢一定会比现在得到的多吗?"

筱薇认真地想了一会儿,坚定地摇摇头:"不会得到什么的。"

"既然他们预估了自己争抢了也不会有效果,他们选择避让是窝囊还是明智呢?"

筱薇深深地舒了一口气:"丽珊老师,您帮我解开了一个大大的心结,在我小的时候每当看到父母放弃争夺时,我就会躲在一边自艾自怜,觉得自己无法获得来自父母强有力的支持和关爱。"筱薇给"内在小孩"的软弱找到了根源。

经过三次咨询,筱薇已经明显自信起来了,在人际交往中,她能够接受自己所有的选择,不会再觉得自己窝囊了。

【丽珊女性幸福心理学】

独立的经济来源是成熟女性自信之源,尤其对"内在小孩"弱小缺乏安全感的女性来讲,独立的经济来源是她们走向成长的坚强基础。寄生的生活模式会使她们更加退缩、被动和增长负能量。

"内在小孩"虚弱无法胜任母亲职责

母亲"内在小孩"弱小,将自己内心的诉求讲给女儿,希望得到安慰,却不想又塑造了一个"内在小孩"更渺小的女儿。

女儿为何与母亲为敌

家在河北省石家庄的小兰母亲被女儿折磨得死去活来,"你跟你母亲一样,像个巫婆,但你休想毁了我的一生……"小兰经常指着母亲怒吼。小兰母亲曾经跟孩子讲自己人生的坎坷,其中包括母亲性格乖僻,年少的自己缺少来自母亲的关爱等等。没想到当时的肺腑之言竟成为进入青春期的女儿指责和谩骂自己的口实。为了全心全意照顾孩子而提前病退的小兰母亲,无法面对孩子与自己越来越仇视的局面。她通过网络搜索找到了我在《中国青年报》上的"与厌学学生心灵对话"专栏,认为我是能够帮助她和她女儿的人。

生小兰难产给小兰母亲的身体带来了不可逆的破坏。为了方便小兰母亲调养,奶奶主动承担了带孙女的任务,小兰父亲为了分担母亲的劳累,几乎所有的业余时间都是待在奶奶家,陪女儿和侄子玩儿。学习成绩是身为教师的奶奶对隔辈人的唯一评价标准，小兰父亲曾因为侄子考了双百而送了一个价值昂贵的礼物，这些都使小兰从小就知道要想赢得奶奶一家人的疼爱就一定要学习好！小学阶段的小兰学习努力，成绩优秀，无论是家里还是学校，小兰仿佛都活得很快乐的样子，只是母亲的角色比较淡薄。

小兰升入初中，父亲被调到北京总公司工作，奶奶身体也不太好，小兰只得回到母亲身边。缺乏感情基础的母女俩总是谈不拢，每次说话都是激烈的争吵，然后不欢而散。"你像你母亲一样自私，我小的时候你偷懒，把我放在奶奶家。我长大了，我父亲去北京了，你让我回来给你做伴。如果没有你，我可以继续留在我已经习惯的奶奶家，或者我可以和父亲一起去北京开阔视野，但就因为有你在，我就无法实现这些，我只能和你生活在一起，你是我生命中无法摆脱的恶魔！"小兰的话刺到母亲痛处，她无话可说，在孩子成长的过程中她付出的的确少于其他的母亲。当时她决心付出更多的爱来弥补对女儿的亏欠。

心航路教育心理机构接待的心理求助者中，有52%的人在幼年时代有过不与父母一起生活的经历。"TA交互理论"指出每个人在幼年就会写就自己的"人生脚本"，成人之后的行为是由"早期决定"的。从小不能与父母一起生活，无论生活环境是优越还是艰难，孩子都会产生强烈的"被遗弃感"。他们无法理解父母不能亲自陪伴自己成长的各种原因，他们会主观地认为是因为自己不可爱，父母不喜欢自己而将自己寄养在别处。这些孩子与父母之间的亲情总是有很坚固的阻隔，很难连接，如果缺乏心理专家的支持和修复，可能一生都难以走出这样的阴影。每个人生命能量的绝大部分都来自父母，和父母连接不好的人往往表现出力量不足，无论是学业上、事业上，还是情感方面。

为了弥补在情感上对孩子的亏欠，小兰母亲办了病退手续，事无巨细地包办了小兰的一切，这不但没有唤醒孩子的情感，还被小兰认为是监视，用小兰的话讲："她一睁眼就是琢磨我，没有别的事了，我受得了吗？"小兰变得更加敏感、急躁、易怒。小兰母亲茫然了，自己放弃了事业单位悠闲的工作，但是孩子一进门，自己的心脏就会狂跳，看着孩子生活上毫无条理、写作业没有时间观念，自己却只能视而不见，不然就会陷入激烈的争吵之中。她真的不明白问题到底出在哪里。为了寻找一个合适的方法,她几乎给所有的朋友都打过电话求助。小兰父亲每次从北京回来,看到的是身心疲惫的妻子、反叛得让他已经不认识的女儿。家庭气氛的极度压抑,让他作出一个大胆的决定,中考结束后,送小兰到一所以军事化管理著称的寄宿学校。

孩子出现问题,父母缺乏自我学习和成长的意识,总是将改造孩子的希望寄托在寄宿制学校。教育心理机构接待了许多到这类学校半途而废的学生,问题不但没有解决,反而呈现严重化和多样化的倾向。毕竟学校严格的管理并不能抹平孩子心灵的创伤,反而会强化孩子的叛逆意识和行为,况且没有家庭支撑会加大孩子对新环境适应的难度,所以将"问题"孩子送出去绝不是一个明智的选择。

女儿遭遇友情危机

小兰上了高中之后,无法和老师、同学处理好关系,她认为老师管理有问题,男同学要不一门心思念书,什么都不懂;要不就像社会上的小流氓,她根本没有任何兴趣与他们说话。女同学天天臭美得要命,总是弄得浑身怪怪的香,她们好像也都不喜欢和小兰交流,小兰觉得自己像是"虎落平阳被犬欺"。

小兰将在学校里的所有不愉快都归咎到母亲身上,每次回家都会疯狂地和母亲闹。"你不会人际交往,你像你母亲一样没有好人缘,现在我也随你了……你为什么要生我?经过我同意了吗?"小兰母亲根本不知道应该如何与她交流,眼睁睁地看着女儿歇斯底里却无力帮助,担心孩子是否有精神问题。

上了高二年级,小兰不再回寄宿学校,坚决要调回当地学校。母亲担心前功尽弃,更何况如果孩子回来走读,天天面对,小兰母亲想想就心慌……经过几次电话交流,小兰母亲决定把孩子带到教育心理机构接受系统的心理辅导。

小兰衣着朴素得有些不修边幅,表情中显露出倔强,几乎不和母亲说话。小兰知道我有教师背景,就问:"丽珊老师,您说老师是不是特别喜欢臭美的女生?"

"为什么这样认为?"

"我们宿舍的女生经常向班主任告我的状,说我不讲卫生,不讲整洁,办事拖拉……这关她们什么事，我还不喜欢她们身上怪怪的香味呢。可班主任总是为此找我谈话。"小兰的话印证了我的假设。

"在学校你有朋友吗？"

"有一个朋友，可这个朋友把我折磨坏了，她总是要求我这要求我那。我如果不按照她的意思做，她就不理我，她还有其他的朋友，可我……没有了，所以每次都是我主动向她道歉，真郁闷死了。她和她母亲的关系不好，我们有共同语言，后来她和母亲关系改善了，就不怎么和我说话了。"

"你和母亲的关系不好吗？"

"是呀，您不知道吗？她耷拉着苦瓜脸，逢人便说我多么不听话。在奶奶家的时候，人家都知道我是听话的好孩子，现在我都快成妖魔鬼怪了，开始我还难为情，后来我就无所谓了，谁愿知道谁知道吧。"

小兰与母亲之间的不和睦已经公开化了。当母亲与孩子沟通出现障碍的时候往往将苦恼与周围人说，赢得同情，寻求帮助，这种做法十分不妥，因为这些人都是孩子的人际交往圈，知道的人越多，孩子的压力就越大。这样会造成两种结局：一种可能造成孩子的低自尊，破罐子破摔；另一种可能就是自我封闭，拒绝与外界的交流。

"小兰，你和朋友之间的关系建立在'共同不爱好'的基础上，本身就会很不稳定。你们都因为与母亲的关系不好而有共同语言，有了相互交往和支撑的需要。现代交往的原则是'你好，我好，世界好'。你们的交往会暂时满足'你好，我好'，但无法满足'世界好'，这势必造成你们之间友情基础薄弱，非常容易解体。想想看，当你们相互指责母亲，商讨如何对付母亲时，会从对方那里学到很多的'招数'，但在此过程中也暴露了各自人性中丑恶的一面，当你们交往出现问题时，'她对自己的母亲都这样，还能对朋友好到哪里去？'是非常正常的推理。对吗？"

小兰很认真地听，我们之间建立了良好的关系，双方共同制定了未来的辅导计划。第一次见面结束的时候，我给她留了作业：

1. 你对母亲的怨恨到底是因为什么？哪些是她对你直接的伤害，哪些是间接的伤害？

2. 你与那位同学之间的关系，除了因为"共同不爱好"造成双方的误会之外，对你的人际交往会有什么启发？

第二次与小兰的面谈是在半个月之后，小兰很认真地写了作业，她对母亲的怨恨来自当初在奶奶家的心理感受。小兰一直认为，在奶奶心目中哥哥的位置更高，更何况哥哥成绩好，父亲也迎合奶奶对侄子好，当初哥哥得双百时，父亲送他的礼物是小兰一直渴望得到的，但父亲却不给自己的孩子买。所以小兰一直努力学习，不是因为热爱学习，而是生怕学习不好，在奶奶那里失宠，如果奶奶不喜欢自己了，父亲肯定也会不喜欢自己。而造成这一切的原因是自己的母亲没有在身边，如果她也像哥哥那样经常能回到母亲身边，不是常年住在奶奶家的话，奶奶也会更加关注自己。

初中之前，小兰并没有觉得自己人际关系有什么问题，随着成长，小兰发现自己越来越不会说话，同学们都不喜欢和她交流。她想到了不善交际的母亲，想到了给自己孩子强烈伤害的外婆，她觉得人际交往能力是会遗传的，小兰开始回避人际交往了。但像所有这个年龄的孩子一样，小兰内心同样渴望有个人能够了解自己，了解自己的一切，当她遇到那个同学时，她将自己内心的感受都讲给她，但之后，她总是担心自己被遗弃，于是她尽力地维护与她的关系，比如对方只要说喜欢什么，她就马上去买，而对方明明知道她喜欢吃的东西，却从来不给她带一份回来。她觉得人际交往是不对等的。

本来建议小兰暑假参加学习潜能训练营，帮助她重新定义人际交往，从与同龄人的互动中体会人与人交往的真谛，但非常遗憾，她没有如约参加。

孩子终于找到了不上学的理由

就在小兰慢慢退出我记忆的时候，小兰母亲的求助邮件使我了解了她的近况。

"丽珊老师，我去年带小兰找您作了咨询。孩子对您很是认可，对她帮助很大，我们全家都很感谢您。本来是想坚持多作几次咨询，孩子说没有问题，全都想通了。毕竟路途遥远，她又很正常了，我们就没有坚持。虽然我知道多年的心理问题不可能在短时间内解决。

"后来她看了一份报纸,说一个患强迫症的女孩在休学治疗期间,通过反思中国的教育弊端,利用其他途径的课外学习,不但恢复了正常,而且考取了美国的几所大学。这篇文章对她影响很大,她说自己的症状特像那个女孩,也有强迫症,要求休学。无奈之下,我带她到北京找到那篇文章采访的教授,只一个小时的咨询,就诊断小兰是强迫症,要适当用药。小兰对这个结果很接受,激动地对我们说,'我早就觉得有病,你们都不相信,我只说了些初二的感受,没用说现在的情况,教授就诊断了。'她一边服用百忧解,一边继续上学,但我感觉她心事重重、强装笑脸,很无奈的样子。一个月后孩子就不去学校了。

"丽珊老师,孩子的问题走了这么多的地方,我还是认为您的方法最科学、最有效、最值得信任,只是路途的原因孩子不能经常去。我知道您是一个善良、有爱心的好老师,我特别想请教您为什么孩子千万百计地找理由证明自己有心理毛病呢?她不知道这样对她的未来有影响吗?"

许多被诊断有心理疾患的青少年的父母把孩子带到我这里"复查",我发现尽管心理疾患使他们产生了强烈的"弱势感觉",但当通过心理测试和面谈,诊断他们根本不是心理疾患时,他们却不愿放弃这个"保护伞"。一位河南被诊断为"焦虑症"的高三男生跟我说的肺腑之言,始终在我的耳边萦绕:"如果没得病,我每天念书到凌晨,父母都觉得我不够刻苦;被诊断出这个病,我享受了充分的自由,每天想学就学会儿,不想学就玩,他们根本不管我。原来我要考不上重点大学,他们杀我的心都有,而现在我坚持上学他们就特别地满足。当然被诊断之初我不敢告诉同学,觉得没有面子,但现在我身边好多同学都说什么时候承受不住父母的压力就装病,这是最好的解脱。丽珊老师,请您千万别跟我父母说我心理没有问题呀。"

凡是希望通过被诊断为心理疾患逃脱学业压力的孩子,都曾经有过比较辉煌的学业成绩,当他们通过努力还无法达到成年人为他们预先设置的目标时,他们只能选择其他的逃离方案,被诊断为心理疾患是最能让父母快速改变思维和行为方式的一种方式。当求学的压力已经逼迫孩子通过这种方法逃离学校时,应该被拷问的到底是谁呢？因为小兰已经从"症状"中获益,她拒绝再进行任何的心理辅导,我只能通过邮件与她的母亲进行沟通,但因为这么久没有看到小兰,对她的实际情况只能听她母亲的转述,很难准确地判断。我告诉小兰母亲,隔靴搔痒很难有效果,而且每次交流我都担心会因为信息传递偏差而出现误导,因为一旦成为心理疾患,病程会发展很快的,所以我一直鼓励她在当地继续心理辅导,以免耽误孩子一生的生命质量。

【丽珊女性幸福心理学】

"内在小孩"弱小的人成为母亲后会选择逃避带孩子,认为自己没有足够的生命能量和基本的人生经验,却忽略了将孩子寄养在他人家,造成孩子的内心缺乏起码的安全感。孩子的"内在小孩"又是弱小的,这样代代相袭。"内在小孩"弱小不是家族遗传,但亲代的处理方式会沿袭到子代。母亲在充分自我认知的基础上,通过心理咨询帮助自己的"内在小孩"长大,同时获得咨询师对带孩子经验的传授,一定能够带出健康、积极、向上的孩子。

心灵测试：丽珊——内在小孩状态测试

指导语：在回答问题之前，请先检视一下你当下的状态：

1. 你身处一个安全、安静的空间，不会有人唐突打扰你。

2. 你至少有一个小时可以全然放松地思考和回答以下问题，请关闭手机。

3. 你身体的状态非常良好，没有诸如睡眠不足、腹痛、头痛、心悸等各种不适症状。

4. 你的心情非常平静，最近三天以内没有来自人际关系中的纷扰。

如果你现在符合了心灵测试所需要的条件，请如实地选择。

（计分方法：完全符合记录 2 分，比较符合记录 1 分，说不清楚记录 0 分，比较不符合记录 –1 分，完全不符合记录 –2 分。）

1. 我很容易去讨好别人

2. 在我内心深处，觉得自己似乎有问题

3. 当我为自己争取权益时，会感到不安，常会选择委屈自己

4. 我做事严谨，凡事要求完美

5. 我实在不知道自己要的是什么

6. 我曾有或正有饮食困扰的问题，例如暴食或厌食

7. 我常不知道自己有什么感觉

8. 我会做任何事情来让别人不要生气或避免冲突产生

9. 我几乎从不表达自己负面的情绪，例如生气、难过

10. 我有睡眠失常的问题

11. 我常觉得人是靠不住的，包括我自己在内

12. 我很怕单独一个人，愿意做任何事来避免这种情况

13. 我发现自己常在做我认为别人期待我去做的事

14. 要我关心别人，比关心自己还来得容易些

15. 我很好强,而且讨厌输的感觉

16. 我最怕遭人遗弃,我也愿意为了保住一份关系而做任何事

17. 我内心深处藏有秘密,没有人知道

18. 我常觉得自己没有被公平对待

19. 即使躲在被窝中,我仍然没有安全感

20. 我从来不对别人显露出我真正的情绪

21. 我不喜欢和人有身体的接触,即使是我亲近的人

22. 我表达生气、恐惧等情绪后,常会感到后悔

23. 在与人交涉时,常常不是完全放弃就是坚持按自己的方式(坚持己见)

24. 我常有莫名的负向情绪突然出现,例如恐惧、愤怒、忧郁等

25. 我的情绪起伏很大,有时像飞入天堂,有时又像掉入地狱

26. 我会重复做同一件事情,停不下来

27. 我会忍不住用伤害自己身体的方式来抒发情绪

28. 我会用酒、药物、性或不断工作来让自己感觉好过些

29. 在亲密关系中,即使知道对方不适合我,我也离不开他/她

30. 我觉得自己在这个世界活得很不快乐

分数评价标准:

-60~-30 分,说明你的"内在小孩"非常强大,你的成长经历使你具有较强的承担能力。

-30~0 分,说明你的"内在小孩"处于十分正常的状态。

0~30 分,说明在你成长的过程中"内在小孩"曾经受到过伤害,但你生活的主流是好的,只是遇到特定的一些问题会表现出极端难以控制的状态。你可以通过自己的努力让"内在小孩"不断成长起来。

30~60 分,说明你的"内在小孩"十分微弱,请你与心理咨询师建立咨访关系,消除"内在小孩"的困扰,让你的生活充满阳光。

第二章　你了解自己的依恋模式吗

丽珊依恋——亲密模式

在亲密关系中不同的人表现出不同的状态——

"你爱我吗？""你爱我什么？""我真的值得你爱吗？""如果遇到比我强的你会不会爱人家去了？"

"你爱不爱我并不重要。""不要用甜言蜜语麻痹我。"

"打是亲，骂是爱。""他必须无条件接纳我的一切，包括对他的羞辱。"

你见过他们吗？抑或你就是这样的人。"丽珊依恋——亲密模式将全面给你解读你在儿童阶段形成的依恋模式对你的人际关系、亲密关系质量和生活幸福感的影响！

我以依恋模式中存在两种基本的维度——依恋焦虑和依恋回避为轴，总结出丽珊依恋——亲密模式。圆圈内部分是舒适区，绝大多数人是在这个区域中的，特征不太明显。越向两极发展，依恋模式的特点越突出。

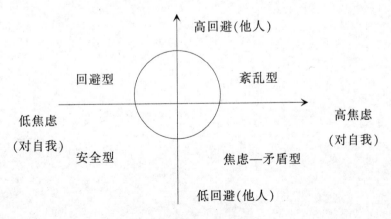

图:丽珊依恋—亲密模式

横坐标为依恋焦虑,指向朝内,也就是人对自我的认同感,这一变量得分高的人因为自我评价过低而处于高焦虑状态。这类人在人际交往中表现出敏感多疑,认为自己没有被别人认同、欣赏和喜欢的资本。成年之后,在亲密关系中认为伴侣不可能会长期地爱自己,由此产生高度的忧虑。他们对自己发出爱的讯息后伴侣是否会及时响应没有任何的把握,表现出强烈的不安全感。

这一变量得分低的人,则对自己充满信心,自我评价高。坚信在人际交往中,自己是受欢迎的。在亲密关系中,他们认为伴侣会发自内心地爱自己,对亲密关系的持续发展拥有强烈的安全感。

纵坐标为依恋回避,指向朝外,是人对他人的信赖和接纳程度。这个变量得分高的人不愿信赖别人,不愿向别人开放自己,将自己的需要隐瞒,这势必造成他人的忽略,被忽略的经历无疑会强化他不信赖和不接纳别人的程度;得分低的人社群性好,愿意与不同类别的人保持亲密的关系,在依赖别人和让别人依赖自己中获得安全感和幸福感。

安全型的人在这两种维度上都应是得分低的。

那么,这四个象限中的依恋模式都是如何的呢?什么是依恋模式呢?依恋模式是如何形成的?依恋模式对后天的人际交往有何影响?不同的依恋模式在亲密关系中有哪些具体的表现呢?我们在本章中将逐一给大家展示。

为什么我永远是被抛弃的那一个

被父母"抛弃"到奶奶家;被男友"抛弃"在异地他乡;被同事和学生"抛弃"在角落里……回避型依恋模式使王静成了自己眼中的小可怜儿。

王静是学校心理咨询师培训课程的学员,她的脸上写满忧伤,始终一个人坐在角落。我讲课的时候她认真地聆听、记笔记,但当我的目光与她的目光接触时,她会以最快的速度转移开。她不和任何一个学员说话,孤独地来孤独地走……

进入心理咨询实务演示阶段,学员可以将自己的困扰或自己曾经遇到的来访者的问题讲出来,我现场作咨询,供学员现场观摩。王静第一个举起手,当她看到许多学员都举手时,又将胳臂使劲地伸伸……我问她:"王静,你所需要解决的是自己的问题还是你曾经接待的来访者?"

"是我自己,其实我并没有想过做心理辅导员,我参加您的课程就是希望解决自己的问题。"

"我们要将心理咨询的过程呈现给大家看,你觉得方便吗?"我特别提醒她关于安全性的问题。

"没问题,我急于解决问题。丽珊老师,请您将这个机会给我吧!"

我们的咨询开始了——

我是人群中最不幸的人

王静走到台前时迟疑了一下,她要调整一下椅子的角度,手拿着椅子却不知如何调整,最终她下决心将椅子的角度稍微调向了学员。

"我在中学当老师第二年了,终日生活在无奈和痛苦之中,我经常追问为什么自己的生活如此不如意,——为了男朋友放弃回家乡,只身来到异乡,对男朋友付出了所有可以付出的,本想与男朋友相依相靠地生活,最终却是男朋友坚决地分手;本来希望自己能够成为一位受学生欢迎的教师,将全部精力用在教育和教学工作中,学生根本不领情,总是存心和我作对。每天早上我都在想,又要和那些讨厌的学生们斗争了……为了改善自己的处境,我报考了教育硕士,在考试时又像当初第一次高考时那样紧张焦虑,致使考试的成绩与自己的付出相差达到了荒诞的地步……"王静低头絮絮地说着,身体越来越向下缩。

"我是人群中最不幸的人,丽珊老师,难道我未来的人生就这样下去了吗?"王静急切地询问,尽管她的身体扭向我,但眼睛却没有直视我。

"从你刚才的倾诉中,我了解到你目前的状态,能不能讲讲你成长的过程?"

王静出生在一个县城,是家中的老二,上面有个姐姐,当时父母都工作,实在无法照顾她了,于是就将她送到了乡下的奶奶家。奶奶家还有叔叔、婶子和他们的孩子,王静体会到寄人篱下的感觉。在幼年王静的眼中,自己是不受欢迎的人,她每天躲在一边不说话。无论谁如何说她、冤枉她,她都不说话。叔叔的孩子总是欺负她,她就像一个离群的小羊,躲在草棚里,用恐惧的目光看着周围的人,奇怪的是心中却不恨他们,她只怨恨狠心将她遗弃到这里的父母。

王静八岁时奶奶去世了,她回到了父母身边,家里又多了个弟弟,非常受宠,她是"外来人",被姐姐和弟弟排斥,她则存心与家里人作对,从不将自己内心的感受讲给父母。只要父母说她,当年在奶奶家遭遇的种种情景就闪现在眼前,她咬着牙,什么也不说,只是用仇恨的目光盯着父母。她成了父母眼里的"问题孩子",生活在同一屋檐下,彼此伤害着。

王静的成长经历造成她严重的自我价值不足。一个人的自我价值是在成长过程中建立起来的,孩童时代,身边成年人如何引导他去理解每一件事情和作出怎样的反应决定了这个人能否培养出足够的自我价值。自我价值储藏于潜意识的深层次,它决定人的信念、价值观,也决定一个人一生的成就。王静幼年的经历使她备感"被遗弃"的凄凉,她既不属于父母所在的原生家庭,也不属于奶奶家,但她又与这两个家庭都有关联,两个环境却都没有给她充分的"归属感"。她像没有根基的浮萍,随风而动,到处游荡,她的心灵没有家园。没有归属感的孩子往往拒绝与人交流,不会将自己的想法表达出来,这就造成他们很难融入人群之中。

王静在与父母僵持时,下定决心,长大后一定要有出息,要让伤害过她的人,不爱她的人嫉妒、羡慕。她用成就感来时刻激励自己,考上重点大学是关键一步,初中以后她的成绩总是学校第一,有的时候还是全县第一。第一次高考时,她无法控制自己的情绪,成长中遭受的种种苦难都闪现在眼前,使她无法专注地看题目,手一直在颤抖着……结果她的成绩没有上一本线。

王静无法接受这个事实,坚决复读。复读的一年摧毁了她多年建立起来的在学习上的自信心,她无法走出失败的阴影,成绩越来越糟糕,临到高考之前她已经到了崩溃的边缘。勉强进入了师范大学后,她下定决心一定要考上研究生,大学的前三年,她始终保持高三的学习状态,但考研时又因为"考试焦虑"无功而返。

王静将考上重点大学作为"报复"父母的一个手段,这种信念在平时可能会起到激励的效果。但像高考这样的人生重要事件是需要来自各方面的善意的支持和依托的,敌意动机只能使她变得更加焦虑和无力。

他为什么不接受我对他的爱

王静决定用爱情来医治自己学业上的创伤。王静认定自己从出生开始既没有得到过任何一个人的爱,也没有真正地爱过任何人,在她内心既有爱人的冲动,更有被爱的渴望。在选择男朋友时,她认为必须找一个各方面都不如自己的男朋友,这样才能控制爱情发展的局面,才能使自己在情感上不再受打击。

她选择了默默无闻的刘浩。刘浩来自一个贫困县，大学四年一直靠学校的捐助，人长得矮矮小小，在人群中总是低头耷脑……王静将自己全部的爱给他，她节省下自己的零花钱给他买衣服，经常送给他意想不到而又是最渴望得到的礼物……当然她也渴望刘浩能够像自己一样呵护这份情感。王静在心中勾画他对自己的种种柔情，将舍友男友如何痴情的事情讲给刘浩，希望他能够领会，能够创造出浪漫。她不愿明说，认为要求来的爱没有了味道。但刘浩木讷，总是难以达到她的满意。每次约会之前，王静在头脑中设置好刘浩创造出的浪漫，但见面却一如白开水，她很失落，经常刚见面就推说有事回到宿舍，她希望刘浩好好反省。

尽管刘浩的表现令王静不满意，但她还是将这份爱情当作救命稻草，她希望能够慢慢地将刘浩培养出来。分配工作时，王静毅然放弃了回到父母身边，选择和刘浩回家乡。她觉得这个世上只有他是自己可以爱，也可能会爱自己的人。

到了工作单位，她遭遇了同事的排挤和学生的捣乱，内心充满委屈的她总是将这些讲给刘浩，他开始还能安慰她，但不久就变得不耐烦。"别光说别人，找找自己的原因。"不知道从什么时候开始，王静再也不愿意和刘浩说什么了，只是一个人拉着脸，憋闷着。上个月刘浩跟她说："我们分手吧，我知道你对我好，但我觉得和你在一起特压抑，好像永远无法达到你的要求，可我又不知道你的要求到底是什么，我太累了。你放了我吧。"

王静属于回避型依恋模式，这种依恋模式的人在内心固执地按照自己的臆想来解读浪漫，但他们不但不会表达自己的诉求，而且当对方表达爱时，他会说"我有什么可爱的"给对方以误导，以为他们本来就不需要卿卿我我。当对方真的不再向他们表达爱意时，他们就会说："看，怎么样，本来面貌暴露了吧，还装什么装呀。"由此他们对这份爱持否决的态度。

刘浩的离去使王静陷入了深度尴尬之中。她举目无亲，因为情绪低落进一步恶化了与周围同事和学生的关系。她感觉生活对她总是苛刻的，她对自己一点儿自信都没有，无论是学业、人际交往还是感情。她觉得别人根本就不明白她的意思，总是歪曲她的意思，她懒得和别人解释，其实她知道就是解释也说不清楚，人家也不会真正明白，索性就闭上嘴吧……王静仿佛又回到奶奶家的小草棚……

在王静讲诉一个人身在他乡的痛苦时，我试探地握住她的手，给她以安抚，她像被电击一样地缩回手，但很快她又抓住我的手，而且随着诉说她越来越紧地攥着我的手，好像能够从中获取力量。

王静的回避型依恋模式与她和父母的互动有着密切的联系。在成长过程中，她没有得到来自父母的关爱，她坚决地将父母远远推离自己的世界。她用不沟通和反叛来"惩罚"父母当初的"遗弃"，这不仅破坏了亲子沟通，更重要的是丧失了在与父母沟通的过程中学习如何将自己的想法真正地传递给对方的能力。沟通能力的缺失造成她人际交往的困难，在一定程度上也注定了她的恋爱很难达到成功。

接纳父母是自我成长的第一步

在心理咨询中，我请王静回忆在自己成长过程中父母给予的关怀。开始时王静在竭力抵抗，她说父母根本就没有给予过她任何关怀，随着我的引领，她回忆起第一次高考失利后，她把自己关在房间里三天，父亲一直守在房门外，生怕她出什么意外，过半个小时爬到窗户外面看看她的状况，那可是四楼呀，很危险……王静讲着讲着眼泪不断地流下来，此时一些学员已经泪流满面，有的还发出轻轻的抽泣声。为了能够让大家缓释一下负性情绪，恢复理性思考，我们暂停了咨询，大家休息一下。

休息过后，我们又回到咨询，王静的腰板坐直了，敢于与我对视了。这说明王静已经可以理性思考了，我们进入认知理念修正的阶段。为此，我给了王静三个建议：

首先，一个人不能控制另外一个人。每个人的信念只对本人有效，而不能强加于人。王静在与刘浩的交往中，将自己的所有爱给予他，同时也规划了他向自己表达爱的方式。但她忽略了一个人不能改变另外一个人的事实，她选择"不如自己"的刘浩的初衷就是希望控制对方，这样的恋情从一开始就是不平等的，无论她如何付出，对方所能感受到的都是压抑和被掌控，逃跑是他唯一的选择。如果希望获得美好的爱情，王静要改变自己多年以来形成的不合理的理念。

其次,沟通的意义决定于对方的回应。沟通本身没有对与错之分,只有"有效果"或"没有效果"的区别。自己说的是什么没有意义,对方接收到什么才有意义。沟通并不一定仅仅靠语言,表情、神态、肢体同样可以传递心意。当刘浩不能给予王静所期待的安抚时,她选择了沉默,好像是没有语言上的冲突,但沉着脸本身也传递了不满意,甚至是愤怒的信息,对双方的关系是致命伤害。

最后,学校就是学生犯错误的地方,学生们就是在犯错、纠错的过程中获得成长。一位自我价值高的教师应该包容成长中孩子的种种表现。王静每天早上都在想"又要和那些讨厌的学生们斗争了",是给自己一个负性的心理暗示,肯定会恶化师生互动。每天早上给自己积极的心理暗示,想想可爱的、具有青春活力的学生,我们能够从他们身上获得力量和希望,才能成为一位"乐教"的教师。

对王静的咨询告一段落,学员在分享感受环节将自己的教学经验分享给王静,王静成为大家的中心,她的面颊越来越粉润了……

咨询后,王静变化很大,她和大家坐在一起,并积极地与大家分享自己的想法。

王静悄悄告诉我,当天晚上她就给父母打了电话,向他们表达了自己的爱,但她觉得父母并没有像她想象的那样激动,没有那种要抱头痛哭的感觉。我告诉她,多年来的情感疏离已经使父母不敢对她的爱有什么期待了,所以爱父母也需要一个过程,让他们逐渐适应。

【丽珊女性幸福心理学】

我们每一个人都会用自己独特的方式回应外界世界,不同的人际交往价值观造成了不同的行为方式,而不同的人际交往方式又引发不同的情感体验,进而成就不同的人生。那么,日常生活中我们如何照料自己的心灵呢?

1.认识自己的情绪

当发现自己有负性情绪时,首先明确自己的情绪是如何来的;其次要接纳自己的情绪,并思考这种情绪是基于自己的什么个性、习惯;然后,问问自己,如果换个时间,换个场合,同样事情发生,自己会不会依然有这个情绪出现。

2.觉察情绪的根源

我们要允许自己出现各种各样的情绪。清楚地感觉到自己的情绪之后,要探究这个情绪的根源。每个人的动机、情绪都是对的,但不同的行为会造成不同的后果。所以要觉察自己情绪的根源,并将产生情绪的缘由表达清楚,建立良好的沟通。

3.以适当的方式释放情绪

人们往往有个误解,如果表达自己的感觉,是不是会被周围的人认定是情绪化呢? 事实上正好相反,越是害怕表达自己的情绪,越容易情绪化。因为未表达的感觉被压抑是有时限的,如果始终不去处理,一旦爆发出来,会让周围的人觉得你莫名其妙。因此每当情绪或感觉出现时,要适时表达,如细水长流般地释放出来;而不要在累积太多的痛苦后,像火山一样猛烈地爆发。

4.开放自己的内心世界

有的人认为自己的过去、家庭、感觉、童年的某一部分是有问题的,因此随时把自己的心"包装"起来,认为说出内心真正的感觉,别人一定不能理解,所以在自己和这个世界之间建筑起一道坚实的屏障,认为只有这样才会是安全的,殊不知这样做只能使简单的问题复杂化。比如失恋,有人当成"世界末日"痛不欲生,有人却认为"旧的不去,新的不来",失恋为自己创造了展开全新恋情的机会。

改变对事情的看法,就可以改善情绪,以更好的方式迎接生活。这恰恰是心理咨询的功能。

5.活出快乐的自己

人活着就要认识自己、相信自己、照顾自己,并且坚信自己是独特、有价值的。无论工作多么繁忙,都要抽出时间来照顾自己的感觉,快乐健康地活出真正的自己。

爱他，我会不由自主地百般折磨他

Eva 集施虐狂和自虐狂于一身，男友爱她时，她会用与其他男生的亲热挑战男友的心灵底线，男友越痛苦，她就越踏实；当男友被逼放弃，她会痛苦不堪……家暴父亲是紊乱型亲密模式的始作俑者。

Eva 主动给电视节目编辑打电话，希望成为我"揭开原生家庭之谜"的现场嘉宾，编辑将报名电话的录音放给我听，这是一个很硬朗的女声："我很变态，我越是爱他就越想折磨他。我折磨他，他不痛苦，我郁闷，就会变本加厉地折磨他；如果他痛苦了，我就有快感，并渴望保持和发展与他的亲密关系；当他实在太痛苦，扛不住了，离我而去了，我就陷入无尽的痛苦之中了，想尽一切方法挽回感情，却又不能放下自尊面对面求他，结果他就彻底离开我……"编辑觉得这个案例很吸引眼球，只是解决起来一定会费周折，短短几十分钟的节目如果不能解决，就不好看了，为此和我商量，是不是提前作咨询，将个案解决，录制节目的时候就来个"情景再现"，干脆、漂亮地把如此疑难的问题短时间解决，那样既彰显专家的专业水准，又提升节目的品质。我拒绝了，因为我固执地认为自己是专业人士，而不是演员。

尽管没有事先约见 Eva，但我一如平时，认真地根据已有的信息进行充分地准备。首先吸引我的是她的英文名字,英文名字和中文名字完全不一样,中文名字多是长辈给孩子起的,孩子只能被动接受,名字寄托了长辈对孩子的期待或祝福。而英文名字多是本人根据自我内在需要起的。Eva 的意思是"性感,优雅的谋略者",由此可以推断她可能极具女性特质,也可能是希望自己更具女性魅力。从她说话的语气上,我感觉她是一个很有主见的人,逻辑思维比较好,应该是一个职位比较高的职业人。她对情感状态的描述,听起来好像自相矛盾,但如果童年时有过创伤,形成不安全的依恋模式,或者在感情上有过非常的经历,也会造成情感表达障碍。那么她是属于哪种呢?既然她主动报名解决问题,应该是会积极配合的,我很有信心地等待着这次非比寻常的约谈。

女企业家无法解读自己的"变态"

录制现场,编辑热场时给观众作了一个关于情感的趣味小测试,大家的情绪被充分调动起来,争先恐后地说着自己的选择,追问着结果……这种气氛的调动一定要有个限度,尤其是心理辅导类节目,观众的思维调动得过于活跃,会对正式录制构成负面的影响,造成局面的失控,这是后话。

在演播室,我第一次见到 Eva。她身材娇小,穿着 8cm 的高跟鞋,合体的 Armani(阿玛尼)最新款既衬托出她很好的身段、干练的气质,也让我了解她个人的财务状况。Eva 的皮肤很有光泽,看上去二十多岁。为了保护她的身份,编辑给她戴上一个大大的橙色镜架,使她显得有些俏皮。三个讯道同时拍摄,一个讯道是我的特写,一个讯道是我们俩交谈的画面,第三个讯道是她的侧影。

"丽珊老师,谢谢您啊!我是个怪胎,周围的朋友都说我只要不谈感情,是很正常的人,甚至可以说很多方面比一般人强,可一谈感情就变态了。他们说我是集施虐狂和自虐狂于一身,反正变态就对了。我也很困扰,总这样变态,害人害己,一直希望有人能够帮助我改变这样的状态。我朋友是您的忠实粉丝,她建议我来向您求助。您看我戴着镜架会影响您对我的观察吗?如果影响,我就摘了。李编辑说这是为了保护我的隐私,其实我觉得没事。我圈子的人都知道我的情况,我还邀请他们看这期节目呢。您如果觉得我的故事有意思,您可以写文章,写书,怎样都行,如果能够帮助到别人就太好了……"Eva 的良好开放度,让我对问题的解决充满了信心。

"Eva,谢谢你对我的信任,也谢谢你对节目的支持。你能简单介绍一下自己吗?"

Eva,26岁,已婚半年,没有小孩,一个规模不算小的私营企业老板。她上大学时是学生会外联部的部长,专门负责为学生活动拉赞助,大四的时候已经积累了丰富的人脉资源。她靠"资源换资源",大学一毕业就开始自主创业了。她身处很多个圈子,无论走到哪儿,她都是领导者。大学时她就开始谈恋爱,她属于慢热型,被追求半年以内根本不会有任何感觉,双方嘻嘻哈哈,相处很融洽;只要她从内心接受男生为男友了,就开始折腾,她会成心当着男友的面和其他男生打情骂俏。如果男友吃醋了,她就觉得特别有趣,睡觉做梦都会笑醒过来;如果男友不吃醋,依然忠心耿耿地待她,她就觉得男友并不爱自己,她会变本加厉,当着男友的面和男生亲热。闹厉害了,男友冷淡她,疏远她,她就找到感觉了,享受男友"醋性大发"的快乐。时间长了,估计男友放弃了,她就会百爪挠心,想出各种办法靠近人家,但她又无法当面道歉,只是躲在一边,直到男友彻底成为"前男友",交了新女友,她才痛彻心扉地正式宣布"永失我爱"。

"Eva,你不爱你老公吗?"我想当时现场的每一个人都渴望了解这个问题。

"这就是最变态的一件事情了。"Eva托了托眼镜架,继续绘声绘色地说,"我老公Jim是我圈内出了名的大好人,他脾气特别好,从不张扬,无论和谁在一起都甘愿做配角,这么多年我就没有听过他大声说话。他目睹着我和几个男友的分分合合,我失恋时,别人都数落我,他什么也不说,只要我需要,他就默默地陪在我身边……

"去年底,我真的找到了'真命天子'了,无论哪方面都特别般配,朋友们都提醒我珍惜。可我还是无法控制地又开始折腾,当着男友的面和其他男性调情,现在想起来他真的够容忍我,一直固执地继续和我交往。我打算最后一次'考验'他,带着Jim去开房间,我明确告诉Jim,我只是为了考验男友,不会与他发生任何事情……男友忍无可忍了,他断然和我分手了……

"那阵子我真的痛苦死了,每天跑到前男友单位外面的星巴克等他,为了能看他一眼,我可以等上一整天。后来晚上跑到他家楼下,希望能够找到他"偷情"的证据,以此将他再拉回来……Jim知道后,自告奋勇要和我前男友说明一切,消除他的误会。我坚决不让他去，那我太没面子了。Jim只好每天晚上陪我去，多少次我在车里睡着了，Jim替我观察动静……我让朋友带话给前男友，说我要和Jim结婚了，我以为他会回心转意的，遗憾的是他根本不理会。

"哼，谁怕谁，我就问Jim是不是愿意娶我，他同意了。我明确告诉Jim，我不是因为爱他才和他结婚，只是为了激一下前男友，如果前男友回来了，我就会马上和他离婚，Jim也同意了。就这样我结婚了。"

我笑了，名如其人呀，Jim的意思就是"友善，安静的平凡男人"。

"前男友回来了吗？"

"没有呀，结婚之后我继续和Jim到前男友家楼下盯着，我在头脑中勾画这样的场景：他无意中发现我，迟疑一下，疯狂地跑过来，我推开车门，扑到他的身上……但这种画面始终没有出现，他有新女友了，很温顺的样子，我只能放弃了……我这次接受心理辅导的目的就是希望他能看到电视节目，让他知道我是多么用心地爱着他……"

原来我也被Eva拉进了她的"剧本"里，充当她的说客。我一秒钟的走神被观众席的骚乱打断。

一位观众不顾工作人员的劝阻，直接站起来，大声地说："这个女嘉宾，我觉得你专门玩弄别人的感情，现在你又玩弄丽珊老师和我们大家，你不是心理问题，是品德问题，谁遇到你谁倒霉……丽珊老师，您别理她了，我想咨询一下刚才的测试……"一石击起千层浪，观众将热场时测试中的疑惑提出来……编辑无法控制局面了。

"谢谢观众朋友对我的信赖。Eva的问题是典型的心理问题，她信赖我，信赖节目，其实更是信赖在场的每一位，才将自己的心里话说出来。她内心的伤疤已经打开了，如果我们不认真地面对，让她的伤疤在众目睽睽之下流血，是不是太残忍了？大家耐心听下去，我对她心理和行为的分析或许对你们也有启发，试试看，好吗？"

"人家都这么痛苦了，咱怎么就不能包容一下呢？大家参加节目录制不就是希望现场看到丽珊老师是如何帮助人家解决心理问题的吗？别打扰他们了！"一位年长观众的提议得到了大家的应和。我们的咨询继续。一个小小的现场危机过去了。

Eva 非常平静地说："丽珊老师，我一点儿都不怨刚才大家的言辞，我早就有心理准备，我甚至想到您可能也不接受我。我觉得自己就是一个魔鬼，我肯定会遭报应的。"我用肢体语言阻止了她的话，继续我们正常的沟通。

"这半年来，你和你老公相处如何？"

"我们约定，只周末两天凑在一起，其他的日子互不干涉。公司的业务挺忙，我几乎天天都加班，没事儿就和朋友出去吃饭、泡吧！我也觉得这样的日子很不正常，曾经想过和 Jim 离婚，这么好的人应该正常地娶妻生子。但 Jim 说和我在一起就是最好的日子，他坚信我会成为最好的妻子和母亲的……"此时 Eva 眼角的泪水已经向我证明了我的一些假设，Eva 完全是被潜意识里的伤痛所掌控，她无法按照自己认为对的方式去做事情。

无法走出暴力父亲的阴影

"Eva，能讲讲你的原生家庭吗？"

Eva 突然沉默了，她的头深深地埋在臂肘里。我等待着——

"其实我知道您肯定会提出这个问题，我也有心理准备，但真的让我说，我还是很难启齿。我母亲去世后，我给父亲写了一封信，断绝了和他的联系，我觉得 18 岁以后的一切都与他没有任何关系了。"

Eva 在尽力地回避父亲，她父亲所做的一些事情可能恰恰是她在情感上这样反复无常的内在原因。

"那是怎样的一封信呢？"

Eva 从她的口袋里掏出了一张纸，"我今天特意打印了一份，但我不想念……"她对这次咨询真的是作了充分的准备。

编辑接过了这封信，在音乐的衬托下，现场开始了"倾诉"。

父亲：

你好！

对我来说，父亲这个称呼是我最后一次喊出了，以后我不会再与你有任何的关系。

不可否认，你是别人眼中的成功者，你出身于贫寒的家庭，靠自己的努力成为跨国公司在中国的首席代表,你为我们创造了富足的物质生活,这里的我们不仅包括我、母亲,还有姥姥一家和奶奶一家。你成为两个家族的骄傲。但你知道吗? 你也是这两个家族每一个人心目中无法走出的阴影。

我能想象得出,你的工作给你带来很大的压力,你在外人面前总是表现出谦和的样子,但回到家却将所有的压力转嫁给我们任何一个人,而我,作为你的女儿承受得最多。我想如果我不和你断绝联系,这样的紧张、压抑的生活还会无止境地持续下去……我实在受不了了,你的不快乐和挫折感已经使我筋疲力尽,我甚至无法相信在这个社会上会有人对别人发自内心的友善。其实我们是用失去自尊、自信换来你给予我们的物质,对我们来讲这是一个很不划算的交易。

你总是忽视其他人的存在,我为此而憎恨你。你总是对我们的感情不理不睬,难道你能赚钱,你就有特权吗? 为了心灵的宁静我需要不断地"逃避"你,我曾经多么渴望了解你,但这么多年,我们之间都是消极的互动,这使我的愿望彻底破灭了。

你对待我的态度残酷而粗暴,你对我的每一次暴打我至今记忆犹新。我永远都不会忘记因为没有及时收拾好厨房,你用鞋拔子抽打我,一再让我承认自己是犯了不可饶恕的错误,但我真的不觉得这是一个什么十分严重的问题……我的身上,包括我的脖子上都留下了你打我的烙印,这辈子我都难以走出这个阴影。这些事情最终导致今天彻底的决裂。

看到这里,你可能也充满了委屈,因为你肯定会记得你对我的和风细雨,你给予我的阳光普照。是的,我承认,你的确给予过我这些。在我很小的时候,你第一次将公司的车开回家,周末带我和母亲去水库玩儿,当时我真的很快乐,你也和我一起说笑。你躺在草地上,鼓励我在你的身上爬来爬去,我忘记了你曾严厉地打骂过我,我以为那些恐怖的事情已经彻底过去了,未来都是这样的温暖。母亲那天也很放松,不像在家的时候总是偷着看你的脸色……一个电话破坏了这里的一切,不知道你接了一个什么人的电话,脸上表情急剧地变化。快乐蒙住了我的眼睛,竟然没有发现你的变化,还在你的身上爬,"啪",你将我狠狠地翻倒在地上,我的嘴唇磕破了,血不停地流出来,我惊恐地大哭,母亲也惊叫起来,你不但没有一丝愧疚,反而用大声咆哮压住了我们的声音,你甚至还举手狠狠打我，说我是一个扫帚星，只要对我好点，你就马上会倒霉……一时间，我觉得天暗下来，像一个魔鬼的爪子向我抓过来，我吓得不敢睁眼，不敢出声……

自从那次以后，我对你的反复无常有了充分认识，就是当你微笑着看我时，我也在想下一个瞬间，你可能就是凶神恶煞，我不敢靠近你，不敢相信你会温和。

我多么羡慕同学，他们的父亲那样温和，那么发自内心地宠爱孩子。我曾经多少次在晚上无法入睡，追问老天为什么让我遇到你这样一个父亲？

我非常可怜我母亲，也很憎恨她。母亲是一个很现实、很虚荣的女人，作为一名私立幼儿园的老师，她每天都感受着物质在人与人之间制造着不平等，微薄的收入、同事之间的攀比，极大地激发了她对物质的追求。她一直庆幸找了一个能挣钱的男人，她能够容忍你的一切坏脾气，甚至当你颠倒黑白时，她也随声附和。她曾经无数次地引导我，不要和你较真，因为较真换不来饭吃……我鄙视她，她简直没有人的尊严，也正是她的这种没有尊严助长了你的蛮横。你错误地认为周围的人都应该这样应和你，而一旦我告诉你事情的真相，你就无法控制地大发雷霆。母亲是个可怜虫，为了更好地照顾你，她辞去了工作，她一生的精力都在研究如何讨好你，如何让你抵御外面的诱惑，每天记着回家……母亲是一个寄生虫，非常可怜可悲。长期的压抑严重地剥夺了她的健康，她去世了，带着她曾因为你的物质而获得的同事的羡慕，甚至小小嫉妒的满足，也带着她没有享受够富足生活的遗憾走了。

母亲的死给了我深刻的教训：

一、人必须要独立，才能自主；

二、人如果为了迎合别人而压抑自己，最终将要付出生命的代价；

三、人活着，不能顾及太多，爱自己是最重要的；

四、千万不能让男人得逞，无论什么事情都一样。

父亲，我最后称呼你一次，你不要找我，也不要试图让我回家。（可能我自作多情，你现在不知道已经跑到哪里自己幸福去了。）

谢谢你对我的残暴，让我知道如何自己照顾自己，如何成为自己的主人。

你曾经的女儿

编辑的"倾诉"结束了，音乐还在继续，观众还沉浸在"倾诉"之中……

早些嫁出去,尽快离开"变态"家庭的阴影

许多现场观众都动容了, 有的甚至唏嘘。Eva 是全场情绪最为平静的一个人,她面无表情,好像这些与她无关。我快速整理自己的思绪,准备更加深入地进行心灵探索。

"Eva,你 18 岁就离家出走了,仅仅因为母亲去世吗?"

"办完母亲的葬礼那天,我知道必须要单独面对那个可怕的人了,内心充满了惶恐。毕竟母亲活着的时候,遇到他打我,她会一边训斥我,一边让我快快离开,避免继续遭受暴打。现在她也没有了,如果那个人再打我,可能打死我都没有人知道。我不敢回家……我去了好朋友家,并打电话告诉他——我当天不回家了。电话里他和缓地答应了,只是问我同学家在哪里。我以为他同意了,就将同学家的具体地址告诉他,让他放心。一会儿他就来了,非常和气地向同学的父母道了谢,把我领出来,塞进了他车的副驾驶位子,一路上他疯狂地打我,我的脸都被打肿了,为了打我,车差点撞上便道……他说我这样做丢他的脸了……"

我听到观众席有抽泣的声音。

"打累了,他没有直接回家,而是带我到商场,让我挑一架我喜欢的钢琴。"

"你父亲每次打完你都会给你补偿吗?"

"是的,从我很小的时候,每次他打过我之后,就会给我买很多很好的玩具,或者好吃的,我一边玩,一边窥探他,是不是又要打我……"

"从刚才的信中,我能感觉到你母亲对你父亲的感情是很深厚的。"

Eva 充满鄙夷地说:"母亲是一个物质型的人,她出身贫寒,家里有好几个姐妹,当时嫁给我父亲,简直是到了天堂,没有一点骨气。她事事都顺着我父亲,我父亲说煤球是白的,她就在一边摇着她的马尾辫儿,一边迎合道'是,煤球就是白的,你说得对'! 我想起她的样子,只想吐。"Eva 此时真的有躯体反应,好像食物已经涌到嗓子口。我轻轻地调整呼吸,她下意识地跟随我也在调整呼吸,慢慢地她的躯体状况消失了。

"我就是在这样变态的家庭中成长,从懂事起,我就有一个念头,早早离开这个家,上了初中,我就希望快快地把自己嫁出去……可是丽珊老师,为什么谈恋爱,人家一对我好,我就变态呢?"

紊乱型不安全依恋使她难以走近爱的人

Eva父亲情绪的反复无常和母亲无原则地顺应父亲，使Eva对自己的存在价值和事物的评价标准产生了混乱。无法与父亲建立正常的沟通关系，使她认定自己根本无法赢得别人的爱。每个人的潜意识中，都会本能地认为父母是世界上最爱自己的人，而事实上恰恰最爱自己的人伤自己最深。她处于高焦虑和高回避状态。由此，她建立起紊乱型不安全依恋模式。

心理学家对孩子进行"依恋模式"的实验，母亲抱着孩子进入实验室，和孩子玩儿一会儿，然后母亲离开，当母亲返回房间，不同依恋模式的孩子表现出来的状态完全不一样，紊乱型不安全依恋模式的孩子会向母亲张开双手，但身体却向后倒退。因为他知道，就算是这次得到母亲的拥抱，早晚还会被"抛弃"，孩子的内心充满了纠结，他不知道是接受这种拥抱好呢，还是干脆拒绝好呢？

对Eva的咨询要帮助她明确自己的价值和父亲对自己的态度之间并不是一一对应的关系，以此帮助她建立起完善的自我评价体系。

我心理辅导的目标第一步就是帮助Eva建立起与父母的情感连接。

找出母亲捍卫婚姻方式的合理性

"Eva，你在感情方面的表现与你和父母之间的关系有着很深的渊源。所以在解决感情问题之前，要将你与父母之间的关系进行一下梳理。好吗？"

Eva同意了。

"Eva，我知道你对母亲的价值观和行为方式有很大的意见，你认为她为了追求物质享受，而纵容你父亲的坏脾气，是这样吗？"

Eva点头。

"那么，你能否帮助她寻找到另一种方式，既捍卫了'真理'，又维持了婚姻？"

Eva没有思考，几乎脱口而出："她就应该保持自己的尊严，为什么处处迁就他？让他觉得自己因为能够赚钱就可以享受特权，想对谁发脾气就发脾气？为什么每次争吵，她都会站在他的一方？如果她和我一起狠狠地打击他，他或许会意识到自己的不对,也会有所收敛。"

"Eva,我理解你的情绪,我是想让你帮助你母亲选择另外的一种方式,捍卫真理,同时维持婚姻。"

Eva 终于从自己的负性情绪中走出来,能够听进我的话了。"噢,我不敢保证,如果她捍卫真理,不会和他吵成一团吗?我当然同样不能保证他们是否会在争吵之后继续婚姻。但就算失去这种该死的婚姻又何妨?难道女人就一定要压抑自己来维护没有尊严的婚姻吗?"

"Eva,我不知道你如何界定婚姻中的尊严?你父亲在你母亲以外还有其他的女人吗?换句话说,他背叛了你母亲吗?"

"这倒没有。在我记忆中,我父亲打过我,甚至打过奶奶和叔叔,但他从来没有打过我母亲。他对我母亲很好,而且他对我姥姥一家也很好,尽管有时他也对姥姥一家人有不满,但他却控制着自己的情绪。"

"Eva,那你说你母亲在婚姻中没有尊严是什么意思?难道太太顺应老公就是没有尊严?而与他针尖对麦芒,将家庭气氛天天弄得乌烟瘴气就捍卫了尊严吗?"

Eva 沉默了。

"从妻子的角度,你母亲是成功的,面对一个脾气暴躁的男人,委婉和迂回的方法是有效的。"

"但,但她付出的代价是让我不敢相信男人了。每当我真正地爱一个男人,我就不断地问自己,他为什么会死心塌地爱我?只要一问到自己这个问题,我就回答不出来。我坚信当年父亲和母亲谈恋爱时,肯定也会掩饰自己的坏脾气,但结婚之后就暴露真面目。如果我遇到暴君真的生不如死,我只能通过各种方式不断地试探他的承受力,看看他被激怒的时候会是怎样的表现,会不会用暴力……"Eva 的声音由高亢、快速慢慢变得低沉,像是自言自语,她已经找到自己问题的症结。

"Eva,你分析得很对,你就是担心一旦陷入婚姻,自己也会像母亲一样的委曲求全,所以要在结婚之前设想所有的矛盾冲突,在潜意识中你渴望你爱的人能够原谅你的一切过错。你害怕充满暴力和争吵的生活。其实你真的不会过你母亲的生活,因为在你母亲去世之后,你已经得出了人生的经验:人必须要独立,才能自主。你做到了。你母亲用她的一生在向你讲解人生——有积极的、健康的,也有消极的,这些都给予你反思人生的动能。你要对母亲心存感激。"

Eva 沉默了一会儿,坚定地点点头,我知道她至少可以接纳我的说法,可以重新思考母亲的所作所为了。她给心目中的母亲形象改善的机会,就是给自己的成长一个机会。

Jim 是上帝赐予你的礼物

Eva 的表情越来越明朗,她抬头问我:"丽珊老师,您说我是不是应该和 Jim 离婚,他被动地裹挟进了这个名不副实的婚姻之中,他越是有耐心,我就越愧疚。"Eva 真正能够换位思考,体谅别人的感受了。

"Eva,我可以肯定地告诉你,Jim 是上帝赐予你的礼物,他是安全型依恋的人,所以他能够包容你的一切。这样的男人太难遇到了,你一定要珍惜。"

"可我觉得自己根本就不爱他,我曾经设想太多次这样的场景——当我打开家里的房门,看到他和别的女人在一起,我竟然没有任何异常的感觉,我断定自己是不在意他的。"

"你不是不在意 Jim,而是你对他太了解了,他不会做背叛你的事情,所以你才敢于作这样的设想。"

Eva 沉吟了一下,突然间笑了:"是的,他不会背叛我,他既是我的老公、兄长,还是我的蓝颜知己,甚至是我心目中追寻多年的父亲……"

Eva 终于明白了,Jim 才是自己的"真命天子"。

观众席上传来的掌声,惊扰了我和 Eva,我们已经忘记了这是一个"观摩表演"。观众席上一个隐蔽的角落突然站起一个男士,他有些费力地抱着两大束鲜花,跳上台,将一束香水百合送给我,另一束红玫瑰递给 Eva。我当时就明白了,这位肯定是 Jim。

"谢谢丽珊老师,我知道您要录这期节目,我坚信您肯定能够解开她的心结,所以我建议朋友们鼓励她来做嘉宾。我曾经不止一次地劝她回家看看父亲,但都被她否决了。我认为上一代人承受着太多的压力,他们不知道合理、科学地释放,认为自己的子女,打也打得,骂也骂得,没有想到会给孩子造成这么多负面的影响,更没有想到为此自己将在孤独中度过晚年……"

　　说着,Jim转向Eva深情地说:"Eva,我真心地爱你,你让我看到了真诚和质朴,你也让我感受到了生命的力量,我希望能够有福气和你共度人生!"Eva激动地将那个大大的橙色眼镜框摘下来,投入Jim的怀抱。观众席上响起了经久不息的掌声……

　　一年以后,Eva给我发来邮件,我看到Jim陪着怀孕的Eva在海边,有一张照片引起了我注意,画面上有一个与Eva相貌十分相似的朗朗男人,他站在Eva和Jim中间,我心领神会了,一家人终于团圆了。这个团圆的路走了那么久,但终于团圆了,幸福的小宝宝定会有个温暖的家,因为他/她的父母,对了,还有外公,都知道如何欢迎这个小生命的到来了……

【丽珊女性幸福心理学】

　　父亲情绪的不稳定和暴力倾向对女儿建立和维护亲密关系具有极大的杀伤力。传统观念中父亲是孩子心目中的山,是孩子生命的依靠。失去稳定的依靠意味着孩子无法获得安全感和归属感,生活变得慌乱和动荡,此时她们的选择出现害人害己的局面则是意料中的事情了。

格子衫女士的爱恨情"愁"

焦虑—矛盾型依恋的妻子和回避型依恋的老公之间会上演怎样的夫妻互动？躲在夫妻关系背后的成长经历又是如何操纵他们婚姻的走向？

40岁出头的黄敏华穿着一身苏格兰格子都市少女装，尽管身材保持不错，但肚腩还是泄露了她年龄的底牌。一个"快"字可以概括她给我的第一印象——说话快，走路快，眼珠的转动快，脸上的表情变化快……萧博文被动地跟在她的身后，他和黄敏华恰恰相反，一切都慢……黄敏华将我在《今晚报》上开设的"揭开原生家庭之谜"专栏收藏起来，反复阅读后，认定只有我能够帮助她脱离苦海。她多次给教育心理机构打来求助电话，并要求只和我的助手交流。她说对自己的婚姻充满了焦虑，多年来她始终感觉在自己和老公之间有一道隐形的屏障，难以逾越。促使她下定决心接受辅导的最直接原因是三个月前单位组织例行体检，和她坐对桌的同事查出了癌症。黄敏华心惊肉跳，觉得自己如果长此以往地压抑下去，估计离得癌症也不远了。为了一些过往的矛盾而付出生命的代价太不值得了。

黄敏华问我的助手，如果老公不愿意和她一起接受心理辅导，该怎么办？我的助手明确告诉她，就算她老公愿意来，第一次咨询最好也是她自己来，与心理咨询师进行详细的交流，避免双方在场使许多信息难以准确传递。她一再表示明白了。可第一次咨询，她还是将老公带来了。

　　有些人习惯于用"快"来掌控别人的思维，但往往因为给人强势的感觉而不被接受；而有些人习惯于用"慢"来优选对自己最有利的方案，因为比较低调，不会引起交谈者负性情绪，意见往往被采纳，或最终受益。

是否同床共枕成为夫妻难以走出的死结

　　"丽珊老师，我知道您忙于全国各地的培训，作个体咨询的机会很少，本来您的助手说让我自己先来，但我担心您见了我之后，无法及时抽出时间见他，这事儿就挂起来了。今天我自作主张硬是把他带来了，希望您和我们俩同时见面，将情况分析清楚，告诉我们应该如何做，可以将婚姻关系调整到位。我看了许多保健类的书籍，知道负性情绪会直接影响身体健康，我已经感觉到疾病在一步一步向我逼近。希望您的咨询像天使的手，将我们从疾病的边缘拽回来。我软磨硬泡地把老萧带来了，您不介意吧？"

　　在现实生活中，像黄敏华这样自作主张的做法，往往让别人误解是过分强势，将自己的主观意志强加于人。事实上，从心理动力学的角度来看，没有安全感的人才会如此行事。黄敏华对自己的身体健康没有安全感；对自己能否妥善经营婚姻生活没有安全感；对心理辅导师是不是重视自己的问题，是否愿意有始有终地陪伴自己没有安全感……所以她总是殚精竭虑地考虑"周全"，以便"自我保护"，将自己的利益最大化。她根本无暇考虑自己所做的一切给周围人带来的压迫感。当周围的人以自己的方式抵抗"被强加"时，她内心更深层次的缺乏安全感就会被激活，强化了"内在誓言"——"没有人会顾及我的感受，谁会听我的呀？我只是一个微不足道的人。"她则会采取更加主观而自我的方式"保护"自己。如此循环，恶化了自己的心理环境，也恶化了与周围人的人际关系。

我微笑着继续泡工夫茶，用心观察夫妻俩，没有急于发言。

"如果我今天不跟她来，就会家无宁日了，她太任性了。"萧博文不急不慌地说，没有任何感情色彩。

"丽珊老师，我三个月前就打电话预约与您的面对面咨询，助手说最快也得安排到现在了。这三个月里，只要心里憋屈，我就打电话和您的助手倾诉，想必您对我们的情况已经充分了解了，咱们长话短说，您说我们到底应该做些什么才能改善现在的关系呢？恳求您点化一下我们。"

黄敏华的要求在来访者中比较普遍，当他们认同了某个心理咨询师，就会产生类似于宗教的崇拜，他们会放弃个人的思想而完全依赖咨询师，有的甚至会出现移情。道德感强、专业水平高的咨询师会一再划清自己和来访者之间的界限，帮助来访者自我澄清，自我改善，助人自助。逐渐让他/她有勇气和能力做自己人生的主宰，让他/她充分体会到每个人都有能力照料好自己的人生。咨询师只能在人生某一个阶段充当陪伴者而已。

"为了避免先入为主，助手只告诉我是哪个主题的面询，比如孩子厌学、夫妻情感、职业规划等等，具体的情况她不会转述，你们之间的交流仅限于你们两人之间。我们之间的任何互动都是有意义的，你对我直接开放的信息越多，我把握问题就越全方位；在我们的交流过程中，我会选取对于解决问题有价值的信息。"

一切追求"快"的黄敏华稍显失望，她又作了几次努力，希望说服我跳过"细节性倾诉"，直奔解决问题的具体方案。

"你以为谁都会像我一样迁就你？到这里来还由得你任性？你现在只有两个选择：如果你不怕丢人现眼，就按照人家老师的要求去做；要不咱们马上就走，别作咨询了。"萧博文不冷不热地在一旁搭腔。

萧博文的话提醒了黄敏华，她马上安静下来，作出一派既来之则安之的姿态。他们夫妻间的互动给我一个非常明确的信号——彼此逆反已经达到自动化。

"我承认自己年轻的时候脾气不好，有些张狂，和他吵过架，有几次甚至是歇斯底里地大吵。夫妻吵架本是人之常情，偏偏他是个睚眦必报的人，所以问题逐渐升级……有了孩子之后，我收敛了许多，而他却经常和我冷战，并且告诉我，当年我和他吵架，给他造成严重的心理障碍。为了惩罚我，他还不和我同床睡觉……"黄敏华滔滔不绝地说着。

我观察萧博文的表情，他先是事不关己地听着，慢慢地开始有了情绪，眉头紧皱，但脸上却挂着微笑，不急不火，掷地有声："你注意点分寸！该说的说，不该说的……"黄敏华马上住口，轻轻地对萧博文点点头。我知道他们关于话题的深度和广度是有约定的。

"我告诉过她，人家专业的心理咨询师只负责给心理有毛病的人治疗，不会对两口子是不是同床说三道四。尤其孩子都这么大了。"

我听懂了萧博文的言外之意：如果我继续听下去，并且"说三道四"，表明我不够专业，那就没有必要和非专业人士进行咨询了；如果我也认为真的没有必要介入夫妻私事，那么他们之间根本就没有问题，心理辅导的前提不存在了。他的这种表现在心理咨询中叫作阻抗(阻抗由心理学家弗洛伊德最早提出，本质上是人对于心理咨询过程中自我暴露与自我变化的抵抗，表现为人们对于某种焦虑情绪的回避，或对某种痛苦经历的否认)。

"萧先生说得对，专业的心理咨询师对于不影响夫妻之间情感交流的睡觉模式不会给予关注，现在城市白领中有相当多的夫妻分睡两个房间，一是避免因睡觉习惯不同而相互干扰，保证高品质的睡眠质量；二是保持对对方身体视觉和触觉的新鲜感，提高做爱的品质。但……"我特意用了一个重音，吸引两人的注意力，"如果双方就睡眠方式不能达成一致，给婚姻中一方带来负性情绪的体验，专业的心理咨询师则会透过具体现象，分析背后的原因，找出解决的方案。"

"丽珊老师，夫妻不能在一起睡觉，使我痛不欲生。我为什么这样失败？表面上周围人都认为我很幸福，身体和容颜都保养得不错、工作稳定；老公单位好、职位高、生活富裕；女儿中考成绩优秀，获得新加坡国家资助留学去了……但谁能知道每个夜晚我一个人内心的凄凉？我对我们的关系有时彻底绝望了，看不到一点点希望。"黄敏华的眼泪扑簌簌地掉下来。

萧博文似笑非笑地说："多大点事儿，就哭。我虐待你了吗？你守活寡了吗？"

经萧博文的点拨,黄敏华马上说:"丽珊老师,我们的夫妻生活还算和谐,只是他做完就走,我根本无法留住他和我继续睡觉,每当他站起身,头也不回地走出去,关门的声音使我觉得自己像个招之即来、挥之即去的小姐……"

"可你想过吗?我和你躺在一起,满脑子都是你深更半夜把我砸起来,问一些莫名其妙的问题,我睡得迷迷糊糊,如果回答的内容不是你所期待的,你朝我咆哮……我承认,你并不是每天都闹,但我就像苏文茂单口相声《扔靴子》里住在楼下的老人,楼上年轻人的第二只靴子不扔,老人的心就踏实不下来。我担心一睡着,你就会把我砸醒,一夜都睡不实,白天昏昏沉沉。人到中年,岗位责任又重,如果再熬着,我身体会垮的……"

"那个时候我不是年轻吗?还不是因为太在乎你才会问那些问题,你怎么就不理解呢?可现在你不在我身边,我睡不着觉。我的身体健康难道不重要吗?"

"'你爱我吗?''你到底爱我什么?''如果有别的女人和我一样,你会不会也爱她……'每天夜里问这些绕口令似的问题,脑子一旦转得不够灵活,答错了,你就大哭大闹,你问问张老师,谁受得了?"萧博文的负性情绪已经被全面激发了。

我哑然失笑,黄敏华当年的追问,在年轻女子中有一定的普遍性,偶尔为之尚属正常。如果深更半夜破坏伴侣的睡眠而一再追问这种问题,则是典型的不安全依恋模式使然。

"两个人一起睡,萧先生睡不好;分开睡,黄女士睡不好,是这样吗?"为了控制夫妻俩负性情绪的泛化,我及时介入。

"对,就这个意思。"

我深知夫妻能否同床共枕只是表面现象,内部深藏着夫妻之间太多的矛盾和冲突。萧博文的阻抗会阻碍整个咨询的推进,我决定就此将两个人分开咨询。我给他们分别留了家庭作业,结束了第一次的面询。

我为周围人付出,只希望换回个笑脸

第二次与黄敏华见面时,黄敏华穿了件灰白格子的上衣,心有余悸地说:"丽珊老师,我终于理解了您助手为什么让我一个人先来。我是欲速则不达了,幸亏老萧认同您,回去之后一再说让我和您学学。唉,如果不是您有超强的人格魅力,您与他的咨访关系就会因为我的心急而破坏,那就麻烦大了。"黄敏华

看过一些心理咨询的科普书籍,能够准确地使用一些心理学术语。

"今天我们将交流三个方面的内容,一是我希望了解你现在的生活状态;二是了解你的原生家庭;三是讨论你的原生家庭对你们婚姻关系的影响,你看好吗?"

我在每次心理辅导的前期都会进行充分的准备,形成完整的咨询计划,并在每次咨询之初将阶段性任务详细而准确地告知来访者,使其心中有数,有利于双方的配合,保证咨询进程的顺利推进。

"我在一个职能部门做内勤,'不想做将军的士兵不是好士兵',我也曾积极要求进步,每天早来晚走,是全机关出名的'热心肠',工作不分分内分外,乐于助人。但这么多年的民意测验,我好像是个隐形人,既没有人给我提意见,也没有人赞扬我。老萧说我根本就没有领导的'范儿',看不出眉眼高低,能保住饭碗就不错了,别有非分之想。我接受他的观点,将生活的重心放在家里,他们爷俩真的是衣来伸手,饭来张口。我为他们做事情没有怨言,从小我在家就做家务,已经习惯了。尽管如此,老萧并不领情,说我这样做表面上是付出,实际上需要索取高额的回报,让他认为自己亏欠我的,而不得不听命于我。老萧这个人就是得便宜还卖乖。"

生活中,经常有这样一部分人,他们貌似为周围人提供帮助,其实并不是发自内心地乐于助人,而是来自于心灵深处的自我价值感低下,认为只有通过付出才能和周围人达成"平等"的地位。这种"平等"还不足以获得内在的安全感,只能乞怜周围人的肯定。如果没有及时获得来自外界的肯定,则会陷入深度焦虑之中,长期焦虑则会发展成强烈的负性情绪和极端行为。

我推测黄敏华属于焦虑—矛盾型依赖模式,而萧博文是哪种依恋模式呢?他们之间关系的胶着状态与不安全依恋模式有着直接关系。

为了印证这种推测,我运用美国心理学家于1984年开发出来的用于分辨成年人依恋模型的访谈。前面的几个问题还算顺利,当我问及"你是否有过感觉自己被父母抛弃?如果有,请介绍他们当时的行为",黄敏华停顿了一下,身体向沙发的深处挪了挪,下意识地将腿放到了沙发的脚踏上。半躺的姿势让她感觉到踏实,她开始抽噎,潜意识中的"痛点"慢慢浮出水面。我站到她的身后,将手按在她的肩上,给她以力量。她接收到了我给予她的能量,像个孩子似的将两个胳臂交叉于胸前,伸到颈后牢牢地攥住我的手,放声大哭起来……

黄敏华是家中的老二,大姐比她大两岁,是父母的助手,总是以成年人的姿态参与到家庭的决策之中。黄敏华无忧无虑地成长到八岁,家里突然多了个妹妹,妹妹特别乖巧,讨得所有人的喜欢。父母总是要求她好好照顾妹妹,她经常因为"欺负"妹妹而被父母责骂。"我当时可倔了,对父母特别逆反,总是趁他们不在家,打妹妹……大姐也为此训斥我,我觉得自己一下子被所有人抛弃了。有一段时间我甚至想到过离家出走,或是死……

"幸亏我的同学给我出了个主意,在学校要好好学习,回家多做家务,学会看父母的脸色行事……我试着做了,还真有效果。母亲还曾当着别人的面夸我懂事,她永远不知道我内心的屈辱和痛苦。为了生存我只能违心地讨好别人……我坚信自己是倒霉蛋,是不受欢迎的人。无论我做什么,人家总能挑出我的错儿。我和老萧的事儿从不跟娘家人说,潜意识中总有个声音告诉我,如果他们知道我的痛苦,会幸灾乐祸的……"

焦虑—矛盾型依恋模式的人渴望有人真正地爱自己,但对自我价值的评价过低使她断定别人没有理由爱自己,为此感受到失落、痛苦,甚至绝望。

我将依恋模式的相关内容讲给黄敏华,黄敏华几次情不自禁地笑了。她说她的确不清楚老萧为什么爱自己,总觉得他说的爱是言不由衷。所以每天都希望问问他是不是还爱自己,生怕哪天他不爱自己了,周围的人都知道了,自己却被蒙在鼓里。可担心并没有阻止悲剧的到来,老萧的背叛严重地伤害了她,让她难以释怀。

为了别的女人,他得过抑郁症

黄敏华稍微迟疑了一下,"丽珊老师,我的原生家庭对我的人际关系、婚姻关系有直接的影响,但老萧做过对不起我的事情,他觉得这件事太丢人了,威胁我,如果告诉您了,他就不再来了。但我想如果我有所隐瞒,您很难全面把握我们的情况,或许会对整个咨询造成误导,我下定决心将所有的事情都告诉给您,只是您千万别在他面前透露出这些,他死要面子活受罪。"第一次面谈时,萧博文的"你注意点分寸!该说的说,不该说的……"已经明确地提示给我,他们之间就谈话的深度和广度是有所约定的。

萧博文是国内一所著名大学的计算机硕士,大学毕业被分配到一家大型国企,为了鼓励高学历落户国企,公司没有让他去住四人一间的宿舍,而是给他三居室里的一间拆小。那个时代,刚工作就能分到住房简直是天上掉馅饼。很快这间房就成了他们俩的婚房。婚后,老萧发现和同事住在一个单元里太不方便了,他固执地认为"家丑不可外扬",偏偏黄敏华"心底无私天地宽",说话没有遮拦。老萧不厌其烦地提醒黄敏华千万不要和邻居关系过于亲密,平时说话要小点儿声,不要让第三个人听到。黄敏华颇不以为然。

结婚一年多还没怀上孩子,黄敏华着急了,就和邻居李姐打听夫妻做爱什么姿势有利于怀孕,并将李姐传授的技艺讲给老萧。老萧当时脸就变得狰狞,"你还要不要脸?"老萧甩了这句话就跑回单位了,之后一段时间他每天晚上在办公室待到九十点钟,等同单元的两家都关门睡觉了,才悄悄地溜回家,早上六点就匆匆离家……

萧博文自我保护意识之强,超出了普通人。这与他的原生家庭和成长经历之间到底有什么关系呢?我在脑海里梳理着对萧博文辅导的思路。

"现在回想起来,年轻时我的确是不管不顾。只要和老萧吵架,我就无法控制自己的情绪,他越怕我大喊,我就越渴望大喊……他只要一看我大喊了,马上停止和我的争吵,一边用手捂我的嘴,一边轻声求饶,还紧张地盯着房门,生怕邻居进屋'劝架'……每看到他这样,我的气就不打一处来。他不担心我气坏了身体,而是担心别人知道没有面子,他太虚伪了……他的提醒只能更加激怒我,我的喊声会更大。每当这个时候老萧就会摔门而去,好几次他整夜没有回家。事后告诉我,他无处可去,就去火车站的候车大厅了。

"后来,他跟我说只要和我躺在一起,神经就特别紧张,眼前就浮现出我用枕头砸他的头,喊岔音儿的情景……他无法入睡,就算睡了,也会被噩梦惊醒……我意识到自己的所作所为的确给他造成了伤害,我也很后悔,竭力补救。但他却不饶恕我……"

根据黄敏华的描述,萧博文的确患了睡眠障碍,晚上睡觉之前,他就被恐惧的情绪笼罩,难以自拔。

"恰在这个时期,我们的生活发生了几个变化:一是公司给我们分了一套小的两居室,有了独立的空间,不怕别人再听到我们什么声响了,我觉得老萧的紧张情绪应该有所缓解。二是我把已经上小学的女儿从姥姥家接回来,每天带着女儿睡觉,老萧自己睡另一个房间也很自然。那几年我们之间很消停,他工作状态也特别好,晋升为技术总监。

"女儿上五年级时,老萧主持单位和北京一个研究所的合作项目,他常驻北京。周末回来把脏衣服放下,拿着干净衣服就走。我当时没有多想,甚至有一种夫贵妻荣的感觉。后来他每次回来都低头耷脑,唉声叹气。人也瘦了很多,晚上睡觉需要吃三片安定,我估计是工作压力太大。

"有一天,女儿上学去了,老萧突然跪在我面前,求我帮他说服那个研究所的一位女研究员,他深深地爱着她,却不敢向她表达,担心如果人家拒绝了,以后没有办法合作了。他说和那个女人在一起心里特别踏实,没有和我在一起的紧张和恐惧,他需要这样的精神寄托来缓解压力。他向我保证,就算他和那位女士相爱了,也不敢和我离婚,因为他不想因为生活问题而影响自己在单位的形象。

"当时我气坏了,跑回娘家。他也回北京了。三天后他们单位领导打电话通知我,老萧在北京出了点儿状况,单位已经把他接回来了,直接送到精神专科医院,被诊断为躁狂型抑郁症。

"我左思右想,解铃还须系铃人。为了救他,我去北京拜访了那位女研究员。看到她时,我眼前一亮,她穿着格子衬衣,文静中透着时尚和知性。我恳请她到医院看望老萧,给他心理安慰,帮助他治好病……人家用诧异的目光看着我,估计她觉得我也是精神病患者。

黄敏华对格子衫的情有独钟是出于潜意识的自我保护。当一个人面对强大的压力,会自动地调动自我保护机制,会为自己当下的处境寻找最适合的借口,以抚慰自己的内心。在黄敏华的潜意识中,老萧喜欢那位女性只是因为她穿格子衫,当自己也穿上了格子衫,老萧自然会留在自己身边。

"为了救老萧,我又去了几次,终于感动了她……老萧看到她,一下子扑到人家怀里放声大哭,说我借刀杀人,诬蔑他是精神病,求她把他救出去……"

说到这里,黄敏华沉默了,她并没有哭,我想作为一个妻子,听到自己愿意为他付出一切的丈夫，在别的女人面前如此评价自己，她的心冷了，泪水已经凝结成冰了……我默默地为她换了一杯热茶，她感激地看我一眼，喝了一口，茶杯停在半空中，"丽珊老师，我刚才一边说，一边对号入座，焦虑—矛盾型依恋模式的人，为了赢得别人的赞扬，可以牺牲自己的一切，包括尊严，是吗？"她并没有期待我来回答，继续讲了下去——

"从此之后，每次和他做爱，我都觉得他是将我想象成那个女的，他表现得越好，我的心就越凉；可他不和我做爱，我又失落，我留住他的人，却没有留住他的心。我心里很清楚，这不是自我折磨吗？

"有一次，做爱之后，我紧紧地拉住他，不让他走，他像受到惊吓一样，把我的手推开，头也不回地逃离房间，慌乱之中，他被椅子绊倒，我过去扶他，他冲着我吼：'你到底还想怎么样？不想让我活了？'我呆坐在地上，我终于明白了，他将我想象成那个人，做爱之后不看我，不和我说话，带着幻想回到自己的房间……"

黄敏华在成长中严重缺乏安全感，她希望用稳固的婚姻来逐渐建立自己的安全感，给自己以补偿，却不想遭遇了老公在情感上的背叛，使她进一步确信自己没有价值，难以获得安全。表面上她固执地要求和丈夫同床共枕，实际上她是希望通过这种形式安慰自己——老公的人和心还都留在自己的身边。

对黄敏华心理支持的基础是帮助她逐步建立自我认同感，将自我价值和他人对自己的评价之间划出明确的界限。

你做成啥个样儿，人家就认定你是啥样儿

萧博文主动与我的助手预约第二次面询。他在做"人生脚本"家庭作业时，心灵被一次次震撼，难以平静。

"张老师，您给我留的'人生脚本'作业是为我量身打造的还是通用版？开始时我有些漫不经心，但随着内容的深入，我被牢牢地抓住，有一种强烈的一吐为快的冲动。

"我出生在一个充满压抑的家庭中。为了更好地自我澄清，得从我的爷爷说起。他是威震一方的大地主，有很多的妻妾，绝对的父系氏族。我父亲是家里最

不受宠的一个姨太太生的，基本没有得到什么关注，性格内向。长大后，他更加沉默，将看书作为逃避现实生活的唯一方法。因家庭出身不好，被单位领导指定和一位女劳模结婚。我母亲出身贫苦，特别要强，希望通过自己的努力获得别人的尊重。我家住在大杂院里，母亲告诉我们几个孩子，人有脸，树有皮，跟外人只能说自家的好，不好的事情烂在自己的肚子里。母亲的名言就是'你做成啥个样儿，人家就认定你是啥样儿'。

"父亲和母亲之间没有任何的共同语言，父亲在家眼皮都不抬，我们和他打招呼，他都会烦。每天母亲做好饭，他先吃，等他吃饱饭，离开饭桌后我们再吃饭。记得我还很小时，有一次实在太饿了，他吃饭的时候，我也凑过去吃，他狠狠地瞪我，我觉得毛骨悚然，刚要哭，母亲把食指压在嘴唇上禁止我哭出声……我们家每年都是'五好家庭'，大杂院里的邻居都夸我们家最有涵养。其实我觉得我们一家都变态。

"改革开放之后，父亲因为文化水平高，被吸收进了领导班子，他更加蔑视母亲和母亲生的我们这些孩子……母亲不到四十岁就死了，临死时还嘱咐我们，家和万事兴，人有脸树有皮，千万别让外人笑话……"

"萧先生，你说你的原生家庭充满了压抑，那么根据你的设想，家人之间应该如何表达自己的情感才不压抑，家庭氛围才和谐融洽？"

"人们往往渴望表达自己的情绪，误认为表达了之后就会博得别人的理解、同情或是支持。其实大错特错，很多情况，表达情绪后不但无法达到预期效果，而且还会落下把柄，永世不得翻身。"

"有这么严重吗？"我想萧博文肯定是有所指的。

"如果认为不会那么严重，只能说明自己的领悟力不高，或生活阅历太有限。"刚才还主动配合的萧博文又开始出现阻抗了。我心里清楚，他一方面希望将内心所有的纠结说出来，另一方面他又难以预见倾诉后将面临的局面。他用貌似强大的阻抗来稳住自己的阵脚。此时如果我穷追下去，只能把他吓跑，为了让他放松，我绕开了话题。

"萧先生，我感觉黄敏华特别地爱你。"

"她那不是爱，是掌控。说实在的，我特别不愿意与别人有亲密关系，因为我不相信亲密，所以谁要和我亲密，我就紧张，浑身不舒服，大脑中只有一个念头——逃！夜深人静的时候，我也反思自己，明明知道黄敏华需要什么却坚决不给予她。说实在的，她挺不容易的，结婚这么多年，几乎不和娘家走动，把全部的心思都用在这个小家了。但我觉得耐下心来和她沟通太费劲。我曾经认为是自己找错人了，如果换一个不给我压迫感、不那么依赖我的女人会好些，我尝试寻找这样的女人，希望到围城外面透口气，但结局却让我更加难堪。

"做了'人生脚本'作业之后，我彻底明白了，从小到大我没有得到过我所需要的爱，我认为人都很自私，只为自己。我父亲的自私是赤裸裸的，我母亲的自私是经过包装的，她为了保全自己事业家庭两不误的光辉形象，无极限地压抑我们的真实感受，甚至让我们适应了压抑，根本感觉不到压抑。

"结婚之初，每当黄敏华大声说话的时候，我真的想掐死她，我就怕别人因为这些而看扁了我。我觉得母亲的灵魂始终没有离开我，她对我的束缚已经内化成我的自我约束了，太可怕了……"

萧博文与其说是和我交流，不如说他在内心独白。他彻底地敞开心扉，把他压抑已久的话统统说出来，在这股强大的生命能量面前，我只有静静地陪伴，无须任何语言。可能是为自己走出封闭而激动，也可能是说得太多了，我感觉到萧博文有些气喘。我轻轻地打开音响，轻柔的萨克斯曲《回家》，把他的思绪带回到咨询室里来……

三个月过去了，家庭辅导最后一次面谈的时候，夫妻俩刚从新加坡探亲回来，黄敏华穿了一件休闲的花衬衣，萧博文竟然穿了一件沙滩服。两个人手拉着手走进咨询室的时候，我被他们的快乐所感染。

"丽珊老师，我女儿用水果肥皂给您做了一个天使，让我转交给您。她说下次回国一定登门感谢您。这次我们一家三口充分享受了轻松生活，女儿第一次告诉我们，她在家的时候有多累，我们较劲，孩子不知道如何说话，如何做事，既怕伤了母亲，又怕激惹了父亲。她说她决定到新加坡念书就是为了逃避。现在想想，也是难为孩子了，那么小却承受那么多。丽珊老师，孩子的这些话使我第一次意识到孩子与我们相处这样累呀！我们都是爱孩子的，但却不知无意中给孩子那么多的伤痛，我只能感受自己的感受，而不能准确地感受到别人的感受。孩子说这次看到我们夫妻，明显感觉到我们都变了，她放心了。呵呵，您说做父母的让孩子操心，真是惭愧呀！"

"张老师，我看了您推荐给我们的书，我这回避型依恋模式与黄敏华的焦虑—矛盾型依恋模式凑在一起真的够麻烦了，如果不是您用包容之心，理解我们，一步一步陪伴我们，我们后半辈子会继续死磕……"萧博文的笑很真实。

【丽珊女性幸福心理学】

婚姻质量直接影响到孩子的身心发展，许多父母误认为婚姻是成年人的事情，要求孩子做好自己的事情，不要关注父母的婚姻。其实对于未成年的孩子来讲，父母的婚姻是他们赖以生存的最基本的环境，如果父母婚姻出了状况，则会直接影响他们的生活质量。

幸运的是萧博文的女儿选择了"优秀"出逃，而更多的孩子则选择"问题"，用"问题"来将父母的关注点由夫妻矛盾转变成为亲子矛盾。

心灵测试:丽珊依恋——亲密模式测试

张丽珊根据弗雷利、沃勒和布伦南 2000 年发表的《修订版亲密关系问卷》增添维度,并进行深度完善。

指导语:在回答问题之前,请先检视一下你当下的状态:

1.你身处一个安全、安静的空间,不会有人唐突打扰你。

2.你至少有一个小时可以全然放松地思考和回答以下问题,请关闭手机。

3.你身体的状态非常良好,没有诸如睡眠不足、腹痛、头痛、心悸等各种不适症状。

4.你的心情非常平静,最近三天以内没有来自人际关系中的纷扰。

如果你现在符合心灵测试所需要的条件,请如实地选择,将相应的题号写在答题纸上。

1. 父母总是认为我不好教养

2. 父母特别理解我

3. 父母总是表现出对我的嫌弃

4. 父母脾气暴躁

5. 父母耳软心活,总是听别人的建议

6. 父母喜欢聆听我

7. 无论我做什么怎么做,都难以达到父母的满意

8. 父母有暴力倾向

9. 父母惩罚我时常常使用冷暴力

10. 只要我的选择合理,父母总是给予支持

11. 从我很小的时候,父母就不太抱我,很少有肢体接触

12. 父母经常喜怒无常,我不知道他/她下一个表情是什么

13. 父母总是将我托付给周围的人

14. 父母鼓励我广泛地交朋友

15. 父母告诫我不要跟任何人说自己的想法

16. 父母提醒我伤害我的往往是我最信赖的朋友

17. 我常常担心我的伴侣不再爱我

18. 我容易和伴侣接近

19. 我发现与伴侣分手后,心情很快就平静下来

20. 我不相信有长相守的伴侣

21. 我害怕伴侣一旦了解真正的我,就会嫌弃我

22. 与伴侣在一起,我心情愉快

23. 看到伴侣伤心时,我不知道如何安慰他/她

24. 我总是想方设法地考验伴侣

25. 伴侣没有陪在身边,我就焦虑,仿佛生活缺少什么

26. 我对自己的感情生活基本满意

27. 对我来说,独立比恋情更重要

28. 我在感情上总是拿捏不好

29. 当伴侣不和我在一起时,我就担心他是不是看上别人了

30. 我在恋爱中没有感觉过什么压力

31. 我不愿意和伴侣分享内心深处的感受

32. 我在与伴侣交流时总担心对方会骗我

33. 向伴侣倾诉内心感受时,我担心对方发现我不好的一面

34. 我很容易和伴侣沟通自己的需要和想法

35. 我发现自己很难全身心信赖伴侣

36. 与伴侣交流我总是时刻看他的眼睛以便及时戳穿谎言

37. 我经常为亲密关系而思绪不宁

38. 我相信大多数人本质上都是诚实可靠的

39. 我偶尔会冒出一些无名火,让伴侣感到不知所措

40. 我不知道自己到底需要什么样的伴侣

41. 我很快就对伴侣产生依赖感

42. 我可以安心地与伴侣分享思想和感受

43. 跟稳定的恋爱相比,我更喜欢不用承担责任的性爱

44.我不知道什么样的异性可以托付自己

45. 我对伴侣的情绪变化很敏感

46. 即使与伴侣发生争吵,我也不会全盘否定我们的感情

47. 当伴侣与我过分亲近的时候,我会感到不安,甚至烦躁

48. 我和伴侣亲热后就后悔刚才的举动

49. 如果现在的伴侣离开我了,我担心再也找不到爱我的人

50. 我的情感生活波澜不惊

51. 我的伴侣常常希望我更亲近一些,但我不想过于亲近

52. 伴侣无法容忍我的考验时,我内心会有揭开画皮的快感

53. 如果和伴侣发生冲突,我会说出或作出过激的话或行为,过后又懊悔

54. 和别人意见不一致时,我能心平气和地表达

55. 和伴侣分开时,我会想念;与其在一起时,我却想逃离

56. 伴侣归来,我会非常高兴,却要表现出无所谓的样子

57. 我担心自己魅力不足以长期吸引伴侣

58. 如果我喜欢的人不喜欢我,却喜欢别人时,我会有些吃醋,不过很快这种感觉就过去了

59. 我讨厌被人依靠的感觉

60. 我不知道伴侣做什么我才能够真正地信赖他

61. 我一旦发现喜欢的人喜欢别人,就会痛不欲生

62. 如果伴侣表现有些冷淡疏远,我会想一想问题到底出在哪里,不会轻易归因到自己身上

63. 我一旦发现喜欢的人不喜欢我,会有如释重负的感觉

64. 伴侣冷淡我,我会百般讨好他;伴侣亲近我,我会逃避或者讨厌他

65. 如果伴侣表现出冷淡疏远,我会怀疑是自己做错了什么事,或他变心了

66. 如果交往不太久的伴侣想和我分手,我会感到受伤,但能够自我调整,平复痛苦

67. 如果伴侣表现有些冷淡疏远,我会感觉无动于衷,甚至如释重负

68. 当伴侣真的放弃了,我会放弃自尊追回他

69. 如果交往不太久的伴侣想和我分手,我会用尽一切办法挽回,不排除会自残

70. 我可以和前任继续做普通朋友,毕竟我们有许多共同点

71. 在如愿以偿地和追慕已久的人在一起之后,我感觉兴味索然

72. 我自己也说不清对感情是怎样的感觉

答题纸

1	2	3	4	5	6	7	8
9	10	11	12	13	14	15	16
17	18	19	20	21	22	23	24
25	26	27	28	29	30	31	32
33	34	35	36	37	38	39	40
41	42	43	44	45	46	47	48
49	50	51	52	53	54	55	56
57	58	59	60	61	62	63	64
65	66	67	68	69	70	71	72

参考答案

类型																	
焦虑型	1	5	9	13	17	21	25	29	33	37	41	45	49	53	57	61	65	69
安全型	2	6	10	14	18	22	26	30	34	38	42	46	50	54	58	62	66	70
回避型	3	7	11	15	19	23	27	31	35	39	43	47	51	55	59	63	67	71
紊乱型	4	8	12	16	20	24	28	32	36	40	44	48	52	56	60	64	68	72

自我判断

如果你选择某一项8个,说明你具有这种依恋模式的特点;

如果你选择某一项12个及以上,说明你是这种依恋模式的典型,建议你最好和心理咨询师进行交流,以便使自己更加完善。

如果你任何一项都没有达到8个,说明你在舒服区里,只是偏向于某种依恋模式。

测试解读

焦虑型

你对自己是否有足够的魅力吸引伴侣没有信心。你喜欢通过与伴侣耳鬓厮磨、亲密无间，甚至性行为来维持亲密关系。

你内心对人际关系缺乏安全感，始终担心伴侣和你不够亲近，你在情感问题上消耗了太多的心力，令你疲倦不堪，也使对方难以获得顺畅的爱意。

你对双方的情感互动明察秋毫，对伴侣的情绪和行为非常敏感，并且往往给自己悲观的、负性的暗示，由此引起情绪的严重波动。

有时候，你说话做事比较冲动，容易给恋人带来伤害，让感情受损，为此你懊悔不已。

如果你选择了安全型依恋模式的伴侣，给你足够的抚慰和安全感，你就会感到很放松，心满意足。

安全型

你对自己充满了信心，所以你坚信自己有足够的魅力吸引伴侣。

在与伴侣互动中，你会自然而然地充满温情和爱意。你喜欢和伴侣亲密无间，通常不会对你们之间的关系忧心忡忡。

对待恋爱中的风波，你处之泰然，不会轻易心烦意乱。你可以畅通无阻地与伴侣交流自己的想法和心情；也愿意聆听伴侣倾诉，理解伴侣的心情，并与之合拍。

你乐于和伴侣分享自己的成功或失败；伴侣遇到困难的时候，你会全力支持。

回避型

你认为独立、自由比亲密关系更加重要。其实，你也需要亲密关系，你只是不愿意太过亲近，喜欢与伴侣保持一点距离。

你丝毫不担心感情问题，不怕被拒绝。你不会轻易地向伴侣袒露心迹，这使得对方感觉你有些疏远；当伴侣无法理解你时，你会再次认定亲密关系无法使你获得你希望获得的爱意和支持。

一旦伴侣表现出亲密的愿望,或者逾越了你个人自由的界限,你就会警觉起来,甚至会选择逃避。

紊乱型

在你成长的过程中,父母对你的态度时冷时热,并且具有暴力倾向,使你坚定地认为伤害你的人往往是最亲的人,也可能是曾经最爱你的人,所以你对亲密关系既充满渴求又充满惧怕,担心一旦投入情感就被动了,非常容易被伤害。

如果你具有紊乱型依恋模式倾向,建议你最好接受专业的心理咨询师的辅导,从成长的伤痛中彻底走出来。

第三章　你的原生家庭是父系氏族还是母系氏族

丽珊夫妻——亲子互动模型

原生家庭是指父母照料的，孩子出生并成长的家，原生家庭对一个人的影响是全方位的。夫妻沟通模式对孩子的生活品质到底有多大的影响？近二十年的临床心理咨询，我充分意识到夫妻的沟通模式对孩子个性形成、人际交往品质、亲密关系质量都有着深刻而持久的影响。经过多年的努力和不断修正，我终于设计出一个坐标系。我们每一个家庭都可以在这个坐标系中找到位置。

该坐标的横坐标是父亲掌控着家庭的气氛，纵坐标是母亲掌控着家庭的气氛，从而形成了四个象限。不同性别的子辈身处同一个象限所形成的个性、思维、行为都会不一样。圆圈内为舒适区，绝大多数家庭是在这个区域的，特点不明显，最多是具有某种倾向性而已。越向两极发展，特点就越明显。

本章重点讲女孩子。第八章《你与男友的原生家庭有个亲密约会》中会讲处于不同象限的男生具有什么样的特点。

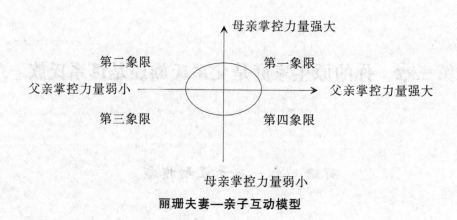

丽珊夫妻—亲子互动模型

压抑或暴戾的女孩

第一象限家庭的女孩：父母都很强势，他们会以各种方式争夺着家庭的主导权。在这种充满硝烟的家庭氛围中，女孩很难养成温顺的性格，她的内心总是涌动着反叛的能量。无意中学到母亲的强悍，她会与母亲进行家庭权力的争夺，甚至用各种问题行为向母亲挑战，直至母亲不得不向女儿投降。

这种家庭的女孩常会为了展示自己的能量而缺乏自我约束和自我管理，造成人生的扭曲。我接待过许多有行为问题和情绪问题的女孩就是生长在这样的家庭中的。

进退两难的女孩

第二象限家庭的女孩：母亲强势，父亲软弱。女孩耳濡目染了母亲如何训斥老公，她习惯了男人在家庭中处于忍让、服从的状态，一切听从妻子的调遣，处于卑微地位的生活模式。

如果母亲能够很好地处理自己与女儿的关系，使女儿从内心认同母亲的话，在未来的婚姻中，她会模仿母亲，成为家庭的主导。如果她很幸运遇到同一象限的男生，就成就了一个新的母系家庭；如果遇到的是第四象限的男生，夫妻双方的PK大战拉开序幕，他们的孩子的原生家庭则是在第一象限了。

如果母亲的强势已经殃及到女儿身上，女儿则会挣扎，站在父亲一边，为父亲抱屈,全盘否定母亲,与母亲争斗。这样的女孩在未来的两性交往中会比较尊重男性,但又因为对母亲的否定隔绝了与母亲的感情连接,表现出生命能量的低微。一旦遇到比她母亲温和、讲策略的婆婆,她就会全身心扑进去,厚婆婆薄母亲的选择使她忽略了自己的立场。"连自己的亲生母亲你都难以接纳,你会真心对谁好呢?"成为婆婆不断思忖的问题,婆媳矛盾在不知不觉中孕养,一旦爆发,她会感觉到彻头彻尾地孤立无援。

善解人意的女孩

第三象限家庭的女孩:当父母都不掌控家庭的气氛,这样的家庭会有两种或更多种可能,一是夫妻双方的家庭观念不强,密度不高,比较松散;也可能是生命能量不强,无法掌控气氛,这种家庭的女孩会因为缺乏生命的榜样,缺乏有力的指引而迷茫或误入歧途。

另一种情况是民主家庭。再次强调,我们的维度是夫妻双方谁掌控家庭的气氛,与夫妻二人的职业和社会地位无关。这样的家庭是平等和民主的,家庭和谐。女孩充分享受和平的气氛,因为在充满爱和理解的氛围成长,她的内心具有非常强大的力量,能够应对成长中许多的问题。积极向上的生活态度使她拥有比较好的包容性和非常好的人际关系。她们会将人生的智慧带入自己的婚姻之中,并将爱的能量继续传递。

充满纠结的女孩

第四象限家庭的女孩:父亲的强势使她生活在压抑的状态之中,她恨母亲的不争,鼓励母亲与父亲斗争,甚至支持母亲离婚,结束没有自尊和幸福感的婚姻。

这些女孩在对男生的态度上充满了纠结。从生理角度,她们也希望能够与异性有好的交流;但从心理上,她们对男生充满不信任,甚至排斥。

有的因为难以信任男生而发展成为恐婚族。

有的因为与父亲的矛盾尖锐和激化,渴望寻找一个强悍的男生来保护自己,当自己与父亲斗争时给自己力量,但却复制了母亲的命运。我接待的这类家庭的女孩有的在青春期会表现出低自尊,用发生性关系,或在做爱中无原则迎合男生来维护"感情",以此满足对原生家庭抗争的快感。

女儿将父母之间恶性互动带入自己的恋情

第一象限的父母处于强势状态,在他们博弈的过程中忽略了对女儿内心的关怀。因为长期的压抑使女儿变得暴戾,她甚至难以保全"一朵鲜花插在牛粪上"的爱情。

开朗女生自残了

教育心理机构周六早上刚上班就接到陈学玲打来的电话,她风风火火地通知接线老师,她目前带着女儿在由郑州到天津的高速公路上了,下午两点和丽珊老师见面。接线老师耐心地告诉她,丽珊老师的咨询都需要提前很长时间预约,根本无法临时安排。"麻烦您转告丽珊老师,我女儿昨晚有自残行为,现在还在车上昏睡,求丽珊老师救救我女儿……"

面对危机干预,所有的预约咨询只能无条件让路。接线老师不敢和受了惊吓并且长途开车的母亲交流太多,但掌握信息过少会影响危机干预的及时性和准确性。所有接线老师将近一年的十几大本的接线记录拿出来,查找陈学玲之前是否打来过求助电话,并以此为线索了解她的过往。功夫不负有心人,她曾先后两次打来电话。

第一次是她被丈夫暴打之后,接线老师建议她千万不要激惹老公,以免他再有过激行为,同时到警方备案,如果再有这类情况发生,就寻求警方保护。"为什么没有婚姻辅导和应激情绪支持呢?"我一边看记录一边询问当时接线的老师,她回忆说当时陈学玲一直处于激愤的状态,根本不回答接线老师的询问。"当时我请她冷静一下,思考自己做了什么激怒了老公?她立马就和我怒了,大声地历数老公多年来对她的恶劣行为和自己的含辛茹苦,一再反问我,您说我错在哪里了?当时我告诉她,婚姻治疗可以让夫妻互动更加和谐,但她根本不听,情绪宣泄完了挂断了电话。"

第二次是女儿高三刚开学,和新换的班主任闹矛盾,情绪波动很大。陈学玲列举了一些班主任对女儿有成见、在处理问题上不符合教育规律的例子。接线老师告诉她高三年级因为学习压力大,学生处于高度焦虑状态,如果有条件让孩子和心理咨询师建立持续辅导的关系,第一时间给孩子心理支持,平稳的情绪状态会提高学习效率……她好像对这些并不感兴趣,而是一再追问校长在什么情况下可以换掉班主任?

两次求助电话的记录活脱脱地勾画出陈学玲的状态。她善于发现和利用资源,及时求助,但对于心理咨询师的建议却绝非虚心接受。在她心中对问题的解决早已有了预设,咨询师的建议和这些预设契合了,她就去做。与其说她接受咨询师的建议,不如说印证了她之前的想法是可行的。对不符合她预期的建议则置若罔闻。她在日常生活中是一个固执己见、比较强势的人还是情绪过于激烈而陷入应激性思维阈限缩小?这个假想的证实将对分析、解决她面临的困难十分重要。

母亲对女儿负性情绪的成因避而不谈

孙楚翘被母亲和机构的老师扶进教育心理机构时,依然处于睡眠状态。我首先对她的生理体征进行了简单的检查,确认她只是因为长时间高度亢奋,身体透支,属于正常睡眠。排除了药物所致,我就将她安排到房间里继续睡觉,利用这个机会和母亲交流,了解更多相关的信息。

陈学玲尽管很疲惫,表现得极为谦和,但难以掩饰其内在的强势和掌控。她说女儿自进入高三情绪始终不稳定,上课时无法控制自己的情绪,不是和老师激烈顶撞,就是放声大哭……班主任几乎每天都给她打电话告状。陈学玲觉得女儿在家也行为怪异,原本乐观开朗,每天放学回家刚进楼道就能听到她无拘无束的大嗓门儿。可最近一段时间,每天回家不是闷闷不乐就是摔东西……母亲曾经训斥过她不懂事,但看到女儿绝望的目光后,她就不敢多说了。女儿三天没有去学校,今天早上陈学玲叫女儿起床,发现房间地上扔满了沾着血的纸,她的胳膊上有很多刀痕,她在自残。陈学玲将熟睡的女儿放到汽车后座,火速赶往天津。

"上课和老师激烈顶撞或放声大哭都已经超出了正常的情绪反应范围了,你看到孩子绝望的目光,是否与她交流过,询问她遭遇什么了?"陈学玲对女儿的描述仅停留在介绍表象的层面,我更渴望搜集到成因方面的有效信息。

"丽珊老师,我看了您在网上的视频,案例中很多情况都在我身上发生过。我不用问就知道,女儿的问题全是我不幸婚姻造成的。看着孩子的痛苦,我恨死她父亲孙强了,他把我弄成一个怨妇,我的怨气又伤着孩子……"陈学玲并没有进一步介绍女儿的情况,依然自顾自地控诉起婚姻的不幸和婆家的"种种罪行"……

危机干预需要在最短的时间找到问题的症结并及时排解,孩子睡觉使我赢得了时间,我争分夺秒地搜集资讯,几次打断陈学玲,追问孩子是否跟她谈起过在学校遭遇了什么,但每次她只说:"孩子自己最清楚,您一会儿直接和她了解吧。"又继续讲述她的不幸了。

陈学玲见面之初转述班主任的告状和孩子在家里的具体行为是可以理解的,毕竟看到孩子的自残行为,母亲会因为紧张、惊恐而出现短暂的思维混乱。但深入交流之后,她一味地控诉不幸婚姻给她带来的苦痛,面对我的追问,一再建议我直接和孩子交流则有些不正常了。一般情况监护人会知无不言言无不尽地将对来访者的观察、分析和盘托出,供我从中找到有价值的线索。陈学玲的表现到底是她和孩子之间缺乏基本的交流,确实不知情还是她自我沉浸太深,抑或是她觉得自己的痛苦远远超过女儿此时所面临的危机?

母亲婚姻不幸是造成女儿痛苦的根源

陈学玲说造成女儿目前状态的最重要原因是她的不幸婚姻。当年她在前一段感情中受到极大打击后,生活窘迫,老公家穷得娶不起媳妇,两人凑合一起搭伙过日子,根本没有什么感情。婆婆刁钻、吝啬、霸道,怎么看她都不顺眼,总是挑唆儿子打她。老公是孝子,对母亲言听计从,因为一些小事就打她,在怀孕六个月时,他还一巴掌把她扇出去很远……为了自己的名声,她强忍着委屈,鼓励老公分家独立出去做小生意。几年间生意是做起来了,但婚姻状态却并没有因为钱多了而有所改善。

"你老公最近一次打你是在什么时候?"我想通过提问将她从负性的回忆中带回到现实中来。

半年多以前,老公回他母亲家,买了将近五千元的礼物,一周后他们俩说话时,老公感慨,如果那份礼物是陈学玲送给婆家的,效果就会更好,花一份钱,买两份好……陈学玲当时就怒了,这不是背叛吗?婆婆曾经对她的种种"虐待"涌上心头,她破口大骂婆婆,老公狠狠地打她,她奋起还击,厮打了很长时间,双方都挂彩了……

陈学玲讲述时,表情十分丰富,只要涉及婆家,她就咬牙切齿,根本无法停下来。年轻时的伤害成为她内心无法磨平的痛点。

"孩子对你们夫妻之间的情况了解吗?"了解夫妻感情的目的是为了解决孩子当下的问题,我适时地将话题带回主题。

"当然知道了,您一会儿问问孩子,在她记忆中都是她父亲打我的印象,她对他恨之入骨。她总是安慰我,说她一定要考上北京的大学,让我陪读,永远和她父亲分开……"肩负着这样的使命迎战高考,孩子的心理状态会是怎样呢?

马斯洛的层次需要理论应用在陈学玲和婆家人的互动中特别贴切。该理论指出人的需要是金字塔形状,由低到高分别为生存的需要、安全的需要、归属的需要、爱与被爱的需要、尊重与被尊重的需要、自我实现。当年陈学玲嫁入婆家是为了医治前一段感情的创伤,在婚姻中获得生存和安全的需要就满足了,当这些低层的需要得到满足后,她自然追求更高层次的满足。但在婆家人的心目中他们是她的救世主,在她窘迫时收留了她,她应该一辈子当牛作马来报答他们才对,怎么可能会爱和尊重她呢？她争取自己权益的行为被婆家人看成恩将仇报。

经过多年来对家暴的研究,施暴者和受暴者在人格上都有明显的特征。比较普遍存在的是受暴者在思维上有被害模式,总是从不利于自己的方面解读对方的言行、得理不饶人、喋喋不休……而施暴者则不善于语言表达、缺乏情绪管理能力,简单地将暴力作为结束无休止的争吵的手段。陈学玲夫妻之间符合这个规律吗？

众叛亲离让女生陷入孤立

孙楚翘睡醒之后敲门进来,大大咧咧地歪在沙发上,双腿叉开,"老师,您可千万别劝我去上学,在学校我都快崩溃了,不是我被憋死就是杀人。"这对母女的表现都超出我的预想。一般刚刚有自残行为的人会处于深度封闭状态,拒绝交流;而她的不吐不快使我们快速进入主题。

孙楚翘身材高挑清瘦,白皙而线条感十足的脸庞,活泼开朗的性格使她小时候赢得成年人的喜爱。和她站在一起,其他女生就会黯然失色,女生拒绝接近她;而她则觉得女孩心眼儿太多,不喜欢和她们玩儿。尽管她说话直接有时会伤人,但她学习成绩好,男生找她抄作业,她没有弯弯绕,男生喜欢她,而她也喜欢和男生无所顾忌地打闹,她是一个女"哥们儿"……高三年级之前,她的历任班主任都是男的,她和班主任关系都十分密切,勾肩搭背,互起外号……她在学校轻松快乐,尽管不太努力,但始终保持班里前十名。

高三年级新换了包括班主任在内的五位主课老师,这些教师每天上课只讲知识点、题型,和学生根本没有任何的感情互动。班主任的重口味训话让孙楚翘很不舒服:"我对你们最大的爱就是严格要求你们,激发你们全部的潜能,为你们营造一个纯净的学习环境,保证你们学习成绩稳步提高,考上好大学。谁如果挑战我的管理,我会为了全体同学的利益而打击到底……"坐在第一排的孙楚翘不知深浅地接下茬儿:"法西斯呀！希特勒呀！分数奴隶呀……"如果是以前，全班早就哄笑起来了，气氛特别活跃。没想到当时全班死静，没有一点儿声音，班主任冷峻的目光像尖刀一样刺向她……孙楚翘和班主任之间结了梁子。班主任为了维护课堂纪律，进行全班大换座，孙楚翘被调到教室最后的一个独座上。

孙楚翘觉得哥们儿们都不够意思，为什么不挺她？为什么不和制造白色恐怖的班主任斗争呢？高考怎么了？就算分数考得不好，也能有好大学上；就算在国内上不了好大学，还可以出国；就算不能出国，在国内也没有上好大学，自己创业也能做大做强，总之，一定会有光明的未来……老师就是骗我们考高分，自己多拿奖金……

一位"男闺蜜"正色地喝止她："拜托，大小姐，我们不像你一样可以拼爹，我们只有高考一条路，你成绩好，站着说话不腰疼呀。"

另一位哥们儿帮腔，"你想让我们大伙陪你玩儿，做你的牺牲品吗？"

最让孙楚翘无法接受的是一个哥们儿："你要先学会做人，不然成绩好，你的爹都救不了你！"这都是什么人呀，还算朋友吗？明明是班主任心眼儿小，哥们儿不拔刀相助也就罢了，怎么能和老师一个鼻孔出气呢？姐就是顺毛驴！玩儿横的不灵。孙楚翘张狂地喊："姐的爹妈都事业成功，怎么了？就算高考成绩不好照样上好大学，气死你们……"这句话几乎激怒了所有同学，她被彻底地孤立了。

"你真的觉得成绩不好也能上好大学？"我疑惑地问孙楚翘，希望得到澄清。

"哪有，我就看不惯这些势利小人，用气势压倒他们……"孙楚翘的不会示弱将人际中的简单问题复杂化，将单一问题群体化了。

许多学校都培养一批坚守在高三的骨干教师，他们贯通全部教材，熟悉高考命题人的思路，他们的确关注分数甚于关注学生。"楚翘，你的几句话无意中戳痛了班主任，她新接班，最担心学生不接受自己，更担心学生们认为她残酷，产生逆反情绪，加大带班的难度。如果你和班主任之间有芥蒂了，你的责任最少得占90%。"

孙楚翘小声嘀咕："男班主任就不会这么小心眼儿。"我告诉她，这和性别无关。普通年级和毕业班的班主任教学任务不一样，普通年级班主任有充分的时间了解学生，选择适当的教育方法；但毕业班的老师时间紧迫，师生的利益完全一致，全体指战员要迅速统一思想，之后就要专注于冲锋、打赢战争了。

为了进一步消除她对班主任的敌意，我问她："你们哪个学科的老师教学水平高？"孙楚翘想都没有想："数学，就是班主任。"

"毕业班的学生都很理智，他们对老师的评价主要着眼于教学水平。你明白为什么哥们儿们没有和你一起反对班主任了吗？"听了我的话孙楚翘点点头。

孙楚翘说话办事不近人情完全是父母事业成功让她有恃无恐，还是她本来就缺乏与人交往的基本理念和技巧？这些与陈学玲比较反常的表现是否有关？

"楚翘，我给你讲个历史小故事，法国的路易十五执政期间遇到灾荒年，一位大臣告诉他农民连树根都没得吃了，他特别诧异地问大臣，农民为什么不吃面包呢？如果你是农民，听到他的话，你最想做的是什么？"

"抽他！"豪爽的孙楚翘简洁明了。我没有马上应和，她沉思了一下就笑了，"您是说我也欠抽吗？"

"同学们都因为高考而高度紧张，你却说高考不重要，还说那么多张狂的话激怒他们，人家还和你做朋友才怪呢。"孙楚翘再次点点头。

表面上，孙楚翘说话不中听，行为举止缺乏女孩子的矜持。事实上她缺乏人文素养、没规矩、没教养，是家庭教育缺失的结果。在学校，学生们对"富二代"的态度经历过一个认识过程，最早的"富二代"意味着拥有财富、接受最好的教育、有高雅的爱好、生活有品味……令同龄人美慕。但随着接触发现"富二代"中相当比例的孩子对学习、自我行为都缺乏责任感、没有礼貌、无端滋事，遭到同学的排斥。现在说谁是"富二代"基本相当于骂人了。

"富二代"的父辈在积累财富的过程中往往无暇顾及孩子，孩子是由隔辈老人或保姆带大，孩子内心缺乏安全感和归属感，在做人道理、待人接物、情绪管理等方面落后于同龄人。进入青春期，在与周围人交往遇到困难时，如果父母觉察了并给予帮助，则可以补上成长过程中的疏漏，如果父母忽略了，孩子就会启动自我防御机制，"我家有钱，你们嫉妒我……"再一次错过了成长的机会。

男友的决绝让女孩彻底崩溃

"楚翘，你谈过恋爱吗？你的恋人不支持你吗？"一般情况，面对来自老师和同学的排斥,学生会消沉、郁闷、厌学,但绝不可能自残,所以我推断孙楚翘的感情遇到了问题,于是单刀直入。

"在我走投无路的时候,他也不要我了。"孙楚翘无所顾忌地放声大哭,我除了适时地递给她纸巾之外,始终安坐在她旁边,让她将积压的负性情绪充分释放出来。

二十分钟后,孙楚翘逐渐平静下来。她告诉我周雷各方面都不如她,但他是这么多年来第一个把她当作女生的男生。他们俩刚好时,同学都说一朵鲜花插牛粪上了,但孙楚翘享受着周雷的百依百顺。当她陷入孤立之后,每节课间和周雷去楼道说会儿话是她唯一的精神支柱,但他不再像以前那么顺从了。"你上课别和老师顶撞了,你在耽误全班同学的时间,知道吗?""你哭什么哭,全都是你自找的,你要点儿脸行吗?""和你在一起太丢人了……"尽管每次谈话都被他骂,但楚翘还是觉得他是真心对自己的。同学都认为周雷倒霉,找了一个精神不正常的女友。

上周六周雷明确告诉楚翘,班主任给他下了最后通牒,让他必须马上斩断恋情,否则就请父母。周雷父母在他们交往之初就坚决反对儿子和楚翘在一起,周雷当时骗父母他们分手了,如果请父母则一切败露,他可不能让父母伤心。

"周雷父母当时反对你们交往的理由是什么?"我想了解楚翘在成年人眼中的形象。

"太疯太扯,没规矩;我母亲太霸道、惹不起……"楚翘的回答依然简单明了,一语中的。

"你父母对你们的恋情是什么态度?"

"没有态度。"楚翘跟母亲说过,陈学玲只说了一句男人就没有好东西,追求女孩时是一种表现,得手之后就是另外一种嘴脸了,然后就开始讲述当年孙强是如何追求她的,结婚后又如何在身心方面虐待她……楚翘的问题瞬间从母亲眼中飘过。母亲的这些话楚翘可以倒背如流。后来她再也没有跟母亲说过。

我们经常会看到一个怪现象,公众眼中的"上上女"和"下下男"恋爱,也就是我们俗话里常说的"一朵鲜花插在牛粪上"。从心理上解读这种现象是十分有必要的。上上女从小就被周围成年人宠爱,她们误认为鲜花、掌声和自己是相伴而生的,缺乏学习人际交往的意识和行动。进入青春期之后,成年人再也无法为她们遮风避雨,营造虚拟的人际环境了。她们的孤傲、缺乏平等交往的意识和能力使绝大多数男生敬而远之。她们的自信心在被异性的疏远中逐渐衰减。此时只要有男生主动递过来橄榄枝,她们就会像抓住救命稻草一样,随着交往,她们的以自我为中心、缺乏换位思考的缺点又会吓退一些男生,而能留下来的往往是比较低自尊、处处迎合她们的下下男。

与其说孙楚翘迷恋周雷,不如说她怕接受被一个下下男抛弃的事实。陈学玲对孩子的求助缺乏基本的敏感,如果不是孩子有了自残行为,她依然不会顾及到孩子的心理感受。她的婚姻到底是怎么了?

强势母亲认为自己是世界上最苦的人

周日早上,我再次与孙楚翘约谈,父亲孙强陪她来的。孙强话很少,他告诉我:"学玲风风火火,心太粗。"

"楚翘,你父亲挺关心你们娘儿俩的呀!"我想听听在她的内心是如何评价父母的。

"这两个人都是好人,生意上谁也离不开谁,但生活中却无休止地掐,他们从没有幸福过。"楚翘又用简明的话勾画出她父母的交往模式。楚翘告诉我,她父亲心特别细,每天负责她的生活起居,而母亲总是在一旁挑毛病。"我不敢和母亲说一句父亲的好话,那样她会认为我背叛了她。"孙楚翘从记事起就是父母打架的目击证人。每次打架都是母亲大声谩骂父亲或奶奶,如果父亲不理她,她会先动手打父亲,绝大多数时候父亲都摔门出去,只有为数不多的几次,父亲实在忍无可忍了,狠狠打了母亲……

母亲在生活中没有朋友,就把孙楚翘当成闺蜜,和她讲述自己在婚姻中的经历,可听来听去只是他们结婚前后因为一些小事和婆家产生矛盾,而父亲说了一些实话,没有坚决地站在母亲一边,母亲就怀恨在心……

楚翘从母亲那里接收的多是男女互动中的负面信息,这不仅影响她处理当下和周雷的关系,而且对她未来与男性交往也会构成深刻的影响。让她解读父母的内心真实感受对她十分重要,为此我借助她所熟悉的父母互动,通过格式塔流派常用的空椅子技术,让她的内在感受外显出来,达到自我感悟。这种技术常常运用两张椅子,一张椅子代表"父亲",一张椅子代表"母亲",孙楚翘坐到哪把椅子上就代表相应的角度。孙楚翘先坐到"父亲"的位置上。

"我之所以指出你的问题,是想帮你了解外人是怎么看你的行为,如果不是最亲的人,我才不说呢。""父亲"说。

"母亲"说:"我什么都比你强,之所以选择了你,就是希望你一辈子无条件接纳我,宠我,所以无论我对与错,你都必须站在我的角度,要不我就太不值了……"

"我可以装聋作哑地宠你,但外人会吗?""父亲"耐心地说。

"我就是不许你说我坏话……""母亲"的话苍白无力了。

"丽珊老师,我和周雷之间的关系怎么这么像我父母呀?"楚翘的悟性很好,我的预设目标达到了。

"楚翘,现在对于你来讲学习人际交往比学习更急迫,不然升入大学,你和同龄人之间的差距更大了。"楚翘非常认同我的说法。我建议她周一就回到学校,选择一两位善于处理各种关系的女生,以观察者的身份看她们是如何与周围人相处的。但这个阶段一定保持沉默,在自己"成熟"之前的表达非常容易词不达意,又将自己拉回到尴尬的境地。当自己内心有痛苦时就记录下来,周末过来和我分享。

"你快和丽珊老师多学学,长点心眼儿吧!我就是没心眼儿,家里家外累死也不落好……"陈学玲很真诚地对女儿说,每个周末都带女儿过来和我交流。他们夫妻也接受了系统的婚姻治疗。

孙楚翘不愧具有很强的学习能力,她详尽地记录,认真地分享。六周之后,她的情绪基本恢复到正常,与同学和班主任的关系有了明显的改善,彻底放下了对周雷的感情。

所有的爱都是建立在平等的基础上,无论你为这份爱付出了什么,付出了多少。如果你认为付出的多就拥有特权,那就大错而特错了。

在现实生活中,如果母亲对自己的婚姻状况不满意,会不自觉地将孩子带入自己的婚姻关系之中,让孩子了解母亲为婚姻付出得更多,父亲是如何"对婚姻、家庭不负责任"，以便让孩子在亲子情感上具有明确的倾向性。这种拉帮结派给孩子造成的伤害不仅维度多，而且影响深远。一是让孩子左右为难，从孩子本心是不想舍弃父母任何一方的，为了迎和母亲，他们只能违心地有所选择；二是让孩子缺乏自信心，母亲在诋毁父亲时"摆事实，讲道理"，孩子来自父母双方，不免对号入座，进而对自己全盘否定；三是让孩子否定成年人的权威感，"连你自己的事情都弄不好，怎么能给我有价值的教育呢？"四是让孩子对爱情和婚姻产生负面印象，成人后一旦在感情上出现困难，则容易陷入宿命的思维之中，不能积极地解决问题。

【丽珊女性幸福心理学】

在日常婚姻咨询中，我经常见到"屌丝逆袭"的爱情。他们成就了婚姻，却因为女性始终没有调整自己的观念和行为，最终□丝还是难以忍受，或是无休止的争吵、或是□丝寻觅到能够让自己找到男人感觉的"小鸟依人"……

父亲逃婚，使女儿不能相信任何男生

凤凰男通过婚姻留在大城市，婚后他用沉默掌控家庭的气氛，尽管他在生活中缺席很久，却对他的女儿影响深刻。每当男生向她表白情感时，她就会按照自己的推理来判断男生像当初父亲追求母亲时那样居心叵测，把对方当作敌人。

升入初中后活跃的她突然变得沉默

初次看见安燕，我的眼前一亮，高挑漂亮的女孩，眉宇间流露着还没有完全退去的孩子气。

"安燕，是我们俩单独交流，还是让你母亲也在这里？"

安燕急切地说："我需要妈妈在这里，妈妈，您别走。"看着她的状态，我隐隐感觉到这个咨询的难度。

"好，现在我们来分享一下安燕对自己目前生活状态的感受吧！"

安燕像个需要躲在成年人背后的小孩子一样，忙说："妈妈，您快说吧！来之前您保证是一切由您说的呀。"

"为什么让母亲说呢？你的感受她能够真切地知道吗？"我忍不住追问。

"每次都是她说,她说得比我清楚。"安燕的声音因为紧张有些发抖,身子也向沙发深处缩去,竭力用手将自己掩护住。她的退行吸引了我的注意力。

退行是一种心理防御机制,在内心冲突无法解决时,作为人格执行部分的自我会退回到较早、较幼稚的心理发展阶段,从而出现相对幼稚的语言和行动。出现退行的原因往往有两种,一是感觉自己的能力或承受力难以面对某种危机,无法承担某种责任。二是在成长的某个阶段有过非常深刻的经历,或是成功或是失败,内心感受停留在那个时期,难以走出来。

母亲稍微迟疑了一下:"好吧,我先说,如果妈妈说得不准确不完整,你来补充。"

安燕的姥姥和姥爷是高干,就安燕母亲一个女儿。母亲结婚后一直和老人生活在一起。安燕母亲在一个研究所内部杂志社工作,性格偏外向。安燕父亲来自农村,以高考状元的身份进入南开大学,偶然的机会认识了当年没有学历但家世好的安燕母亲。他对这份感情极尽呵护,毕业之前他们已经确认未来的婚姻关系,因此他获得留在天津工作的机会。结婚之后,他变得越来越内向,回家就钻进房间念书,很少与家人交流,他在专业上的快速发展让安燕母亲有种夫贵妻荣的自豪感。后来,单位派他到国外学习,他就私自留在国外,遗憾的是始终没有获得身份,从安燕上初一起就再也没有回来过。

家庭是一个完整的系统,牵一发而动全身。尽管目前安燕父亲身在国外,但他依然是这个家庭系统中的重要组成部分,他的存在将会影响系统内每一个人。令我奇怪的是,安燕母亲在叙述的过程中,既没有牵挂,也没有怨气,始终没有添加任何的感情色彩,像在说与自己毫无关系的人。这对安燕会有影响吗?

安燕从小就很聪明,小学时成绩总是年级第一,体育和音乐也很优秀。三年级就当了大队委,她组织的活动总是被老师称道。小升初时她很顺利地考进了一所市属重点学校。安燕是周围所有同龄人学习的榜样。安燕的母亲也庆幸自己有这样省心的孩子。

升入初中,安燕不再像小学时那么争强好胜了,母亲觉得奇怪,也问过她,她只是说:"冲在前面没劲!"

反复休学令她再也进入不了学习状态

"安燕,升入初中为什么不再好胜了呢?是长大了,心态变得平和了吗?"我转过头问自甘被冷落的安燕。

"不……不知道,反正就那样了。"安燕说得很结巴,这与母亲讲述的她曾经辉煌的经历完全不符,我感到她还是没有进入状态,是母亲在求助中一遍一遍反复讲述已经让她彻底脱敏,还是她在尽力回避什么?

初中时,安燕每天都很快乐的样子,无论成绩好与不好,都笑呵呵的,老师说她心理年龄太小,不懂得成绩对人一生的重要性。她无私地帮助周围人,经常在晚上为了给同学在电话里讲题而耽误了自己写作业,安燕母亲并没有阻止她这样做。

一个在小学过早收获"成就感"的学生进入重点初中之后,将面临着由一枝独秀变为普通一兵的心理落差,许多学生表现出失落、离群、痛苦,很容易被周围人所发觉,给予及时的心灵关怀,让他们尽快适应新的环境。而安燕的整天乐呵呵则有些独特,极易被周围人忽略她内心的失落,正如老师的评价"心理年龄小"。想一想在小学三年级就做了大队委的孩子会是心理年龄小吗?她是用快乐来掩饰内心真实的感受,像她这个年龄能够如此不留痕迹地掩饰自己的真实感受的确不容易,这与她母亲谈及自己丈夫时的平和是不是有内在的联系呢?可以肯定的是她乐于助人背后的原因是她在助人中能够重温小学阶段的辉煌。她依然渴望成为强者,依然渴望得到周围人的关注。

十八岁的安燕在家里口无遮拦,衣不蔽体地跑来跑去。母亲总是提醒她,尽管家里唯一的男人是外公,但也应该注意一下,从卫生间出来要将裤子提上去……但她根本就听不进去。此时安燕咯咯地笑,我觉得她的情绪有些缓和,顺势问她:"你很率真呀,但你的率真可能给别人带来麻烦,比如外公得随时警惕,把握你的动向。"安燕开心得像个孩子似的连连点头,并没有继续我的话题。

我隐隐感到安燕的退行可能与她小学时的辉煌经历有关,在她心目中那个时代是最美好,最值得留恋的,她不愿意长大。

中考前的最后一次模拟考试,安燕的成绩留在母校完全没有任何问题,并且非常有可能进入全市数一数二的重点高中,安燕母亲没有像其他的考生父母那样紧张,只是到那些学校打听一些招生政策,为中考后的选择作准备。中考的前一天,安燕给班里的一名物理不好的同学电话讲题到凌晨两点,母亲几次催她睡觉,她都没有停止……安燕的中考失误了,她无法留在母校,当时一心想着是否能进入更好学校的母亲蒙了,她毫无主张地乱跑,最后选择了在全市以管学生严格著名的学校。

高一开学不久安燕就跟母亲说不想再上学了,她说如果杀人不犯法,她会用枪把同学杀掉。母亲被她的话吓坏了,反复告诫安燕杀人是需要偿命的。一个月之后,安燕每天早晨都会头疼得死去活来,满头大汗淋漓。脑 CT、核磁共振都做了,也没有发现什么器质性病变。经人提醒,安燕母亲开始了求助心理医生的道路。两年来,她将天津所有知名的心理辅导机构和心理辅导师全面"检阅"了一遍,但她觉得没有达到预期的效果。

小学时代的安燕学习和学生工作两不误,在助人中体会快乐,激发自己的潜能,获得两方面的成功。进入初中,尽管是强手如林,她依然希望借助自己成功的"法宝",通过不断地努力来达到自我能力增长的最大化,遗憾的是不但没有获得成功,反而使自己的中考失败了。进入高中,安燕开始迷茫,不知道是自己的方法错了,还是世界发生了变化。

原来人们只重视身体症状,忽略心理状态对身体的影响;随着人们越来越重视心理因素,又出现了忽略躯体症状的倾向。现在有身心疾病和心身疾病两大范畴,所谓身心疾病是因为身体的疾病而引发心理上的问题;而心身疾病是心理上的问题引发躯体的症状,但在接受心理辅导的同时一定要到权威的医院进行躯体诊断,避免盲目依赖心理辅导而延误身体疾病诊治,造成躯体疾病恶化情况的出现。如果是单纯性心身问题,随着心理辅导的推进,躯体症状将自然消失。

高一下学期,安燕办理了休学手续。休学在家一段时间,安燕觉得无聊了,渴望再回到学校。复学之后安燕的学习状态一直很好,在班里成绩是前十名,母亲终于松了一口气,觉得孩子总算又找回原来的感觉了。高二上学期期末考试,安燕的成绩降到二十多名,这对她的打击很大,每天回到家,话也不说就念书,但是成绩还是没有上去。

安燕又开始不上学了。为了让她放松,母亲允许安燕参加在威海举办的全国中学生轮滑表演赛。从威海回来后,安燕精神很好,学习也特有劲头,可一个多月后她的情绪又跌落了,每天睡不醒,不再上学了。高三之后,就是三天打鱼两天晒网……

她说成绩好是爱情的最大障碍

"安燕,你听过多少次母亲这样的叙述?你的感受是什么?"

"我自己都忘记说多少遍了。"安燕母亲有些不好意思,"自从她这样以来,我都快成祥林嫂了。"

"我没有什么感觉,觉得她说的是别人的事情,与我也没有什么关系了。"安燕的反应与她母亲说自己丈夫离家时的感受惊人的相似。

"在我听你母亲的倾诉时,我的脑海里一直在想,如果安燕信赖我,我希望这是母亲最后一次讲这样的话,我希望能够帮助你。你同意吗?"我真诚地看着安燕的眼睛。

安燕第一次将目光与我对视,我看到了信赖和托付。我知道只有单独交流才能走进她的心灵深处。

第二次见面,安燕提前半小时就到了,神情也显得非常放松。我预感这次见面会有突破性进展。

"安燕,我坚信你今天对待学习的态度肯定和你的一些经历有关,我们共同追溯一下你的生命轨迹好吗?"

"丽珊老师,如果我跟您说我的情感经历,您会不会笑话我?"

"为什么会笑话你,你都十九岁了,有些感情经历是再自然不过的事情了。"

"哦。"安燕点点头,开始了她的讲述。

在威海时,安燕遇到了同城的一个很帅的男生,群滑时,安燕有些不习惯,他滑到她身边,"我们一起滑吧!"于是他们成了朋友。在威海的两天中,安燕觉得和他已经认识了一辈子,回到天津分手时真的有些恋恋不舍,约好保持联系。安燕每天都在等待他的电话或者短信。但非常遗憾,他始终没有主动地约她。安燕将他们在一起的每个细节都认真回忆,她不明白他为什么不履行约定。安燕主动约他出来时,他显得那么不情愿。第一次约会平淡得让安燕不敢相信他们曾相互依恋过。

但安燕并没有放弃,相反,她征服的欲望被激发,她每天都处于亢奋状态,除了学习就是策划如何约他出来。第二次见面,男生明确表示自己在职校上学,属于四肢发达、头脑简单那类人,而安燕在重点高中上学,人又聪明,两个人的差距太大了。他不想因为这种交往而使自己太累,就把威海当成一个回忆算了,不联系对双方都好。安燕再次意识到学习成绩好是她吸引男生注意的最大障碍,学习的热情急剧下降。

刚进入表白期她对男生的热情就直线下降

"你说是再次意识到,看来以前还有同样的经历。冒昧问一句,这是你的初恋吗?"

"不是。初恋在小学六年级。"

小学时代的安燕是大家学习的榜样,班里有一位男生很喜欢她,她也很关注他的一举一动。他们之间有太多的默契,六年级第二个学期,男生写纸条给她表明心迹,当时安燕觉得特别生气,一下子觉得男生特别可恶,特别恶心,她坚决地拒绝了他。

"这种感觉很奇怪,你们彼此欣赏,男生表白了,是一件让女孩很开心的事情,你为什么觉得他恶心呢?"

"我也不知道。"

"后来你们之间还有故事吗?"

"没有,他和班里另一个女生好上了。"

"你感觉到失落吗?"

"没有,我才不失落呢。"安燕的脸涨红了,"反正失落也没有用,他对我不感兴趣。"

"他怎么会对你不感兴趣呢？他是喜欢你的呀。"

"女生不应该太强,至少不能比自己喜欢的男生强,不然就不可能有美好的感情。那个男生后来找的女生就像懒猫一样,学习不好,没有能力……"

"这是你上了初中之后不再好强的原因吗？"

"啊,您怎么知道的？"

初二的安燕又遇到外班的一个男生,他们每天在回家的路上都能遇到,她觉得特别有意思,每天都在想着自己穿什么样的衣服。而那个男生也总是和她想到一起,他们的衣服颜色或者款式经常有相似的地方。那段日子安燕觉得可有趣了,每天的太阳都很明媚,很灿烂。这样的状态他们持续了将近一个学期,男生终于托一个朋友约安燕,当时的安燕像吃了苍蝇一样难受,她坚决地拒绝了男生的约会,并要求母亲每天接自己回家,不想再多看那个男生一眼。

"安燕,你处理感情的方式如此一致,你喜欢朦胧而厌恶表白,为什么呢？你现在还牵挂前面的两个男生吗？"

"没有,他们与我没有任何关系。"

"你现在只牵挂那位轮滑男生？"

"是的,我无法忘记他,我们认识已经快一年了,尽管我们在一起的时间不足几天,但我始终没有停止对他的牵挂。我觉得他应该就是我要等的那个人。"

"他并不是你一生都会守望的人。只是他没有像前面两个男生那样向你表白而已,他让你对他充满了幻想。你和前两个男生之间关系演变过程非常雷同,先是相互欣赏,你在尽力地配合着感情的状态,甚至会用各种信息鼓励他们表白,而一旦他们表白了,你就撤退了。感情发展的轨迹一般是:朦胧的好感——彼此的默契——表白——走向热恋,然后可能会保持在热恋状态,或者走向衰退,而你却在进入表白阶段之后就开始直线下降。你是玩弄他们的感情吗？"为了更直观,我给她画了感情发展曲线,她觉得我分析得很有道理。

"没有呀,我为什么要玩弄他们的感情,我对他们感兴趣是真实的,他们向我表白,我内心的恐惧和厌恶也是真实的。"安燕的表达如此准确,这才是真实的她。

"你为什么会厌恶？你们这个年龄恋爱是很平常的事情,你内心到底怕什么？比如你的家教很严格,父母绝不允许你与男生交往？你害怕他们背叛你？你担心交往深入会有性的接触？你担心自己的公众形象受影响？"

"我的父母从没有跟我谈过不允许与男生交往，他们很开明的；性的问题我没有考虑过，恋爱也不会影响公众形象呀。"

"那你担心他们背叛你吗？"

安燕沉默了……安燕的压力来自她的家庭，更准确地说来自她父母之间的感情关系。

对家庭问题的回避使孩子完全陷入个人推断

"能谈谈你父亲吗？"

"我对那个人没有什么印象，他出国之前基本不怎么管我，每天回家阴沉着脸一个人看书，谁也不理，像是所有的人都欠他的一样。滞留国外是他设计好的，他将所有有用的东西，包括家里的钱都带走了。"说到这里，安燕做了一个深呼吸，竭力克制自己的情绪和眼中的泪水。很快她又恢复了平静。"他已经走了快七年了，我对他已经没有什么印象了。"我注意到安燕在提及父亲时不用称谓，而是用"他"。

"你父母的感情怎么样？"

"我母亲太幼稚。当初他只是一个穷小子，死了命地追求我母亲，通过我外公的关系留在了大城市。结婚之后他露出了本来面目，觉得我母亲不是正规大学毕业，只是仰仗家庭；而自己那么有才华，却要通过不匹配的婚姻才能留在大城市，这就是社会不公平。"

"这些事情是你母亲说的吗？

"不是，为了证明她并没有选择错误，她总是表现出来很幸福的样子，还说一旦父亲获得身份肯定会回来，并且会将我们接到国外去……她在给自己编织一个美好的梦，先是骗周围的人，后来连自己都骗进去了。"

"那你刚才对你父亲的分析来源于什么？主观想象吗？"

"不是，我观察的，有时我也听到他们之间压低声音的争吵。我早就预感到他们会走到今天这一步的。"

许多成年人误认为孩子小，什么都不懂，忽略了孩子的观察能力和逻辑推理能力，小孩子对家庭的依赖造就了他们对家庭成员之间的情感有非常敏感的洞察力。安燕进入青春期之后，与母亲的相依为命使她能够准确地把握母亲的情绪和情感。母亲以为不说出自己在情感上的失落是对孩子心灵的一种保护，而忽略了自己对真实情感的竭力掩饰使安燕缺失了多角度了解男生的机会，造成她对男生深刻的偏见。每当男生向她表白情感时，她就会按照自己的推理来判断男生像当初父亲追求母亲时那样居心叵测，把对方当作敌人。安燕学会了掩饰自己的真实情感。进入初中，她用表面上的快乐来掩饰由唯一变成之一后的心理落差，失去了及时调整自己情绪的机会。安燕一再表现出退行行为既是她经历了一系列挫败后对自己已经缺乏了自信心，对母亲充满了依赖，同时她也通过退行来怀念自己的童年，那个时代自己是同龄人的榜样，拥有结构完整的家庭。

进入高三，班里许多男女生之间耳鬓厮磨的恋爱都激发了安燕对爱情的渴求。轮滑男生的若即若离增加了他在安燕心目中的分量，遗憾的是这一次他们的感觉没有形成共振。轮滑男生的态度使安燕开始怀疑自己对男生的魅力，同学们旁若无人地谈恋爱，勾起了安燕对轮滑男生的思念，他的冷淡煎熬着她，她宁愿选择逃避。内心对知识的渴求，对重点大学的向往又不能允许她就此放弃学业，这使她一直处于两难的选择之中。安燕非常同意我的分析，我顺势给她留作业，做一份完整的人生规划。

无力达到大学目标使她选择放弃

安燕人生规划的第一步就是考上南开大学。在她的头脑中只有考上南开大学才能证明自己成功，同时也是对那个忘恩负义、自视很高的父亲一个强有力的鞭挞。但升入高三之后，她明显感觉到力不从心了，一方面她发现自己有太多的知识漏洞，另一方面轮滑男生的事也牵扯了太多的精力。她认定自己根本无法实现理想，既然无法考入南开大学，无法给那个人以鞭挞，那考不考大学都无所谓了，她觉得自己的学生生涯败得一塌糊涂，只有用放弃来麻木自己。

我请安燕做了职业定向测试，她属于社会型，从事社会工作是不错的选择。我又将南开大学社会工作系历年的录取分数线调出来，发现她当前的分数离目标只差30分，我们将录取分数作为目标总分，细化各个学科可以为这个总分提供的分数。随着我们分析的深入，发现她稍加努力就可以达到目标，每个学科提高 8~10 分就可以进南开，这个量化分析的结果使安燕第一次开心地笑了。她笑眯眯地说："原来我的基础也不太差呀，南开大学并不是可望而不可即呀！"

随着心理咨询的深入展开，安燕的状态完全改变了，她坚持上课，认真完成作业，情绪也逐步稳定下来，成绩稳步上升。她的母亲给机构写来了感谢信，困扰她多年的女儿成长问题终于彻底解决了，她表示如果有机会她愿意成为心理机构的志愿者，向更多的父母宣传心理健康对于孩子身心和谐发展的重要性。

为了让自己更好地配合心理咨询师对女儿的帮助，她主动提出也要接受一次精神分析。我帮助她分析了夫妻之间的关系，两个人在一起的意义是帮助对方提升，当这份意义终止时，就是两人分手的时候。世界上没有彻底终结的事情，人与人之间的关系也是如此。该来的时候来，该分的时候分，该放下就得放下，不然影响的就不仅仅是两个人了。安燕母亲将积蓄了近七年的情绪释放出来了，她的表情显得更加真实而明快。

所有的对孩子的心理辅导，如果父母能够参与辅导的过程，效果会提高，复发率会降低。安燕母亲对自己婚姻的再认识，对自己情绪的照料，使安燕对父亲的仇恨慢慢减少，对大学的选择也不仅锁定南开大学了。高考后她选择了北京一所著名的语言类大学，她的理想是做外交官，实现自己儿时的梦想。

【丽珊女性幸福心理学】

两人之间的付出与收取如果有足够的平衡，他俩的关系便容易成功。没有人能够什么都付出，也没有人能够什么都收取。因此，每个人都有付出与收取的限度。一对夫妻若要关系良好，双方都需要明白，只付出对方能够收取的；也只要求对方能够付出的，当双方都明白和遵守这点时，他们之间的关系就会和谐而持久。

如果一个伴侣总是索求，而另一个只给予而没有索求，那么索求的伴侣会处于一个低劣的位置，而给予的伴侣则处于一个优越的位置，这样会对两人之间的爱造成伤害。表面上安燕的母亲是给予一方，她给予对方留在城市里的机会，给予他一个家……对方始终处于被给予的状态，他越发地感觉不平衡，自己如此有才华，却如此依赖一个女人，所以他始终不快乐。他的表现被不了解心理学的人认为是"得便宜卖乖"，其实他内心很痛苦，这是他逃离婚姻的原因。

失恋女孩背后的故事

第二象限母强父弱的家庭模式中，女孩在恋情中"依赖他，但并不爱他"，有起码自尊的男生都会逃之夭夭。

李若尘从张家口给心理机构打来求助电话："我想见张丽珊老师……"大四的李若尘在电话中听起来怯怯得像个小孩子。她说自己也不清楚为什么总是郁郁寡欢，还经常莫名其妙地发脾气，周围没有人喜欢自己……母亲带她见过许多的心理医生，但状态没有改变，她自己选择了丽珊老师，这是最后一次机会，如果再没有效果就放弃求治了。为了更全面地了解李若尘的情况，老师建议她让母亲打电话过来。

电话咨询有很大的局限性，因为无法看到来话者的肢体语言，从语言信息中捕捉到的有效信息是非常有限的，就像我们在拓展游戏中经常做的双盲游戏，很大程度上咨询师和来话者就像两个蒙上眼睛的盲人，相互搀扶，但是否朝心目中既定的方向迈进则不得而知。为了将失误降到最低，向当事人最亲密的人电话求证，则是比较有效的方法。

李若尘的母亲在电话中表现得很强势。"这个孩子一点都不随我,做事慢慢腾腾,做什么都不成,像目前这样变态都好多年了。我给她找医生,找师父,都没有用,花钱不说还耽误了生意,所以我不管她了。这次她说张老师一定能够帮助她,就最后试一次,如果不管用,我就送她出国,要不搅得我心神不宁,家全乱了……"

从母女的状态中,我意识到这个面询将具有极大的挑战。

我依赖他,但并不爱他

高挑清秀的李若尘,跟在矮小的父亲身后。"丽珊老师好!"说话时目光游离在别处。

"真是一个漂亮女孩,若尘,坐了这么久的车累不累?"说着我伸出手,她很随和地接应了我,我和若尘的沟通顺利开始。

"丽珊老师,我觉得自己可差劲儿了,不知道如何与人交往,不知道如何维护友情,周围人无论起初对我多好,但最终都离我而去。我还特别自私,没有爱心,做什么都不行……总之,我生活得一塌糊涂。我不知道自己未来如何生存。"若尘慢条斯理地将自我效能低描绘得淋漓尽致。

与男性相比,女性更善于察言观色,对别人的表情和态度更加敏感,有的则会因为过分依赖周围发生的事情,而使她们内心感受随外界的变化而变化,难以准确地把握自己的情绪。同时女性相对更关注自身的消极方面,这种"消极的自我关注"会产生更多的痛苦感受和糟糕心情,严重者由此引起焦虑。

"最近有谁离你而去了吗?"

"恋爱两年的男朋友和我分手了,我很依赖他,但他说让我放了他,和我在一起他快累死了。"

男友比李若尘大一岁,工作一年了。每当她与同学发生冲突或遇到不愉快,李若尘就让男友第一时间赶到自己身边,听她反复地倾诉和抱怨,给予最恰当而充分的安慰。时间长了,男友不堪其烦,不再耐心地安慰,而是让李若尘想开些,别太小心眼儿了。李若尘内心更加难受,思忖着如果他不能随时倾听、安慰自己,恋爱还有什么意义?

"若尘,你说你们已经恋爱两年了,这两年恰是他毕业求职和初入职场的时期,同样面临很多压力,你考虑过他的感受吗?"

"他也说自己有压力。但我管不了那么多,我连自己都照顾不好,有什么能力关心别人?我依赖他,但并不爱他。分手之后,我也反思过,如果爱他,就不会这样对他。奇怪的是,尽管不爱他,可为什么他离开后,我心里有种说不出来的被掏空的感觉呢?"

在李若尘的两性价值体系中,男性充当的是无条件绝对服从的角色,这与她的原生家庭之间是否有必然的联系呢?我开始探究她的原生家庭。

原生家庭为她定位人生坐标

"若尘,你遇到烦恼时,和父母说吗?"

"很少说,我母亲是做生意的,终日在外面忙,回到家不是闷不出声,就是训斥我或数落我父亲。我更不会跟我父亲说,他做什么都不成。"李若尘用很简洁的话勾画出他们的家庭模式。我已经意识到她的自我效能感低和情感模式与他们家庭系统有直接关系,我继续探索下去。

"你说父亲做什么都不成是什么意思?"

"他下岗之后自己做生意,但做一个赔一个,后来就认头在家照顾我们了。"

"噢,你母亲真的很辛苦,肩负全家的生计呀!"

"但我不喜欢她为我们安排一切时的盛气凌人,她对我父亲很傲慢……像人家亏欠她什么似的。"

这是一个典型的夫妻—亲子互动问题。若尘在潜意识里高度认同女性的强大,蔑视男性的价值。处于青春期的她对异性有本能的渴望,但根深蒂固的观念使她难以和男生平等交往,男生顺应她,她就蔑视男生,"依赖他,但不爱他";男生拒绝或反抗她,她的自我效能感就被摧毁性地打击,与男生交往,无论哪种模式都使她难以收获幸福感。

若尘表面上反感父亲的无能和依赖,但成长中母亲的操控和父亲的照料无疑构成"替代成长",使她缺乏独立意识和独立能力,对外界充满依赖。当她发现依赖是如此脆弱,不堪一击时,内心充满了恐惧。这或许是她与父母冲撞时无法克制怒火的原动力。

"希望人与人之间都能够平等相处,正是你的善良所在。"接下来,我给她作了精神分析。我告诉她,父母将孩子带到这个世界,就传输给他们成长所需的所有能量,父亲给予孩子前进、坚持等力量;母亲给予孩子情感方面的支持和熏陶。李若尘的家庭结构使她难以从母亲那儿学得平等、平和地与异性交往的方法;而对父亲生存能力的否定又阻隔了从父亲那里获得成长、获得成功的能量,这使她深陷自我效能感低下的泥潭。若尘不停地点头称是。

对若尘进行系统心理辅导的第一步是将他们亲子之间的能量链接,以便若尘的自我价值感提升。家庭作业是分别写出爱父母的40条理由。若尘听后嘴张得很大:"哪里有这么多的理由呢?"我告诉她,作为一个孩子,如果对父母不能感恩,就直接损害了自己的力量感,要想使自己充满自信,就要高度认同自己的父母;另外让她写50条爱自己的原因。"丽珊老师,太多了,我真的没有那么多值得爱的理由。"我严肃地告诉若尘,如果想改变现在的状态,就必须要努力地找寻自己的价值和优点,只有自我接纳的人才能心胸开阔而从容,才能用心温暖周围人,进而优化自己的心理环境。

母亲将自己的遭遇写进女儿的生命

一周之后,若尘通过电子邮箱将作业发给我,看得出她是很认真地完成这个作业的。我在作业中寻找破解若尘心结的密码。

爱母亲的理由:"为了不让我受伤害,母亲替我包办了许多的事情。""母亲告诉我这个世界没有无缘无故的爱,随时洞察别人关心自己背后的动机。"

爱父亲的理由:"我能感受到父亲对我的爱是真诚而深沉的,但我却疏远和伤害他。母亲曾给我讲过,一个色胆包天的父亲连自己的女儿都不放过,从而我对他也产生了戒备。"

爱自己的理由:"男女交往有分寸,不会越轨。"

这三个散落在各处的点是不是可以连成一条线呢?为此我与若尘的母亲通了长途电话。

当我将自己的疑问说出来，若尘母亲在电话那边沉吟了一下，好像在下决心似的。"张老师，我去天津和您面谈，可以吗？"

若尘母亲的美丽让我震惊。"本来我想将过去的事情永远封存的，没有想到却在孩子的事情上显露出来。"若尘母亲年轻时，到若尘父亲所在的单位进修，其貌不扬的他疯狂地追求她，被拒绝之后，利用工作之便强行占有了她。更为麻烦的是一次就怀孕了。为了面子，她委屈自己嫁给了他。"尽管结婚后发现他并不是坏人，但内心的感受始终不好。若尘出生之后，我总是提心吊胆，生怕被人伤害，所以一再提醒若尘注意周围每一个男人，他们的破坏性很大，甚至会扭曲女人的一生。"

社会文化、信念、价值观等都通过父母以一种高度个性化的、选择性的方式向孩子传递。父母的人格、态度、社会经济地位、宗教信仰、教育程度和性别意识都影响着他们向孩子传递的文化价值和标准。尤其父母在态度和行为上不一致时，孩子很难形成评价事情的统一标准，也就不能发展成无冲突的价值观。很多青年人的心理冲突可以从父母教养原则的不一致性那里找到根源。

若尘母亲非常配合，回去之后与若尘交流，帮助若尘澄清一些错误的观念，并给予若尘真诚的关怀。

接纳自己，才能接纳别人

第二次与若尘见面，她急切地抓住我的手说："丽珊老师，我完成作业之后，我对自己的每一个感受都认真地反省，我发现，和同学在一起心很累，希望一个人安静待着；可自己一个人时又寂寞空虚！另外我总是希望将来身边的人都不如我有福气！只要看到别人比自己好就特别难受。来这个学校不久，就开始嫉妒我老乡，因为同学都喜欢她，我就看不惯她的行为。后来我被同学们孤立起来。我当初没有向别人诉说、求援，感觉有点丢人。之后我就成了这个样子，和别人相处或聚会，总会有胸闷的感觉。心烦时特别期待母亲的关心，可总得不到温暖、爱，经常会遭到母亲的不理解和拒绝。"

"若尘，其实你自己已经找到了问题的答案。在与人交往中，你缺少包容，这并不能证明你自私和不善良，而是你缺乏足够的自信心，处处担心别人超过自己。一个心理健康的人会有一百分的自我价值，内心的占八十分，外表的占二十分。假如内心只有四十分，他会有可能出现两种心态：第一种是认为不能让别人知道他内心只有四十分，故此不惜一切地去维持'我有八十分'的假象，例如不肯认错、事事较真、过分注重面子、坚持己见、不顾他人等。第二种是知道不如人，处处退缩，怕承担责任。一个人对自己没有信心，就不能对别人有信心，别人对他也不会有信心。"

"您分析得太对了……"

如何提升自己的自信心呢？就是信赖自己的能力。自信的基础是能力，能力的基础是经验。多做多总结是最可靠最有效的提升能力的方法。尤其是每次比上次增加点难度，每次的提升便会更显著了。在以后的日子里，若尘非常认真地完成我留给她的提升自信、自尊、自爱的作业。连续半年的辅导，若尘已经能够完全地悦纳自己，同时与周围的同学建立了良好的互动关系。

一个人的自我价值是在成长过程中逐步建立起来的。在孩童阶段，身边的成人如何引导他去理解每一件事，如何作出反应的行为，决定了这个人能否培养出足够的自我价值。自我价值贮藏于潜意识的深层中，它决定一个人的信念、价值观和行为方式，在一定程度上决定一个人的一生成就，同时也会成为各种心理和行为问题的最深层的原因。父母的言行在一定程度上决定着孩子未来生活的质量。

在李若尘的整个心理咨询过程中，遇到最大的困难是对其父亲的辅导。由于文化水平过低，造成他对各种信息的领悟能力具有明显的局限性；又由于他获得婚姻的手段过于极端，良心不安又造成他的低自尊。他认同了妻子和女儿对他的不屑和瞧不起，所以在提高父亲在李若尘内心地位时，他难以配合，最后不得不单方面辅导李若尘，这样使得咨询周期延长。

【丽珊女性幸福心理学】

每个人都会为自己的选择付出代价，尤其在婚姻中。毕竟结婚不是终点，而是新的生活模式的起点。用胁迫的方式获得婚姻，不仅难以得到婚姻的幸福，而且会对子女的成长构成影响。其实，每个人都可以选择有尊严的生活方式。

得癌了，我终于可以体面地谢幕

来自第二象限的女孩骨子里浸满了"女权"主义，尽管为了爱她愿意自我牺牲，但也难以达到来自第四象限大男子主义的老公标准，在他的心目中女人为老公做好一切还不能有任何的怨言。他们的婚姻是怎样的形态呢？

得癌了，却抑制不住地开心

Anni 在电话里哽咽着告诉我："丽珊老师，Ellen 得胃癌了，您说她的命怎么这样苦呢？才刚刚 29 岁……她母亲和老公只考虑他们自己的感受，都以爱她的名义，朝着不同的方向撕扯她的心灵……"Anni 停了一下，我感觉到她用深呼吸来平静自己激愤的情绪。

我的心"咯噔"了一下，难怪 Ellen 和 Brian 突然间没有消息了。他们刚开始接受心理辅导时，按照事先的约定每周见一次面，后来增加为每周两次，Brian 甚至希望每天都可以与我有交流时间。突然间，他们同时没有了消息，由于心理辅导的原则是"来者不拒，去者不追"，我不能主动与他们联系，但我始终牵挂着他们。原生家庭的父母互动模式完全相反的两个年轻人结合在一起，出现不和谐完全是意料之中的，但他们的情况太极端了。我一直渴望帮助他们调整人生的频率,让他们的婚姻能够进行到底……咨询脱落之后,我反思咨询的每一个环节,试图找到哪里处理得不妥,触碰到他们内心的伤痛,使他们没有勇气继续面对……

　　造成心理咨询脱落的因素有很多:一是经济上无力持续支撑,心理咨询在任何国家都属于高消费,有的来访者对咨询难度预估不足,完成阶段性目标就不得不停止咨询,当问题再次"发作"则会加大咨询难度,咨询所需时间无限延长,加重了投资量;二是来访者对咨询师不满意,认为咨询师难以解决自己的问题;三是咨询师被来访者或监护人的急于求成的情绪所感染,在双方关系还不巩固的情况下触动来访者内心的痛结,让来访者对改变产生惧怕,选择了退缩;四是来访者崇拜咨询师,渴望在咨询师面前表现出"突飞猛进"的改善效果,但因为自己的生命能量不足、周围人的支持不利、资源有限而无力达到"目标",觉得无颜再见咨询师。所有这些原因中,只有第二种情况来访者或监护人会打来电话反馈情况或请求换咨询师,其他都是一个结果——"断了音讯"。心理咨询师就是在无数的未知中行走,如果内心不够强大,或缺乏心理督导的话就会陷入自责或自我价值感降低的痛苦之中。

　　"丽珊老师,我和 Ellen 曾经是一个办公室里有说有笑的姐妹,现在却只能到医院探视她,讨论的都是癌细胞会不会扩散这样恐怖的话题。我现在特别自责,去年公司体检,我因为忙一个大单子,她和我都错过了,后来公司组织我们补检,我懒得去,Ellen 没有伴儿也就没去。今年体检查出已经是晚期了。如果去年我和她去了,是不是就能及时发现,没有现在这么严重呢?

　　"丽珊老师,我觉得 Ellen 的精神可能有问题了,她不但表现得很轻松,甚至有种难以掩饰的喜悦。开始我以为她是故意在我们面前表现出乐观,但我越来越觉得她是发自内心的高兴,难道她不怕死吗? 是不是因为太害怕了而出现心理疾患了呢? "

　　赛康公司是一家美国的跨国公司,我是公司的首席心理顾问,负责员工的心灵成长培训和咨询,心理健康知识在全员中的普及做得十分到位。Anni 很有"职业"敏感地发现 Ellen 的认知和情绪不匹配。为来访者保守隐私是心理咨询师的职业操守，我不能向 Anni 透露之前给 Ellen 作咨询的任何内容。我帮助 Anni 消除自责之后，嘱咐她，如果 Ellen 需要接受心理支持，可以随时和我联系。

挂断 Anni 的电话，我快速地将自己带入催眠状态，让自己感受 Ellen 的感受，"谢幕"这个词从我脑海掠过。是呀，一边是让她痴迷很多年的老公；另一边是经历了太多人生坎坷，情绪难以自控的母亲……她无处逃遁，她曾多次和我表示："被两个人撕扯太难受了，我知道只有死才能彻底解脱，但如果我自杀了，他们再没有顾忌，将之前积蓄的愤怒全面爆发，会相互埋怨、相互诅咒，甚至会相互仇杀，我不能因为自己解脱而让他们陷入那样的境地。我幻想着如果我能以一种体面的方式死去是最好的收场……"

母亲和老公互不相容使夹在中间的 Ellen 痛苦不堪。他们都可以把自己的动机说成是对 Ellen 的爱，但 Ellen 体会到的则是被放在烈火上正反面反复烧烤。

被"胁迫"的心理辅导

赛康公司的 HR 非常专业，他们经常组织一些工作坊，将对主题感兴趣的人聚集起来，营造安全的团队氛围，让大家发表自己的想法，相互交流、相互凝聚共识。我作为工作坊的主持人，带领参与者在分享中达到对自我问题的澄清和多元化解决方案的梳理，增强每位参与者解决问题的能力。

我第一次见 Anni 是在公司的"与爱共舞"的工作坊里。35 岁的她极具熟女的风情，她心灵开放度非常高，和我密切配合，带动了整个工作坊的氛围，大家都将自己关于亲密关系中的困扰说出来。身为公司销售精英，Anni 生活富足，但就是缺少一个真心相爱的人，她有过 N 次暧昧关系，却都无疾而终，用她的话讲"21 世纪最难找到的不是人才，而是能爱的人"。当着二十多位同事，Anni 无所保留地将自己的苦恼一吐为快。

为了保护她的个人隐私，我利用茶歇的机会，建议她不要将太过私人的话题在大家面前呈现。她很感激我的提醒，更加信赖我了。这为我们之后的面对面心理咨询奠定了坚实的基础。Anni 越来越赞同我的观点，她说和我交流是给心灵充分的滋养。修正了恋爱的目标之后，她放弃了不切实际的幻想，进入了恋爱。在恋爱中获得幸福的女人经常表现出悲人悯天的特质，她恳求我帮助她的闺蜜 Ellen。

Ellen 是 Anni 的售前，工作上配合得特别默契，Anni 的骄人业绩和 Ellen 细致周到的工作分不开。工作中的搭档发展成无话不说的闺蜜，Anni 为 Ellen 拨打了 EAP（企业员工心理援助计划）的预约电话，以此"胁迫"Ellen 接受我的心理辅导，拯救她于"水深火热"之中。

Ellen 是典型理工女，严谨而平静，缺乏情调，不仅从她的衣着上能看出来，而且她的言谈简练充满逻辑，缺少人情味儿。

"丽珊老师，我们公司许多人都特别渴望有机会和您面谈，但我却从没有想过向您咨询，我觉得没有人能够有力量改变别人的命运。"Ellen 平静地说。

我已经给赛康做了十几次的工作坊，基本上认识了 80% 的员工，却从没有见过 Ellen，看来她说的是肺腑之言——她不信心理学！

"是 Anni 强迫你来的？"我要评估一下咨访关系的基础。

"Anni 是我的直接领导。我进公司一年后就做了她的售前，她是销售冠军，人自然比较张扬，她看不惯谁都会直接说出来，包括销售总监都惧她几分。做她的售前，同事都说我幸运，能跟着她多挣钱。开始我是强迫自己忍受她的强势，慢慢地我习惯了听从她的调遣，她就是有能力，我服她。"这种"听从"是 Ellen 出于职场生态环境的自我保护，还是她的行为方式，抑或她的人生态度本来就比较被动？

"Ellen，我不知道自己的理解是不是对，你来和我交流，也是出于听从 Anni 的安排？"

"就是这样，她让我利用工作时间和您交流，我有什么理由拒绝呢？"Ellen 突然好像想起什么，急忙追问一句，"丽珊老师，我这么说，您不会生气吧？"

"作为心理咨询师，我觉得你很可爱、很真诚，但如果作为普通沟通者，真的会觉得有些尴尬。"我将内心真实的感受告诉给她，或许这个话题能够引领我们的谈话向纵深发展。

"我老公 Brian 就说我傻，他总训斥我……我特别不服气，凭什么他就可以说我呢？难道因为我爱他，他就可以不顾及我的感受吗？其实我想 Anni 让我找您谈话也是为我和老公之间的关系。您说我和他离婚好呢，还是不离呢？"Ellen

的谈话方式的确显得过于直接，这样的沟通方式会给她的感情生活带来怎样的影响呢？

Ellen 开始讲述她与老公之间曲折的感情经历——

从事心理健康工作二十年来，我几乎给所有类别的企事业单位提供过心理服务，欧美企业的人文环境最简单，员工大多比较单纯，开放度很高，在生活中遇到困难就会讲给周围人，大家群起群策地提出建议。一旦他们离开欧美企业，进入新环境都会出现强烈的不适应感，毕竟适度保护隐私是心理成熟的标准之一。

崇拜他，我默默等他六年

"大学时，我在校园联谊会上认识他。他家境殷实、帅气、博学、善言谈，吸引了很多女生的目光，我是一个丑小鸭，根本就不敢靠近他。联谊会后不久，他竟然给我发了短信，约我一起喝甜水，我当时激动得手一边颤抖一边回复了短信……"讲到这些，Ellen 的眼睛突然明亮了许多，我感觉到她沉浸在当年的幸福和喜悦之中。"

"Brian 真的太厉害了，好像世界上没有他不知道的事情。我父亲去世早，家境不好，特别没有见识，所以当时的我简直不敢相信人与人之间竟然有这么大的差距，一方面自惭形秽，另一方面被他深深地吸引。"我除了用眼神告诉她，我对这个话题非常感兴趣之外，做什么都是多余的。

"那次约会之后，我特别渴望再接到他的邀请，我根本没有任何资本约他，只能等待着他的眷顾。我们不温不火地交往了一年，Brian 告诉我，他要去美国读硕士了，他父母在他刚上大学时就移民到加拿大，他们希望他也能过去，全家团圆，但他不喜欢加拿大，也不喜欢和父母生活在一起。双方妥协，他到美国去念书，然后再决定是回中国、去加拿大、还是留在美国。我和他是完全不同的两个世界的人，继续交往只是个梦。说来奇怪，我当时一点都没有难过，非常平静地接受了这个事实。"Ellen 的鼻子上沁出了汗珠，我能感觉到她有些紧张，和 Brian 是暂时的分开还是"永失我爱"？她渴望知道但又不敢打听，因为在 Brian 的心目中他们之间只是偶尔见面的朋友而已。Ellen 压抑着自己的感情，听任上天的安排。

"他去美国后不久，我就进了赛康。我们俩保持着 MSN 上的聊天，Brian 只要遇到一个美女，就会将他们之间的进展告诉给我，开始我挺难受的，慢慢就适应了。"Ellen 充分体会到"曾经沧海难为水"的感觉，尽管周围也有男生表示过好感，母亲广撒网让她去相亲，但 Ellen 根本就提不起精神来，一晃三年过去了。

"有一次在网上聊天，Brian 问我是不是想他了，如果想他，就回来看我。我兴奋得简直要窒息了，我以为他决定和我明确恋爱关系了，我设想着如果他向我求婚，我应该以怎样的态度接受……

"我一门心思地自作多情，他回国是为了到上海见一个网友，据说是个模特，超级大美女，顺便来北京。Brian 到北京时情绪糟糕透了，他喝得酩酊大醉，说那个模特根本就没见他。他拉着我的手，一遍遍地问我'你也是女人，你觉得我真的不值得她看一眼吗'。为了让他能够从极度的伤感中走出来，我明确告诉他，自己对他一见钟情，默默爱他四年了，他的优秀使我难以接纳任何一个男生……那天，我主动地将女孩子的第一次奉献给他……我们俩像老夫老妻一样同居了一周，回美国之前，Brian 表示，他处理好美国的事情就会迎娶我。当时我觉得自己终于熬出头了……

"Brian 回美国之后，就像什么也没有发生过一样，在网上遇到，也只是简单地打个招呼。我一再安慰自己，本来我们就不合适，只是我的一厢情愿而已。

"半年之后，Brian 又回国了，这次他先去了呼和浩特，因为那里有个让他牵挂的空姐。他在那里待了一周，后来被空姐的男朋友打得落花流水，跑回北京。Ellen 没有责怪他，谁让自己长得不够漂亮，不能给他充分满足呢。那次他们又同居了半个月。Brian 回美国之后，又销声匿迹了，后来解释说，他工作太忙……"

这段感情从一开始就不对等。Ellen 在两性关系中处于低自尊状态，她觉得自己根本没有资格表达内心真实的感受，只能被动地等待着爱情的降临。这种关系模式对双方都造成了很大的负面影响。本来就骄狂的 Brian，从内心更加不顾及别人的感受，将 Ellen 界定为"招之即来，挥之即去"的备胎。而忍受太多"被忽略、被轻视、不被顾及的"Ellen 内心充满了委屈，一旦条件发生变化，或者她内心的痛点被点燃，就会爆发出超人的能量，这无疑会恶化关系。

母亲成了制服他最有力的武器

　　Brian 最终还是没有辜负 Ellen。他回到北京，找了一份基金经理助理的工作，Ellen 不顾母亲的反对，在租的一个小房子里与 Brian 同居了。母亲对女儿苦苦等待六年的情意是心知肚明的，尽管母亲知道找这么不着调的男人，以后不会太幸福。但如果坚决不承认这个"女婿"，除了让女儿名不正言不顺之外，没有任何的意义。她将 Brian 叫到家里来，提出了她认为非常不苛刻的条件：一是 Ellen 命苦，从小就失去了亲生父亲，母亲百倍地疼爱她，后来继父对她百依百顺，所以 Brian 要照顾好她，不能让她操劳，不能让她伤心；二是马上登记结婚，之前不许住在一起；三是未来必须买房子，在此之前要在娘家所住机关宿舍大院租房子，彼此可以照应。

　　见过母亲之后，Brian 明确告诉 Ellen，他不喜欢她母亲，并严肃地提醒 Ellen 要自己有主见，不能一切都听母亲的，否则肯定会影响两个人的感情。刚刚觉得自己这么多年的付出有了回报的 Ellen，突然感觉生活并不轻松。

　　婚后，Brian 奇怪 Ellen 为什么做家务总是抱怨。在他的记忆中，母亲一个人包下全部家务，做得井井有条，没有任何怨言，父亲偶尔对家务不满意，母亲还会诚恳地道歉……

　　Ellen 觉得现在的生活和自己之前的设想完全不一样，继父每天早上跑出去为母女俩买可口的早餐，母亲白天去老人娱乐中心跳舞，继父把家整理得好好的，做好饭等母亲回家。现在自己的小家，无论大活儿小活儿，Brian 不但不插手，而且还会不停地抱怨，比如马桶坏了，Brian 都会指责是 Ellen 乱倒东西造成的……他在家休假，没电了，会给她打电话说："你怎么不提前买电？抓紧去买，我上不了网了……"

　　Ellen 有过反抗："你是大老爷呀？生活不能自理呀？有残疾呀？"Brian 摆出一副不屑的表情："拜托，你是我媳妇，这些都是你应该做的，你知道中国评价女人的标准吗？无才便是德。理工女在生活、人际交往上与白痴没有区别。没才就得有德吧，做点家务还这样怨东怨西的，既无才又无德，你岂不太惨了？"Ellen 不止一次地问自己，难道自己苦苦等待那么久，拒绝了那么多男生追求，就是为了眼前这个男人吗？

"大小姐，你骗得了自己，可骗不了我，就您老人家这尊容、这性格，加上你刻薄的老母亲，如果不是我心软，谁会娶你呀！"

Ellen 简直无法继续听下去了，在他的眼里难道自己如此没有价值？她怅然若失地回到娘家……那些日子，工作中她总是丢三落四，神不守舍，Anni 见证着 Ellen 对 Brian 的情感，觉得她爱得太累了。"这次一定要制服他，千万别心软，他不到娘家求你，就不回家……"

不知道 Brian 是良心发现，还是没人伺候他太不舒服了，三天之后，他来到了 Ellen 娘家。母亲声情并茂地数落 Brian："在你们结婚之前我跟你说的话还记得吗？让你好好照顾 Ellen，别让她操劳，别让她伤心，你做到了吗？你打听一下国内年轻人结婚谁不得买新房子？我女儿心疼你，不想为难你，我们又心疼女儿，你们家几乎没有花一分钱就结婚了……你是不是觉得我们家太好欺负了？如果你再欺负她，我可就不客气了……"Ellen 坐在一边，看着 Brian 点头如鸡啄米，特别解气，母亲把自己心里的委屈都说出来，心里超级爽。Ellen 并不是想找他要什么物质上的东西，只是希望他能够知道自己是多么爱他，为他付出了多少，他要好好珍惜自己就足够了。

丈母娘骂痛快了，批准 Ellen 和他回家了，Brian 像一个得到老师大赦令的小学生，一把拉住 Ellen 逃也似的跑回自己的小家。Ellen 被 Brian 拉着走的时候感觉可幸福了，他是离不开自己的，他为了能够在自己身边不惜被母亲责骂。回家之后，她更加勤勤恳恳地做家务，以此感谢 Brian 能够为自己而屈尊。

但不久，Ellen 又开始心里不舒服了，Brian 依然什么家务都不做，偶尔从电脑桌前走开，拉着 Ellen 坐下来，对国家经济和国际经济的发展走向慷慨陈词，预测着他操盘的基金发展趋势；口吐莲花地把自己处理人际关系的秘诀讲出来，Ellen 欣赏他的样子。Brian 继续他的展望，等他赚了大钱之后，先租一套大房子，再请保姆，把她从家务中解放出来，带她到世界各地旅游……Ellen 笑了，她坚信在不久的将来一定能过上他所承诺的生活，他那么聪明，那么精明，他肯定很快熬出头、赚大钱。每当生气时，Ellen 偷偷看看 Brian 额头那一抹帅气十足的头发，内心的不平衡就会消散。

生活还在继续，吵架也在继续，回娘家被训斥依然继续，母亲的责骂没有新的元素,继父悄悄地跟 Ellen 说:"你的婚姻最好别让母亲介入太多,现在的年轻人和我们不一样,你千万别让 Brian 烦了……"

继父在 Ellen 的眼中只是一个没有什么主见的老好人儿,围着母亲指挥棒乱转,根本没有智慧可言。对于他的忠告,Ellen 并没有足够重视。她觉得自己根本说不过 Brian,有母亲在旁边敲打没有什么不妥。Brian 这么聪明的人肯定会理解无论说什么,都是因为她太爱他,太珍惜他而已。

他们俩的家庭模式完全相反,Brian 出生于父系氏族家庭,母亲心甘情愿地做家务,在她的心目中男人就是她的天,Brian 的骨子里有大男子主义倾向很正常;Ellen 的原生家庭模式是母系氏族家庭,母亲从来不做家务,随意驱使老伴,在 Ellen 的心目中男人就应该像继父一样无怨无悔地替妻子遮风避雨。家庭互动模式深深地植入内心,会不经意间跳出来比对现实生活,反射出的就是对生活的不满意了。继父很有智慧,遗憾的是他在 Ellen 心目中没有任何的地位和价值,所以没有引起 Ellen 的关注,错过了修正的机会。

当他真的有钱了,却给别人花去了

Brian 很快得到了升职,做了分公司副总。他更加侃侃而谈,更加不可一世,脾气也随着发生变化了。他曾多次警告 Ellen,一旦他们的婚姻不能按照他们的意愿发展,而是按照老人家的意愿,就会出状况,并且非常可能造成无可挽回的后果。Ellen 觉得他这是危言耸听,是恫吓,她才不在乎,反正在北京,除了她,他没有任何亲人,他生活自理能力又不强。

Brian 依然什么家务都不做,但却几乎不再太烦劳 Ellen,因为他总是有各种理由不回家了。Ellen 每天都设想晚上给他做点什么美味……但遗憾的是,她总是无法等到老公回家,三更半夜给他打电话,要么冷冷地说一句:"别等了,睡吧!"要么索性关机。

每当 Brian 回家,Ellen 多希望他跟自己解释一下,他不回家去哪里了。但他总是绕过这些问题,推说工作太忙,等以后稳定了就好了。Ellen 是了解 Brian 的,她坚信他又遇到其他女性了,但时过境迁,现在他是有家室的人,就应该忠于家庭,争吵逐渐升级。

　　Ellen 还不识趣地回娘家,Brian 不再去娘家接 Ellen 了,只是打个电话:"你快回来,不然你会后悔。"Ellen 几乎每天夜里都做噩梦,梦到自己回家撞到 Brian 与别的女人在一起……她不知道应该以怎样的态度面对这些。同事提醒她不能把男人晾在家太久,Ellen 借口拿换季的衣服给自己一个台阶……打开房门,发现房间比她在的时候还整齐,这一定有问题,她倒吸一口气。

　　Brian 眉飞色舞地告诉 Ellen,客户的侄女是一个非常贤淑的江南女生,人长得漂亮而且善解人意,得知他被老婆抛弃在家,就主动过来帮忙打扫房间。Ellen 知道 Brian 与女性的关系绝不可能这样简单,想想和自己交往的几年间,他一次又一次的"情感经历",许多的证据都显现出来,"他又犯老毛病了"! Ellen 疯狂了。

　　Ellen 将此事告诉给母亲,越说越气愤,她将他们恋爱中的绯闻当作佐证,证明自己的猜测是正确的。母亲直接敲开 Brian 家门,将他拎到自己家,向他开火……Brian 一直低着头一言不发,他们就这样对峙着,Ellen 将他的手机没收了,他像被催眠一样,将自己与那个女孩的事情一遍遍讲给 Ellen……为了表示悔改,Brian 在 Ellen 的陪同下,到了公司,提交了辞呈,结束了他在国内最辉煌的工作。

　　"他骗了我,他说有钱了会请保姆,带我去旅游,但他什么都没有为我做,他将赚的钱都花在那个女孩身上,他给她买名牌衣服、买鲜花、吃大餐、看演唱会……无论是恋爱时还是结婚之后,他都没有为我做过这些……"

　　Brian 实在受不了 Ellen 母亲一天几次的责骂,表示如果再不放他回家,他就绝食。他们分居了。失业的 Brian 没有找到工作,腿还摔骨折了,他躺在床上第一次反省他是不是应该回到中国? 是不是应该和 Ellen 结婚?

　　Brian 装作可怜的样子,给 Ellen 打电话,求她过来看看自己。Ellen 心疼了,偷偷利用午休的时间过来照顾他……

　　Brian 对自己的多情和风流从来没有掩饰。Ellen 尽管知道他的风流,依然痴迷不改。她误认为婚后男人就都会像继父一样,当她发现老公依然到处留情时,她就像一只老母鸡一样,时刻提防着入侵者。Brian 对 Ellen 的态度没有变,在他的心目中 Ellen 不过是备胎上位而已,他还像以前一样把她当作可以分享风流的哥们儿，婚前她并没有反感呀。Ellen一直生活在自说自话的幻境之中，恋爱时的低自尊和婚后的睚眦必报形成了强烈的反差，导致他们婚姻的跌宕起伏。

我没见过要拆散女儿婚姻的母亲

Ellen搀扶着Brian走进咨询室。看得出他在发胖之前是非常帅气的。他拄着拐杖，极具绅士风范地跟我说："丽珊老师，麻烦您了，请您帮助我们和好吧，为了她，我丢了工作，摔折了腿，我在国内没有任何亲戚，他们一家人欺负我。我没有见过要死要活拆散女儿婚姻的母亲……"

"你还说我母亲，为了迁就你，我都把我母亲气病了。现在家里亲戚都说我太贱，你抓紧和我离了吧！"

母亲坚决制止Ellen回自己家，一定得等Brian俯首之后再回去。Ellen中午回家被母亲堵个正着，母亲当场犯病住进医院。全家人都指责Ellen没有处理好自己的事情，害得母亲生病。

"Ellen，你这么傻，根本不知道如何为人处世，你离开我就一定会幸福吗？不管怎么说，我们认识快十年了。反正我现在不敢轻易相信任何一个人，我只相信你不会害我。"

"可你总是害我呀，我如果不跟你离婚就成了家庭的罪人了，而所有这一切都是你造成的。"Ellen的情绪激动起来。

"我承认我错了，所以你让我交代和那个女孩的事情，我都如实说了；你不让我上班，我丢了工作。你希望我像你继父那样对你母亲言听计从，你说可能吗？我是那种性格吗？"为了避免他们的争吵影响正常的婚姻辅导，我建议Ellen先到大厅等候，我单独与Brian交流一下。

"丽珊老师，我跟别的女人好的确不对，但我真的没有伤害Ellen的意思，我从来没有想过和她离婚。但我实在受不了她母亲。分居后，Ellen放不下我，她回来照顾我，也不拒绝做爱，我觉得她会慢慢消气的，回到从前……可是那次她回家，她母亲尾随而至，破门而入，把我们堵在床上……我们是合法夫妻呀，她母亲当着我的面骂Ellen贱，大打出手，气急了就倒地抽风吐白沫。到了医院才知道她年轻时就抽风，怪不得全家都不敢惹她呢。她好了之后第一件事就是让

Ellen 和我离婚。现在 Ellen 在娘家的处境的确太难了。"

　　原本计划 Ellen 把母亲带过来接受心理咨询,但她始终抵触,认为所有的问题都是孩子的。就在两个年轻人对自己、对对方、对彼此原生家庭有了清晰的认识,Brian 决定要去丈母娘家负荆请罪,将妻子接回来,并筹划买房子的时候,咨询就断了……

　　疾病使这个案例没有彻底完成,我的内心充满了悲凉。婚姻不仅仅是两个人有爱情就可以了,如果你不了解对方的家庭模式,或者无法理解或接受对方的原生家庭,千万不要轻易结婚,因为共同生活会让差异无限放大。

　　母亲强势介入女儿的婚姻,目的只有一个:爱她,希望她能够降服老公获得幸福! 结果却超出了所有人的意料。婚姻像鞋子,谁穿谁知道,别人勿参与!

【丽珊女性幸福心理学】

　　来自父系氏族的男生将大男子主义写到骨子里;来自母系氏族的女生则认定女人是家庭的主宰,两个人的冲突是先天的,难以化解。如果不让双方家庭介入,问题解决起来会简单些。

心灵作业：你在原生家庭感受到怎样的夫妻互动

指导语：在回答问题之前，请先检视一下你当下的状态：

1.你身处一个安全、安静的空间，不会有人唐突打扰你。

2.你至少有一个小时可以全然放松地思考和回答以下问题，请关闭手机。

3.你身体的状态非常良好，没有诸如睡眠不足、腹痛、头痛、心悸等各种不适症状。

4.你的心情非常平静，最近三天以内没有来自人际关系中的纷扰。

如果你现在符合以上条件，请如实地回答以下问题。

你是从父母的互动中学习了两性交往，无论你是否认同父母的方式，但你都会不自觉地将此带入到自己的婚姻之中，在婚前一定要彻底盘点一下自己。本次心灵作业包括且不仅仅包括以下诸多方面。

一、我的父母是怎样面对压力的？我自己是否用同样的方式？

二、我的父母在夫妻相处中，给我印象最深刻的是什么？

三、我的父母在夫妻相处中，哪些是我可以效仿，带入自己的婚姻中的？

四、我的父母在夫妻相处中，哪些是我坚决要摒弃掉的？

五、我在原生家庭中扮演着什么角色，这对我的婚姻生活有什么影响？

六、我的家人怎样面对现实，是悲观还是乐观？

七、在我的原生家庭中我倾向效忠谁呢？这对我的婚姻有什么影响？

八、我有什么行为、态度、想法是刻意与家庭或父母相反的？

九、请将你所希望的自己与伴侣相处的模式进行简明扼要的描绘。

第四章　母亲，你将什么写进我的生命

如果有一位知书达理、与社会保持亲密接触并获得幸福生活的好母亲，那么她的女儿就十分容易修炼成为幸福女孩，因为她有看得见的榜样可以学习和效仿。如果你的母亲不是那么幸福，你同样有资格获得幸福，只要你保持着善良、博爱、好学、践行，也可以成为幸福女孩，拥有幸福爱情和婚姻。

女人一生都要追求的境界是"可爱"。可爱的女生是独立的，她有着明确的人生方向并为此不断努力；可爱的女生是审时度势的，她有充分的自我认知，充分发挥自己的优势；可爱的女生是自爱的，她像爱惜自己的生命一样珍爱自己的名声；可爱的女生是情绪稳定的，用温暖的目光看待周遭，悦纳自己，包容别人；可爱的女生是善良的，她善待他人像善待自己一样；可爱的女生是有情调的，她会乐享生活中的点点滴滴，并用对生活的热爱感染周围的人。

我的朋友中有许多可爱女人，她们有的是政要，有的是商人，有的是学富五车的专家，她们内心强大，外在却一直保持着女性的柔美。她们从来不将自己的社会成就带入生活，在家里她只是一个家庭主妇；在孩子眼中只是一个可以倾心交谈的母亲；在朋友中她只是一个可以信托的好姐妹；在生活中始终保持着各种小情调。

她们在陪伴孩子成长过程中举重若轻，她们的女儿不需要艰苦地自我探索，更不需要经历内心的纠结消耗生命能量，她们聚焦成长，获得事业的成功，找到属于自己的幸福；她们的儿子不需要太多的纠错过程，因为他们掌握辨识具有幸福潜质女生的标准，享受婚姻带来的幸福、安定的生活。

当然，我也遇到过太多可怜的母亲，她们为子女付出了全部的生命能量，甚至轻慢了自己的事业；她们会节衣缩食地将全部财富投入到子女身上，却因为方法不当而让孩子的心灵伤痕累累，有的母亲甚至成为孩子一生难以走出的"阴影"。

做好母亲需要智慧，仅仅有母性本能是远远不够的。透过下面的几个故事，您会了解到母亲对女儿的影响包括价值观、人际交往、亲密关系协调、情绪管理能力、心智成熟度等诸多方面。母亲不仅影响女孩的幸福感,而且还影响女孩的生命质量。

我会不会延续母亲的不幸

母亲继承了姥姥的不幸福婚姻模式,那么下一个不就是自己了吗?如果自己未来的感情和婚姻也是这样不幸福,那么目前在学习上无休止的付出还有意义吗?

遇事紧张的女孩被母亲定义为考试焦虑

陈小雪进咨询室时我吃了一惊。她是个娇小瘦弱的女孩,却背着一个像旅行袋那么巨大的书包。她咨询的问题是考试焦虑。

"我一进入考试季节就开始紧张,考试前一天还呕吐、睡不着觉。"陈小雪的身子向前探着,十指交叉在身前不停地纠葛着,她的动作让我感受到她内心充满了焦虑。

"小雪,考试紧张多是担心考试成绩不理想,如果真的没有考好,你担心会发生什么事情呢?"

"一考不好,我母亲就骂我,我特别害怕她暴跳如雷的样子……"说着,小雪下意识地将手掩在眼前,仿佛又看到母亲暴跳如雷的样子。一分钟后,小雪继续说,"其实,我母亲挺不容易的,她为我付出的太多了,一般人难以想象。如果我不能让她满意的话，她这辈子就太可怜了，一个女人应该得到的都没有得到。"小雪脸上显现出一种与年龄不相称的成熟，语气沉重起来。

陈小雪的奶奶重男轻女，一直盼着有个男孩传宗接代，小雪出生后，奶奶的失望转嫁到儿媳身上，婆媳关系骤然紧张。小雪父亲凡事都听奶奶的，使得小雪母亲的处境十分艰难。

"我母亲把我带到姥姥家，在姥姥的帮助下抚养我长大，她人生的唯一目标就是盼着我成绩好，有出息，为她争口气，让奶奶一家为他们当初对我的歧视而后悔……可我现在考得这么差……"

小雪越说越激动，鼻尖冒出了点点汗珠。

"差到什么程度呢？"我希望通过量化来让她认清焦虑的程度，为后面的舒缓压力奠定基础。

小雪上次月考成绩是全年级 200 名，这次已经跌落到 300 名，这是多么可怕的事情呀，如果按照这个速度和频率，结果不堪想象呀。如果再与小雪本人的学习经历相比，就更是史无前例了。小雪的自学能力特别强，小学经常休病假，六年级病休一个学期还考上了重点初中，后来又考上了全市最好的重点高中。临近高考却出现如此巨大的"退步"简直令人难以置信。母亲诊断她是考试焦虑，或是更严重的什么心理问题，必须及时进行心理咨询，以便赢得时间进行全面调整，千万不能功亏一篑。

我追问小雪中考以怎样的分数进入这所学校，她说当初自己特别幸运，以压线分进入。

"你们年级有多少同学？"

"700 多人。"

"这样看来你中考的名次可能是第 700 名左右，现在能够考到年级 300 多名，已经是很有进步了。"

小雪沉吟了一会儿，恍然大悟："还真是的。"

许多学生经过努力，通过中考考入比初中高一级别的重点学校，学生和父母在欣喜之余，往往忽略了新环境将带给学生巨大的适应性挑战。

高类别的学校中强手如林，他们在学习上不再拥有独特的优势，在人际交往上不再有光环效应,巨大的心理落差使他们难以收获成就感,自我心理调试能力强的学生通过观察周围环境,不断调整自己,以适应环境;心理调节能力不强的学生则会怀疑自己,觉得大势已去,由此消沉,甚至放弃,往往升入重点高中对于有的学生来讲是人生的大逆转。如果父母能够始终给孩子正向能量,在充分理解的基础上,帮助他们尽快把握自己在新环境中的角色定位,会使孩子内心趋于稳定。如果父母一味地用孩子在原来学校时的名次来考量孩子是否努力的话,会恶化孩子的心理环境,挫伤他们前进的勇气。

母亲断定小雪是考试焦虑有什么依据?母亲对她学业期待的背后是什么?目前除了学习之外还有什么困扰小雪呢?

"小雪,抛开学习,你快乐吗?"

这句话像钻到了她心里,陈小雪立刻焦灼地说:"不快乐,我经常想人活着太累了,太烦了。我害怕和人打交道,比如今天要和您见面,我昨晚就几乎没睡着。"

"平时和同学关系怎样?"

"我不知道如何与人相处,和同学在一起都不知说什么。"

心航路心理机构接待的厌学学生中有67.9%存在同伴交往困难的问题。生活在群体中的学生一旦无法拥有群体归属感就会显得苍白无力,缺乏向上发展的动能。帮助孩子树立健康向上、乐群乐观的群体形象是每一位父母都应该关注的话题。

我渴望独立,但无法离开母亲

仿佛触动了内心的痛点,陈小雪开始滔滔不绝起来:"我觉得自己的问题不仅仅是学习上的,人际关系也让我特别苦恼。在我的记忆中,家人总是争吵和谩骂。姥姥家的人打成一团——姥姥和姥爷打,他们又和自己的儿女打;我母亲和我父亲打……母亲说男人都很讨厌。可能受她影响,上了小学我和男生就无法和平共处,水火不容。"

我好像探到了问题的核心,鼓励小雪继续说下去……

在小雪眼里男生都特别脏,浑身散发着臭味……小学阶段的小雪会不厌其烦地建议他们注意个人卫生,开始男生不理,后来就说脏字了,小雪受不了这种耻辱,就告诉老师。慢慢地全班男生躲着她,只有母亲理解她,在家和小雪一起骂男生,并鼓励她一定要坚持到底……每次和男生吵架,小雪都会气得全身战栗,必须休息一段时间才能恢复,为此小雪经常在家里歇病假。六年级的同桌喜欢踢足球,一上课就把球鞋脱了晾脚,小雪无法容忍,告诫了几次,同桌不但不改而且还变本加厉。小雪找老师,老师请小雪认真想一想为什么和同桌都无法搞好团结,是不是自己有问题。小雪觉得老师偏袒男生,是"重男轻女"!小雪无法面对像奶奶一样可恶的老师,无法面对讨厌的男生……为了给自己一个安静的环境,她索性一个学期都没去上学!母亲并不反对她这种选择,因为她的成绩始终很好。

随着年龄的增长,小雪开始反思自己,反思家庭。"我觉得可能不一定是男生的问题,所以我尽量克制自己不爆发。但时间长了,我和人交往越来越有障碍,不仅没男生愿意和我说话,就连女生朋友也没有,整天一个人独来独往。"花季少女饱尝孤独的滋味,小雪神色黯淡,十分伤感。

小雪的成长环境中没有健康的人际交往模式,与丈夫不睦的关系使小雪母亲对男性心存偏见,在有意无意间又全面灌输给小雪。在潜意识中小雪认准男生是可恶的,小学的"身体不好"与她的情绪有直接的关系,六年级为了使心情平静,索性在家病休一个学期。随着成长,小雪对世界的看法发生了变化。

青春期的孩子都是通过异性的眼睛来确认自己的价值,心理机构科研部门的大量统计数据显示,这个阶段异性缘好的学生无论在哪一方面都显出自信、积极;反之则会陷入强烈的自卑和焦虑之中。这种负性情绪会从人际交往慢慢泛化到其他方面。

"在学校无法和同学沟通,回家可以与母亲交流吗?"

"我在家是哑巴,不知哪句话说得不对,就会遭到母亲一顿痛骂。她每次骂我都要从父亲欺骗她的感情骂起,骂到我身上存在的她所不能忍受的坏毛病,骂我不懂事,骂我不思进取,说如果不是因为我,她早就离开这个无能而龌龊的男人了……没有两个小时骂不完。"

小雪母亲在家里的脾气特别不好,沾火就着。"我每天回家的路上都在想父母今天会不会打架?如果打架我要持一种怎样的态度才免受'株连'?在家里,我就是他们的撒气筒。我很矛盾,一方面希望尽快远远逃离这个家,另一方面我对母亲又有强烈的依赖,现在我还和母亲睡在一起,我不敢想象如果她不在我的身边……"小雪的眼睛里流露出无奈的表情。

"现在我是奶奶家我这辈中最有出息的,满足了母亲的虚荣心,我之所以努力地学习,更多是为了母亲的面子和家庭地位。升入高中之后,母亲就要我在高考中获得校长实名制推荐,我们学校有资优班、宏志班,而我仅仅是普通班,您说实名制推荐怎么能到我脑袋上呢?母亲说我和父亲一样窝囊,总是为自己的不发奋寻找客观理由和借口。我和母亲永远不可能平等地对话,我什么都不说了,解释永远无效。但我一到考试就特别紧张……在学习上遇到困难,想到高考如果失败,母亲会怎样对待我,我甚至作好了死的准备。"

表面是一个简单的考试焦虑,背后其实是小雪父母婚姻的问题。对婚姻产生影响的因素很多,其中主要包括历史文化、性别角色、社会观念、民族、地域、时代变迁、家族和原生家庭等等。小雪父母婚姻的不和谐一方面来自双方的个性,但更主要的是来自双方的原生家庭。原生家庭是这个案例的关键词,指人从小成长的家庭,也就是有父母照顾的家。原生家庭塑造人的个性,影响人格成长、管理情绪的能力,为个人成长后人际互动的模式定型。人在原生家庭里形成的情感习惯和思维模式叫作"原生情结"。每个人都是带着原生家庭在心理上的烙印开始个性化自我成长历程的,如果自我知觉比较准确,周围人际环境的包容度比较高的话,自我通过不断整合、完善,可以从"原生情结"中剥离出来,但遗憾的是现实生活中大多数人在不知不觉间复制着前辈的思维方式和行为模式,代代相袭,进入无法挣脱的死循环。

造成小雪心理冲突的还有家族的影响。原生家庭对一个人的影响是潜移默化的,在原生家庭成长时所经历的情绪体验,会在成长后与配偶或子女相处中不受意识所控制地重复出现。孩子是通过观察成人间的价值判断和交往模式,不断形成自己的交往方式;而夫妻间的交流又在为孩子确立与异性交往的原生方式。小雪姥姥家的人际关系紧张,经常处于战争之中,造就了小雪母亲暴躁的脾气和处理问题的简单化,这无疑注定了她人际交往的不和谐;小雪奶奶的重男轻女也为他儿子的婚姻问题埋下了不和谐的伏笔。这样的环境使小雪从小在人际交往中就处于无所适从的状态,她根本就无处学习人与人之间健康交流的方法。

母亲警告小雪不要相信任何人,很多人都包藏祸心,要求小雪每天都将所有的学习用品放在书包里,免得被偷。"我觉得母亲这一生特别可悲,她觉得为别人付出了一切,但却没有一个人领情,她就更加的不平衡,更加的暴躁……我不想过母亲那样的生活,但我特别担心重蹈她的覆辙。老师,你说我会不会复制母亲的不幸呢?"

这是小雪心理困惑的核心所在。进入青春期,发育正常的孩子都会开始憧憬自己未来的感情生活。在小雪的眼中,她的母亲是不可爱的,没有得到自己丈夫的爱恋,尽管她工作中很精明,甚至可以用"成功"来形容,尽管她在丈夫面前很强悍,咄咄逼人,但她并不幸福,甚至有的时候很悲凉。小雪检讨自己与男生交往的经历,没有任何值得回味的美好感觉,有的只是相互的指责,诋毁和冷漠,这和父母之间的关系惊人相似。母亲在继承着姥姥的不幸福婚姻模式,那么下一个不就是自己继承母亲的了吗?如果自己未来的感情和婚姻也是这样,也是生活不幸福,那么现在学习上无休止的付出还有意义吗?

小雪显然希望我们的会谈将其内心所有的困惑都解决掉。我告诉她,生活环境对一个人肯定会有影响,但如果现在你已经注意到这个问题,并努力改变自己在人际交往中的思维方式,你可能会比其他的人更有可能拥有幸福,因为你已洞悉过不幸对人的杀伤力了。

小雪的情绪管理不是单纯让她放松这么简单。我建议他们一家三口来作一次家庭辅导。他们犹豫再三,终于有一天,小雪和她的父母来到了咨询室。

我和小雪同样被操纵

一家三口进了我的咨询室。母亲的服饰得体,神情中透出职业化的精明。她将站在一边不知坐哪里好的小雪拽到自己身边坐下。父亲有些未老先衰,很颓然地缩进沙发中。坐下后母亲一直围绕着小雪说个不停，说孩子现在不如小时候听话了，经常顶撞自己，学习效率不够高，还常愣神，不像同事孩子那样刻苦和努力。此时她瞟一眼低着头的丈夫，"当然，这孩子是老陈家的种，身上肯定有懒惰的基因，尽管我是尽心地修正她，但天性是很难改变的……"小雪父亲不出一点声音，偶尔发出声叹息。

我告诉他们，小雪的学习问题只是表象，人际交往和情绪的自我管理是她问题的核心所在，如果想让她彻底改善，避免情况向恶化的方向发展，需要一家三口共同努力，改善彼此相处的方式。

小雪母亲沉吟了一下，"既然为了孩子，我也不瞒您了。不可否认，我是将自己不幸的婚姻投射到对小雪的教育中。人年轻时缺少经验，一旦选择错误，一辈子就完了。大学时他对我百依百顺，尽管那时我发现他的生活习惯不太好，但想婚后会改造好的。结婚以后他不但不接受改变，而且又脏又懒。他心比天高，眼高手低，回家还乱发脾气……"父亲的身体痛苦地扭动一下，但还是没有说话的意思……

许多人都曾试图结婚之后按照自己的标准去改造对方，结果必然失败，给婚姻关系造成伤害。既然选择了婚姻就要接受彼此的差异，并欣赏对方是珍贵的，有价值的。

"我从事信访工作，每天遇到很多麻烦的事情，回到家看到他把家弄得那样乱，就无法克制自己的脾气，况且他做了太多对不起我的事情了……"

对大多数人而言，心理情结中有某些特别敏感、一触即发、人际杀伤力特强的"痛点"，极易在日常生活中毫无防备、意想不到的时刻，以超凡的强度，被最亲近的人引爆。许多人在工作状态能够保持一个相对平和的心态，但一回到家就会经常性的大发雷霆，与这种痛点有密切关系。当发现自己在某种情境下会出现激烈的情绪反应，就要对自己进行心灵探究，也就是自我"精神分析"，探讨过激的情绪在原生家庭中的根源，并且努力修正不合理的理念，在接纳原生家庭的同时，更好地接纳现实生活中的自己。

父亲的表情快速狰狞起来："你们家兄弟姐妹的婚姻有好的吗？哪个不是吵得沸沸扬扬？我理解小雪的心理感受，你的操纵欲让人窒息，和你结婚把我的一生都扭曲了，无休止的争吵让我看不到生活的希望，使我无法全力投入事业中，到现在什么都不是，你以为我愿意这样？我认了，谁让我找了你这样的女人。但你不能再继续毁小雪……给她一个自由的人生吧，你一个人不能毁我们两代人呀……"压抑已久的父亲说起话来显得有些不连贯，但我却听出这是他在内心反复说了很多遍的肺腑之言。

母亲彻底放弃了职业化素养，瞪着眼喊道："你不会连自己的婚外情都说成是我操纵出来的吧？"

"我是个活人，我想透口气……"父亲挣扎着又说了两句，就再次颓然地缩进了沙发，从此再也没有说一句话。

一对夫妻的婚姻关系若要成功，必须离开各自的原生家庭系统。这不单只是在生活上独立，还必须包括各自放下一些原生家庭的信念、价值观和行为方式。他俩需要共同建立一套符合他们自己实际情况的系统，而这一套必须建立在对各自原生家庭的充分尊重之上，如果相互诋毁对方的原生家庭，则激发了每个人潜意识中对原生家庭的忠贞和捍卫。现实中我们发现，家庭中如果一方的原生家庭被诋毁，他就会与原生家庭更加靠近，甚至会让对方感觉到"存心与自己对着干"，由此婚姻关系就进入了无法停止的争吵和谩骂之中。

很多人会有这样的想法：我的原生家庭很好，只是我配偶的原生家庭不够好。这样的想法，对他们的婚姻关系是毒药。与一个人结婚，就是与这个人的原生家庭结婚，必须对对方的原生家庭充分尊重，婚姻关系才有机会成功。

在家庭辅导过程中，咨询师面对的最大困难就是成年人的阻抗。是的，毕竟他们的世界观和方法论形成已久，更加固执。他们只是希望通过咨询达到孩子的改变，却无法接受自己也是需要改变的重要环节的现实，这种观念成为改善青少年心理环境的瓶颈。我不知道在未来的日子里，这对夫妻是否能够不断调整自己，不单是为了孩子，更为了自己也能有美好的婚姻生活。

解铃还须系铃人

我察觉到他们的婚姻可能还会有其他隐情,小雪在场不太方便,于是第三次辅导我约了夫妻俩。我告诉他们上次的辅导已经开始触及家庭氛围形成的真实原因,而这些可能恰恰是造成小雪人际交往困难的原因。这次辅导的目标是澄清婚姻中的一些问题,较为彻底地改善婚姻家庭情绪结构。辅导进行得出乎意料的顺利,他们都具有很好的感悟能力。

生孩子以后,婆婆家的歧视和丈夫的一边倒给小雪母亲很严重的伤害,她总是觉得很委屈,脾气越来越暴躁,将所有的怨气都发在丈夫身上。小雪8岁他们就分居了,丈夫住在楼上的单元里。本来觉得这个男人已经与自己没有什么关系了,但当她发现丈夫有婚外情时,还是有种天崩地裂的感觉。

"其实你很看重这个家庭。"我关切地对小雪母亲说。

"是的,尽管他每天都阴沉着脸,看都不看我,但我觉得因为小雪把我们捆绑在一起。我在工作方面还算比较成功,经常有男士对我表现出格外的关心,但我从没有想过放弃这个家。我承认对他发脾气不好,但我觉得他应该更看重我对家庭、对他的忠诚。"

小雪父亲受不了妻子的洁癖,在他眼里她把房间打扫得一尘不染就是为了跟自己找茬,而弄乱房间也是打击她"嚣张"气焰的最直接的方法……

在交流过程中我们谈及他们各自的原生家庭,我给他们解释了原生家庭对性格形成的作用和对婚姻感情的影响,同时也分析了他们的家庭结构将会给小雪未来人生的影响。

当他们三口人再一次坐到我的咨询室时,母亲又恢复了职业化,她很真诚地告诉小雪要客观地看待周围的人,不能成为朋友,也不要发展成为敌人。父亲告诉小雪条理化可以提高学习和工作的效率。最后两个人还以不同的语言向小雪传递了同一个愿望:当她有困难的时候,父母是她坚强的也是永远的后盾。母亲对小雪的高考有了合理的期待,小雪彻底放下了思想的包袱,在最后的一个半月她持续接受心理辅导,最后考入北京师范大学教育系,她说未来要做一个善解人意的中学教师。

【丽珊女性幸福心理学】

　　婚姻对男女两性的意义完全是不一样的，男人通过事业成功确认自我价值,女人通过婚姻质量确认幸福感。无论事业多么成功,缺乏婚姻幸福对于女人来讲都是难以走出的梦魇。如果你的父母婚姻不幸福,在恋爱阶段接受婚姻指导师的婚前指导是完全可以逆转"家族性婚姻不良"的局面的。

我咆哮时觉得母亲附体了

我痛恨母亲暴躁的脾气,但我却和她同出一辙。

From:刘舒羽

我今年 25 岁,研究生毕业,在事业单位工作,长得不丑,身材挺好,但没有一个男生和我靠近。说来丢人,除了初三时有一位男生和我谈了两个月恋爱之外,再也没有男生表示过对我有兴趣。这一切都是我母亲造成的。

我母亲是护士,把耐心全给患者了,在家里脾气特别暴躁,说话底气足,嗓门大,平时说话就像是和谁在吵架。我和父亲基本都不说话,生怕哪句话惹着她,她咆哮起来,我特别想一头撞死……说心里话,母亲挺贤惠的,承担了全部的家务,勤俭过日子。尽管他们都是工薪阶层,但我从来没有缺过好衣服、好文具。但我却从来都不会对她感恩,因为她恶化了家庭气氛,在她面前,我和父亲没有了尊严。

我深受母亲恶劣脾气之害,从小到大一直告诫自己,千万别说话声音大、别急躁、别乱发脾气……哪怕遇到什么不公平的事情,我都会提醒自己装作不在意,把负性情绪压下去,不表达自己的情绪。但非常遗憾,从小到大,我几乎没有过朋友。我曾经把一位生病的女生背到医务室,出于感激,她告诉我:看着我的表情就让人害怕,她能够想象出如果我怒了会是怎样的状况……天呀,难道我的表情真的那么恐怖吗?

丽珊老师,我唯一的一次恋爱是在初三年级,我发自内心地感谢那位男生,因为他的出现,使当时的我对自己充满信心,我尽力按照想象中温柔女生的言谈举止与他交流,但在第二个月他激怒了我,我不顾一切地冲他咆哮,那一瞬间,我觉得母亲附体了……男生被吓呆了,缓过神来像躲瘟疫一样地跑了……自那以后,再没有男生和我多说过一句话。

丽珊老师,我生活在人间沙漠之中,在外面没有人理我,回到家我不敢理母亲,而父亲几乎丧失了语言功能,不是看报纸就是木讷、机械地做事。我跟他说话,他没有任何反应。我总在想父亲结婚前难道就这样,还是和我母亲结婚后变成这样?结婚太可怕了,丽珊老师,我注定要成为剩女吗?

To:舒羽

你母亲的脾气不好,尽管很贤惠,却没有给你们父女带来幸福,更遗憾的是给你内心留下了深刻的阴影。我想她肯定有所觉察,自己付出了生命的全部换来的却是你们父女无声的抗拒,她内心会有怨气、委屈和不满等负性情绪,这些负性情绪通过大嗓门来宣泄出来。

舒羽,你是一个自我觉醒能力比较强的女孩,从小就不喜欢母亲的性格,渴望自己一定不要像她,所以你有意地压抑自己,面对不公平,你要装作不在意,把负性情绪压下去。相由心生,因为内心积蓄了太多的负性情绪,你的表情就变得不舒展甚至扭曲,周围人看到就会有压抑、害怕的感觉。舒羽,负性情绪是不会自行消失的,只能由意识层面压到潜意识层面,形成内在的痛点,痛点就像火药库,只要外界有激惹就会超强度爆炸。你和男友的那次爆发就是因为他的某些行为点燃了你内在的火药库,那一瞬间你是无法控制住自己的。所以负性情绪需要疏导而不是压抑。心理咨询师会帮助你系统地将内在痛点一一挖出来并解决掉。

舒羽,父母将生命传递给子女,就对子女的一生产生巨大的影响。父亲掌管着孩子学业或事业的可持续发展的动能,如果孩子不接纳父亲,就会表现出自卑、退缩、无力感;母亲掌管孩子的情感、情绪和人际关系,如果孩子不接纳母亲,则会在情绪管理和人际交往中出现问题。所以接纳父母、孝敬父母的最大最直接的受益人是孩子本人。你从小就不接纳母亲,对母亲持否定一切的态度,这样你就无法接受来自母亲的教养,这样既会强化你在与她交流中的"以恶制恶",又会在人群中显得缺少家庭教养。舒羽,你越拒绝母亲,她就越失落和痛苦,她内在的焦虑和愤懑就会强化,情绪自然就越负向,你们母女就深陷痛苦无力自拔。

舒羽,护士是一种高强度高风险的职业,在工作中如履薄冰,一天下来心力交瘁,回到家没有体谅、温暖,只有你们父女非暴力不合作的态度和永远做不完的家务,你母亲的心情会好吗? 如果你想让自己变得更好,就从体谅和关心你母亲开始吧!

【丽珊女性幸福心理学】

自知之后需要采取行动,但所有正确的行动都是基于科学、合理的理念,没有理念支持的行动有时不但不能达到预期的效果,反而会给自己造成内伤。与优质的心理咨询师建立联系是个不错的选择。

大叔控做回自我的艰辛历程

母女沟通不畅使女儿处于深刻的孤独之中,宁可走向未知的"师生恋"也不愿和母亲解释清楚被别人的误解。这种"逆反"付出的代价到底有多大?

王美玲在预约咨询时说她为了让老公放心,辞去了体面的工作、拒绝和一切男性聊天、在老公眼皮底下经营小书店、做绝育手术……她像个僵尸一样地生活,老公依然不满意,总是用各种自虐的方式让王美玲承受来自内心的煎熬。

第一次见王美玲让我多少有些吃惊,三十四岁的她额上有深深的皱纹、皮肤干枯、服装款式陈旧,她完全是中年妇女了。"丽珊老师,尽管您是第一次见到我,但我从学生时代就追随着您。我从高二时就想向您咨询了,但我母亲根本就不答应,她认为我没有心理问题,就是犯贱。后来我对自己的状态一直不满意,并且难以想象和您见面之后说什么,怎么说。前几天我参加了您的《如何让爱保鲜》的讲座,我觉得您的每一句话都是说给我的。回去之后我将自己关在房里一个星期,从头到尾将我们的事考虑了一遍,我明白了自己的问题出在哪,如果不是高二时的任性,我的人生轨迹不应该是这样的。我不能原谅自己,也不理解当初我母亲的做法,将一个没有生活能力的孩子赶出家门,意味着什么?孩子可能不省世事,而成年人应该给孩子改正的机会。可惜我没有了做母亲的机会,如果我能做母亲的话,我会允许孩子犯错误,并且允许孩子改正错误。"

"你今天来和我交流,是不是有重大的决定?"

"我现在站在人生的十字路口,孤立无援,如果有您在身边陪伴,我可能会做得理智一些。"

"怎样的十字路口呢?"我要准确地把握她此时此刻的生活状态。

"我决定和李明强离婚,但我不知道会发生什么,我应该如何应对?"

为了能够全面地了解他们的婚姻,我请王美玲将他们的感情从头讲起,以便我收集信息。

母亲逼我成了大叔控

中学时代,我很有个性、有主见。进入高中后,我与同学越来越不能融洽相处,我认为同学们的思想太简单、太幼稚,我独自一个人徜徉在世界名著之中。于连、简·爱都是我神交已久的朋友,因为我实在想不出目前在课本里学的这些东西与未来要做作家的我有什么直接的关系。我的课堂学习很被动,学习成绩总是在班里倒数第几名,我往往在课上看小说,被老师们看作不好调教的那类学生,我的父母为此也常被请到学校。我母亲没有什么文化、要面子,仿佛面子比她的生命还重要,所以每次从学校回来就大吵大闹,搅得我终日寝食不安。但越是这样我就越要走进小说的世界,寻求内心的宁静,逃离现实。我对所有成年人产生了强烈的逆反心理,觉得这些人庸俗得不值得去理会。

高二年级我们班语文老师换成了李明强,四十岁出头的年龄有着特有的洒脱,学问也很好。他是那种追求自我感受的人,在我们十六七岁人的眼中又增加了落魄文人的魅力。听同学说李老师的妻子无法容忍他的怀才不遇和清贫,抛下了他和十六岁的女儿自己走了。李明强的情绪更加低落,更加愤世嫉俗。和周围人无法融通的处境使我和李老师找到了"同是天涯沦落人"的感觉。我们彼此理解,有太多的共同语言,慢慢地在同学中传出我们师生恋了,我只是觉得李老师是很好沟通的人,根本就没有想过什么恋不恋的。

不久,班主任找我谈话,开始只是让我专注于学习,我"不端正"的态度激怒了班主任,她说女生要自尊、自爱等等,我无法再保持沉默了,"我就是愿意和李老师在一起,他比你们善良,比你们更配做'人类灵魂的工程师',如果可能的话，我还真的愿意和他在一起呢！"说完了，我径自冲出了办公室。顶撞了班主任，我内心有种畅快淋漓的感觉，心想指不定她得多生气呢！晚上回家，我才知道自己的莽撞给自己和李老师闯下了大祸。

"那个李明强到底和你怎么样了？你可真有出息啊！和老师搞上不正当男女关系。"我知道班主任请母亲到学校了，将她的猜测当作事实讲给母亲，我听到越来越难听的话从我一直就无法与之沟通的母亲的嘴里说出来……

转天我昏昏沉沉地来到学校，同学们用怪怪的目光看着我，班主任对我更是冷嘲热讽，我在班里待不了了。自习课时，我逃出了教室，在校园里走来走去，最后我走到了语文学科组的门外。我推门进去，正好只有李老师一个人，他的神色很不安，一见我进来，就问我和班主任说了什么，刚才校长找他谈话了。我从他的眼神中看到了什么，觉得自己无法从他的身边走开。正当我们相互注视对方的时候，班主任推门进来："我想她就会在这里。李老师，她在上课时间来找您，您怎么不让她回班上课呢？"我被带回了班里。

我母亲从班主任那里得到真凭实据以后，痛打了我一顿，让我在她与李明强之间进行选择。我烦透了母亲的那种居高临下的嘴脸，拿着自己的东西走出了家门……但我并没有马上去李老师的家，我在马路上徘徊，希望能够有什么奇迹出现，但直到天黑了，我没有遇到任何的奇迹，我只能走向李老师的家。转天我母亲到学校来，找李明强大闹了一通，又跟班主任"宣布"她不要我了，脱离母女关系，李明强愿意要就养着我吧，从此以后我有什么事也别再找她了。

母亲的行为使我最后下决心投向李明强，正式开始了与李老师和他的女儿小玫生活在一起的日子。我对他充满了爱，他已经预定了我的未来。

王美玲的恋情并不是很奇特的，青少年有"牛犊恋"倾向是很自然的，但事态发展却超出了我们的想象。这件事所涉及的人物没有一个是我们主流社会所不耻的坏人，但他们所构成的环境却让王美玲的人生出现了巨大的偏差。

一是王美玲性格中的自我闭锁使她不能融入同伴，同时与母亲之间的无法沟通使她陷入深度的寂寞之中，这时候李明强的理解和赏识使她找到了心灵的归宿；

二是班主任工作方式过于简单，使王美玲产生了一种向成年人世界挑战的

欲望,与其说是对李明强的爱,不如说是宣泄自己对世界的不满;

三是母亲的非理智情绪将事态推到无可挽回的境地。孩子犯了错误,心理上会有很深的无助感,这时候对她的情绪产生直接影响的是父母的态度。

王美玲对现行的教育体制、教学内容和家庭教育中的一些弊端有自己的想法,这本无可厚非,但选择怎样的方式来表达自己的感受则是应该认真思考的。她选择的愤世嫉俗的方式可能会引发人们的思考,但所付出的代价则太昂贵了。

家,毕竟是每个人心灵的港湾,王美玲母亲对孩子是极端不负责任的,当孩子的思想和行为出现偏差时,父母不能大义灭亲,而要用宽广的胸怀来接纳孩子受伤的心灵。

跑马圈地将他们的关系广而告之

小玫比王美玲小一岁,也在那所学校上高一年级。从小就没有得到母爱的她记忆中只有父母之间的相互嘲笑和指责,小玫的心很孤独,王美玲来家以后,小玫感到快乐了许多,阴郁的父亲开始哼歌了,家庭的气氛有了明显的改变。小玫没有必要捍卫谁的利益,更何况是母亲先抛弃的他们,小玫只求能够有一个温暖的家,有人和她在一起玩,一起说点心里话,管她是什么身份。小玫根本不在乎同学背后说什么,她愿意看到父亲那开心的样子。放学她就到王美玲班的门口,跟玲姐一起回家。

王美玲感到自己孤独已久的心终于寻得了归宿,她体会到从未有过的宁静,李明强为了给两个学生提供好一点的物质生活,也开始了他原本不屑一顾的代课和家教,一家三口常利用周日去公园玩,在一起谈文学,王美玲很享受这样的日子。为了给李明强争口气,王美玲拼命念书,终于考上了师范大学的中文系。

到大学报道那天,李明强早早起床,将自己梳洗打扮一番,穿得像个小伙子,他用手拥着王美玲,王美玲也幸福地像个小妇人似的,两个人在校园里招摇了一番。王美玲与高中老师的恋情在大学师生中广泛地传开。当王美玲作自我介绍时,人家都仿佛是见到老熟人似的,"你就是王美玲,听说过,听说过。"开始时王美玲还以为是自己的入学成绩高而引起大家的关注,后来宿舍的姐妹充满好奇和神往地请她讲一讲与老师的悲壮恋情时,她才恍然大悟,急问大家从何知道的。大家都乐了:"你那天报到时,像度蜜月的新婚夫妇,一下子就吸引了大家的目光,你那位还找到了咱们男生的宿舍介绍了你们的关系,拜托大家多照应你呢!"王美玲初时心中暖暖的,觉得李明强真的是关心自己到了无微不至的地步。后来她发现班里的男生很少和她说话,就是有什么事也要几个人一起,说完就匆匆走开。她觉得很别扭,回家说给李明强,他哄着王美玲:"那些毛头小子就像没头的苍蝇,找女生就是为了谈恋爱,你名花有主,他们断了这个念头,可不就没有兴趣与你来往,这是他们的浅薄,你这么高素质的人当然不会在意这些,你没课就回家来安心念书。"王美玲觉得自己老成了,常用旁观者甚至长辈般的眼光看待周围同龄人浪漫的爱情,她将自己的心锁在李明强的心里。

李明强"抚养"高中阶段的王美玲时内心是宁静的,但当王美玲的翅膀越来越硬,能够在长空展翅时,他紧张了,将他们的关系公开,让她周围所有的男生知难而退是他自我保护的一种方式。

危机孕育在苦心维系中

王美玲大学毕业后被分配到一所重点学校,就在那个暑假他们正式领取了结婚证。已经有两次堕胎历史的王美玲没有新嫁娘的感觉,她习惯了和李明强在一起的日子,没有对结婚的憧憬。自从被母亲扫地出门,被他养了这么多年,怎么能不报答呢?

小玫已经谈恋爱了,男朋友比她大两岁,是位研究生,人长得很帅、心地善良、性格开朗,王美玲也愿意与他聊天。有一次王美玲一个人在家,他来了,两个人谈得很投机,竟忘了做饭,李明强回家以后,脸色很难看,吃饭时他婉转地告诉那男孩要勤奋读书,别总是将时间浪费在聊天上。王美玲忘不了当时男生看自己眼神中的怜悯……后来这位男生再也没有单独来过他们家,小玫大学毕业以后两人一起到南方工作去了,王美玲除了在他们的婚礼上见到小玫的老公以外,再也没有与他说过一句话。

王美玲记得就在那个晚上她第一次失眠,回想李明强的所作所为,他是将自己牢牢控制在手上,绝不让任何一个异性与自己接触,就连女儿的男友也不行,她感到一种不被信任的痛苦。她的辗转声引来了李明强的慨叹:"小玲,我有时觉得自己真是老了,我有时也后悔当初收留了你,为了你,尽管我很有才学,却迟迟评不上高级职称,每次找领导,他们都说'每个人都有自己具体的情况,你还是慢慢等着吧'。到最后还总是'关心'一下我们俩的感情是否稳定,我从你上高二开始思想就没有放松过,我当时是以自己的前途、名声下的赌注。为了咱俩的感情我付出了一生的代价,我比你更珍惜我们的感情,放在手上怕掉了,含在嘴里怕化了,我太在意你了。"王美玲流着眼泪在李明强的怀里发誓自己绝不背叛这份得之不易的感情……

王美玲的工作很投入,但李明强总是到单位找她,有机会就给大家讲一讲他们的爱情故事,他们的事成为同事们茶余饭后的谈资。王美玲仿佛又被罩在一个厚不透风的罩子里,她喘不上气,感到压力很大,她对李明强的做法很反感,自己的事为什么总是广而告之呢?为了消除在一个系统里的彼此了解底细,避免尴尬,王美玲跳槽到一个报社当了编辑,环境的改变使王美玲的情绪得到缓解,她在家里迁就李明强的坏脾气和喋喋不休。

舒朗走进了她的生活,舒朗是报社最年轻的主任,人也开朗,善待下属,当王美玲发现自己见到他就会有一种不可克制的冲动时,吓了一跳。她亏欠李明强那么多,如果自己当初不在班主任面前瞎说,他们之间只是关系不错的师生,他也就不会失去好的名声,更不会供自己完成学业。但遇到舒朗,王美玲发现她对李明强的情感更多的是对长辈的孝敬,而绝不是男女之爱。

王美玲内心的微澜止于一个偶发事件,李明强为了多挣一些钱,到郊区的学校代课,将腿摔成了骨折。当王美玲赶到医院,他说:"我希望给你好的生活,我知道我老了,许多事情不能满足你,我争取多赚钱给你幸福,如果你在性生活上有什么需要,就在外面找个好人,但你要答应我永远不要与我离婚。"王美玲泣不成声,她发誓绝不会做对不起他的事。李明强趁热打铁告诉王美玲,女人做了节育手术后性欲就会降低,那样他也没有了让她怀孕的担心,做爱会发挥得好一些。王美玲下决心去医院做了节育。李明强的心态平稳了许多,生活宁静了一段时间。

王美玲心里任何丝毫的波动都逃不过李明强的眼,他提议王美玲辞职,开个夫妻书店,两个人长厮守在一起,多美好呀!

王美玲不愿离开报社,不仅仅是因为舒朗,和单位的同龄人在一起让她感觉到活力,如果整天和一个将近六十岁的人在一起……她不敢想。"丽珊老师,那个时候我就特别想找您咨询,但我真的无从讲起,我觉得自己就是命苦,就算您给我建议,我也不一定能够做到……认了吧!"

师生恋挑战我们的道德底线,"一日为师终生为父",明确将师生界定为两辈人。两辈人之间成就婚姻总是给人一种怪怪的感觉。处于青春期的学生面临太多的纠结、迷茫,如果再不能和父母建立良好的沟通关系,就像大海上的一叶孤舟,作为成年人的老师如果用心地靠近他们真的是易如反掌。为此师生恋多少会给人趁人之危的感觉。

李明强为了这份感情的确付出了沉重的代价,但作为成年人,他是有预估能力的,而十七岁的王美玲却无法预估自己言行对未来的影响,李明强用自己为这份感情付出了多少来游说王美玲本身就是不合理的,也是苍白无力的。当他们之间的能量对比发生变化,王美玲逐渐走上人生高峰,而李明强年老之时,他就会动用比较极端的办法保护自己的"权益"。

人生是无法改写的乐章

王美玲觉得自己在舒朗面前就像一个猥琐的老女人,明明知道自己没有资格爱人家,还……放弃吧。她辞职下海经营起小书店。

王美玲极具经营天赋,很快她的小书店就有了长足进展,李明强每天和王美玲形影不离,每当王美玲与读者或合作者交谈时,李明强就会走上去,自我介绍是王美玲的老公,然后就站在他们的身边听他们说什么。王美玲觉得特别不自在,毕竟老夫少妻就容易引起别人的遐想,这对生意是不利的。王美玲明确告诉他,不要在人前张扬,让一切自然一点,"不是所有的人都会因为交谈而喜欢上你的年老色衰的媳妇,你别太夸张了。"

李明强义正词严地批评王美玲:"你想多了,我是这个书店的主人之一,参与经营是我的本分。我可不想成为一个吃软饭的男人……"无论在什么情况下,王美玲都说不过李明强,每次都败下阵来。

李明强觉得自己在理了,就越发没有顾忌。每次和男士谈生意时,李明强总是中途借故出去,然后再突然闯进来,观察王美玲的表情是否慌乱。李明强不让王美玲的身上带太多的钱,说"富裕生淫欲"。王美玲为了让他放心,将所有的钱都交给李明强,王美玲每退一步,李明强就向前逼进一步。

王美玲实在无法容忍李明强的不信任,他们之间的性生活方式也很变态,我隐隐地感觉到王美玲有明显的自虐倾向,而这种自虐是他们之间感情维持这么久的真正动能。

"我一直认为李明强为了我牺牲了许多,但现在想来,他当初就不应该接受我不成熟的爱。他从没有调解我和我母亲之间的矛盾,直到现在他也没有让我回家看看,因为从一开始他就在为这种脆弱的感情修筑堤坝,向我灌输种种有利于维持感情的观念。我自己在认识方面存在许多的不合理的地方,于是将自己弄成这个样子。"

王美玲的心态中有严重的自虐倾向,她一再向李明强发誓,不惜对自己身体和心理进行伤害以满足他的变态需求。

李明强的个性中有自恋的倾向,他自顾自地生活在主观世界里,这或许是他前妻离开的原因之一;于是他希望自己亲手培养一个完全按照自己意愿成长的爱人,向她灌输有利于他自己的观念;他并不是居心叵测的坏人,但我们不能不承认他在人格上是不健全的。他极端自私,在一个孩子被一些情绪控制的情况下,他不能给孩子以正确的牵引,而是将错就错,将少女据为己有。他一直用一张网罩住王美玲,维持从一开始就已经脆弱的情感。

寻找正能量,走出阴霾的生活

我建议王美玲在离婚之前要和小玫沟通一下。对于六十多岁的李明强来讲,她的离开会引发一些状况,他的身边需要一个支持的力量,帮助他顺利度过这个阶段。

小玫认真倾听了王美玲的讲述之后,抓住她的手说:"玲姐,你的确是太苦了,我同意你的决定,你放心,我会照顾好我父亲的。"

在此以后的一年中,王美玲和李明强进行了艰苦的谈判,他将所有的伎俩都用上了,但王美玲始终未动摇过,而小玫也一直在做父亲的工作,劝他"及时"纠错,和王美玲在一起给他带来太多的压力和紧张,一旦这种压力和紧张发展成疾病了,那就麻烦了……慢慢地李明强同意了,但要求将书店、家里所有的存款和房子都给他,王美玲基本是净身出户。他的理由很简单,他老了,干不动了。

我只问了王美玲一句:"你最想要的是什么?"

"自由。"她不假思索地说了,进而说,"我知道了,所有的财产都给他,我也要离婚。我的前半生是不幸的,但我庆幸遇到小玫,她真的很善良。"

王美玲说话时表情始终洋溢着幸福和满足。"你没有想过回家看看你的母亲吗?她已经老了,无论之前她做了什么,你将近二十年的不见面已经给她惩罚了,难道你让她带着遗憾生活下去吗?"

王美玲经过一段时间的准备,终于踏上了回家的路。

一个女孩子在婚姻上一定要听父母的建议,因为他们的年龄本身就是经验,况且在这个世界上还有比父母更和你利益一致的人吗?

【丽珊女性幸福心理学】

青春期在认知上存在着批判性和片面性的矛盾:随着自我意识的崛起,孩子开始质疑成年人的说法和做法,甚至有了反叛的冲动和欲望,这本身是好的,是人类繁衍的进步因素,但由于青春期阶段阅历和思维发展方面存在明显的局限性,所以容易走极端而使片面性突兀出来。年轻人了解自己的心理发展特点会让自己的成长少走弯路,而父母如果对孩子的青春期反应有所了解也不会和此时的孩子进行"斗争",而是有力地陪伴。

为避免重蹈母亲的"罪责",宁可纵容老公的背叛

母亲为了掌控父亲,不惜将他的前途毁灭。三十多年来,每当看到母亲严厉的目光,她不得不压抑着自己对父亲的爱,而这种压抑成了她无法解开的心结,在婚姻中她矫枉过正,宁可纵容老公的背叛……

父亲被歪曲的人生轨迹

冯纾给心理机构打来电话的第一句话就是:"对父亲的歉疚积蓄在我心中太久了,压得我无法喘息,我无法再面对他的眼神……而我的生活也由此被扭曲了。我希望见到丽珊老师,希望获得救赎……"事后接线的老师和我反馈,她在接听电话中一直有特别强烈的压抑感,但说不清这种压抑到底来自哪里。情绪是无形的,但却实实在在地存在,并且在人与人之间流动,透过接线老师的分享,我想冯纾此时处于比较极端的情绪之中。

第一次见到冯纾,我就被她眉宇间的"川"字纹吸引。是什么让她总是不经意地皱起眉头,以至于形成了这样深的纹形?这种情绪完全来自于对父亲的愧疚吗?而对父亲的愧疚又给她的现实生活带来怎样的危害?

"丽珊老师,我一直特别希望寻找一个人将内心积压的痛苦全部倾吐出来,

我被许多负性情绪压得天天生活在窒息的状态之中。我从小就觉得自己已经苍老,好像已经活过几百年了。我没有少女的情怀,对未来生活没有幻想,现在对生命甚至没有一丝一毫的留恋……而造成这一切的是我母亲。我特别恨她,她是我见过的最自私的人,她控制欲极强,掌控着全家每一个人。她要求我们每个人都要绝对效忠于她,并为此完全失去自我,扭曲人生轨迹……否则她就会变成战争魔头,将我们的生活全部搞乱。"

冯纾的父亲年轻时是大学教师,是学校里出名的才子,人长得帅气,学问特好,为人谦和……学生将父亲视为人生榜样。那时的父亲性格开朗,节假日总是带冯纾姐妹俩去郊外玩儿,和她们一起奔跑欢呼……就在冯纾九岁时,一件事情改变了她们一家人的前途命运。有位女学生是父亲忠实的粉丝,学生时代选修了父亲全部的课程,留校工作后又和父亲在一个教研室。她始终守望着父亲,给父亲写了一封信表达对父亲的敬仰,父亲竟然顺手夹在书里,被母亲发现,父亲的厄运开始了——

冯纾母亲的"自卫反击战"打得有步骤并且彻底。她先稳定住后方,在家里建立同盟。她声情并茂地告诉冯纾姐妹,家庭面临着外敌入侵,如果敌人得逞,她们将会落入凶残的继母手中。在冯纾很小的时候,母亲就给她们讲灰姑娘的故事,在她们的心目中继母就是女巫婆。父亲是家庭的叛徒,置她们姐妹的幸福于不顾,他就是敌人、是坏蛋、是恶魔,从此,姐妹俩就再也不理父亲了。"无论父亲对我们怎么好,我们都牢记母亲的话,履行我们在母亲面前发过的誓言,对敌人就要横眉冷对。"

冯纾母亲第二步就是借助组织的力量将两个"狗男女"彻底分开。她反复带着两个女儿找学校领导哭诉,丈夫是多么无耻,讲台已经成为他海淫海盗的舞台,他存心用教学的"风采"来诱惑年幼无知的女生……而这些给女儿造成了很大的伤害,每当这个时候,冯纾姐妹就被母亲安排一定要哭,要打动领导……冯纾父亲被学校从教师编制改为职员编制,被下放到图书馆做管理员,那个女的则被调离学校。冯纾到现在都记得父亲当年一下子老了许多,他低沉了,再也没笑过。家是完整了,但再也没有应有的温暖……

在婚姻危机中,女人往往被看成弱者,而这个弱者的身份却给她们创造了太多的机会。因为是弱者,她们会赢得孩子的同情,建立起"弱者同盟",孩子则成为她手中的棋子;因为是弱者,她们会得到社会舆论的声援或支持,以达到她们的欲求。其实,谁都无法说清楚在婚姻中到底谁是真的弱者,但我们可以肯定的是每个失败的婚姻必将给孩子的成长留下难以磨灭的伤痛。

今生无法走出的悖论

随着成长,冯纾越来越发现母亲的可怕,她要从思想到行为全面掌控每一个家庭成员,只要稍微不能达到她的满意,她就会用各种方法胁迫他们,直至逼他们就犯。母亲对父亲总是冷嘲热讽,父亲在她面前就是个斗败的鸡,没有了任何的尊严。父亲同龄的同事一个个评上副教授、教授,而他只是一个低头奔脑的图书管理员。反过头来,冯纾母亲又讽刺父亲不求进取,甘于平庸。冯纾姐妹逐渐开始醒悟,内心对父亲的同情和怜悯与日俱增,但她们不敢将自己的真实感情暴露出来,因为那样就是对母亲的背叛,会遭到母亲的"洗脑"。

"冯纾,我非常理解你对父亲的同情,随着成长,你已经意识到了当年站在母亲的阵营,对父亲的惩罚太过分了,这种情感一直困扰着你,让你无法释怀。今天我们交流的主题仅仅是对父亲的愧疚吗?"我引领冯纾进入交流的主题。

冯纾依然沉浸在自己的情绪中,她非常坚定地说:"是,一个那么有才气的人就这样被扼杀了,而我是母亲的同谋,我对父亲有很深的内疚。现在他已经六十多岁了,我今生无法将自己的内疚表达给他,其实我是多么希望拥抱他,安慰他已经麻木的心呀。"我完全可以理解冯纾的歉疚,父亲老了,就算女儿再愧疚,他也无法回到从前,再也没有机会展示他的才干,没有机会站在讲台上"激扬文字"了。

"冯纾,我理解你对父亲的愧疚,但这种愧疚应该是持续很久了,为什么你现在来咨询,而不是其他的时间?"为了能够让冯纾回到现实,我再一次地提醒她,以便她理性起来,面对现实问题,而不是单单沉浸在对过往的陈述。

冯纾的眼神发生了微妙但明显的切换,由刚才的愧疚变成了幽怨和无助。我意识到快接近问题的实质了。她幽幽地说:"我同情父亲,惧怕母亲,所以在少女时代我就发誓:长大结婚后,要给老公自由,给他广阔的天空,让他成就自己的人生。"

冯纾和赵博原来是大学同学,他们俩分别是班里的第一第二,冯纾特别欣赏赵博的才情,赵博也喜欢冯纾的善解人意,他们比翼齐飞。进入职场,冯纾的事业发展比较顺利,有些少年得志,冯纾明显感觉到赵博的压抑,她觉得男人更希望自己成为家庭的顶梁柱,为此她调整自己,随着孩子的出生,她主动退到第二位,将精力放在家里,支持老公集中精力发展事业,"他的素质特别好,现在已经是功成名就了。"

"冯纾,你从父母的婚姻中吸取了教训,让老公自由,更好地发展事业,而他没有辜负你的希望,获得了成功,这不是很好吗?"我的追问使冯纾的思路更加聚焦。

"可,可我却面临被淘汰出局。"冯纾沉吟了许久,我知道她在整理着自己的思路,同时给自己继续说下去积蓄着勇气。

"在我们婚后的第六年,我就发现他有婚外性行为了。一次他让我去他办公室拿材料,在翻他抽屉的时候看到了避孕套,我一下子意识到问题,但我告诫自己不要瞎想,不要庸人自扰。后来经过我的观察他并没有异常的表现,尤其在性生活方面他尽力地满足我。我放心了,并且庆幸自己没有轻举妄动。但三年前的一天,他出差了,一个女人打电话给我,请我退出,说她做他情人已经三年多了,为他堕过两次胎,却依然不能结婚,对她太不公平了……我当时就蒙了。"

冯纾在少女时代从父母的婚姻模式中吸取了教训,她知道一个控制欲强烈的女人对一个男人事业的打击有多大。面对平凡沉默的父亲,她决心不做母亲那样的人,她放弃了自己事业发展的机遇,托起了丈夫,结果却受到伤害。所以她在怨恨丈夫的同时更加怨恨母亲,如果母亲不是这样一个反面的例子,她也不会这样极端。母亲捍卫自己婚姻的行为不仅断送了父亲的事业,同时也为女儿的婚姻埋下了不幸的种子。

心理辅导的第一步就要帮助她修正不合理的理念。丈夫事业发达后外界的诱惑加大,"树欲静而风不止",他清楚自己缺乏抵御外界诱惑的能力,有意让冯纾看到避孕套。冯纾出于对丈夫的眷恋和对他事业成功的向往,控制了自己的情绪，她的反应给了丈夫一个错误的暗示，冯纾对他是否忠诚并不在意。丈夫的越轨行为不是冯纾的过错，更不是冯纾母亲的责任，他是错误行为的第一责任人。

不要贬低父亲在女儿心目中的地位

"冯纾，你现在面临的是夫妻感情危机，为什么第一次和我交流却一直在讲述你对父亲的愧疚和对母亲的怨气呢？"冯纾错误的归因是婚姻危机的最根本问题所在，我要帮助她澄清这个问题。

"丽珊老师，当年我母亲对我父亲的态度，以及她的行为对我父亲的伤害深深地刺痛了我，所以我一直在提醒自己，看到避孕套之后，我一直在提醒自己千万要控制好自己的情绪，免得万一做了什么不可挽回的事情，我不能成为自己心目中最痛恨的女人。这么多年来我一直掩耳盗铃，装聋作哑……"在冯纾的心目中母亲不仅毁了自己老公的前途，而且还成为女儿情感的魔咒。在婚姻指导之前，我要先了解一下她目前婚姻的样态。

"冯纾，你老公对婚姻是什么样的态度呢？"

三年前赵博提出和冯纾离婚，冯纾尽管十分痛苦，但还是同意了，因为他是第一个打动冯纾的人，她希望自己在他心目中留下比较好的印象，后来赵博被单位派到美国半年，回来之后就不提离婚了。"我再跟他提离婚，他就说让我先把相关手续办好再谈这个事情，我凭什么办呢？于是我们到现在还没有离，但我觉得天天都坐在火山口，火山随时都会爆发，我没有任何的安全感，如果我没有少女时代那种偏执的想法，也不会到现在这步田地。我的事业基础原来那样好，可都荒废了，人也老了，后悔死了，如果当初不是为了支持他，现在还不定谁跑在前面呢……"冯纾颓然地说。只要没有离婚，就有机会改善婚姻的质量。因为冯纾的原生家庭人际互动模式，所以我非常关心此时她的女儿与父亲之间的互动。

"冯纾，你女儿对你先生的态度是怎么样的呢？"

冯纾的语气马上轻松了许多，并且有了些骄傲。她告诉我，女儿是她的精神寄托，那个女人打来电话时，女儿恰好就在她身边，听得很清楚，她再看父亲就像见到仇人，扑上去狠狠地打他，女儿自小练跆拳道，已经是黑带了，女儿把他推到地上踹他,赵博没有反抗,一直蜷缩在那里。"他没有回房睡觉,转天我看到他头发白了许多,从此我们分房间睡了。女儿再也没有喊过他父亲,她站我这边,有时我给他做饭女儿都埋怨我犯贱。女儿有时讥讽他,我看到女儿这样疾恶如仇,就是偶尔想关心一下他,也不能够,那不是背叛女儿吗?她可是为了捍卫我呀。"

挽留丈夫,维护婚姻的第一步就是在女儿心目中树立父亲的形象,维护的父亲的尊严。从冯纾的倾诉中我们不难看出赵博很爱孩子,他容忍女儿对他的恶劣态度和殴打,但他却迁怒到冯纾身上,觉得是她在离间自己与女儿的关系,所以那件事以后他们一直分房居住。四十多岁的男人心中清楚无论他未来的婚姻状况怎样,但他的亲生骨肉也只有这一个孩子,他格外珍惜孩子。如果在孩子心目中丧失了父亲的尊严,就会出现"破罐破摔"的心态。所以冯纾要和女儿明确地谈,捍卫母亲是为了维护家庭而不是战斗,维护家庭就要营造温暖的家庭氛围,用理解、温暖将父亲留住。孩子对父亲的态度转变了,他就会对冯纾有感激之情。给丈夫回归家庭找寻一个合理的台阶。目前丈夫已经不再和冯纾提离婚的事,说明他已经反省自己过去不利于家庭的行为,冯纾要和他一起走出不快乐,创造机会去找寻年轻时相亲相爱的记忆。

冯纾行动的第一步是和女儿进行了一次深刻的交流,希望女儿为维护家庭作努力。女儿开始不理解,认为母亲没有骨气,冯纾告诉孩子家庭的完整对每一位家庭成员的重要性,让女儿独立地去思考。一个星期以后女儿终于想通了,当女儿再次喊出"父亲"的时候,他流下了眼泪……将他们母女紧紧拥在一起。

两个月以后,冯纾又打来电话,从她的语气中我感觉到她的兴奋,一家三口刚从海南旅游回来。她一是反馈心理辅导的效果,二是表示最真诚的谢意。

【丽珊女性幸福心理学】

结婚之前,每个人都需要充分了解自己对于婚姻的"内在誓言",有效地辨析"内在誓言"的客观性和片面性。只有放下包袱,才能让婚姻轻松上路。

心灵作业:勾画出母亲在你心目中的模样

在回答问题之前,请先检视一下你当下的状态:

1. 你身处于一个安全、安静的空间,不会有人唐突打扰你。

2. 你至少有两个小时可以全然放松地思考和回答以下问题,请关闭手机。

3. 你身体的状态非常良好,没有诸如睡眠不足、腹痛、头痛、心悸等各种不适症状。

4. 你的心情非常平静,最近三天以内没有来自人际关系中的纷扰。

如果你现在符合与心灵对话的条件,请如实地回答以下问题:

一、请你用五个词汇来形容你心目中母亲的形象,其中涵盖母亲的性格、生活状态、人际交往等方面,并用简短的语言进行说明。(比如性格是温和,生活状态是忙碌,人际交往是朋友众多等等)

二、在你的成长中,哪个年龄段会将心里话讲给母亲听?哪个年龄段开始拒绝母亲? 拒绝的原因是什么?

三、在你的记忆中,什么事情最容易激怒母亲?她有过情绪失控的状态吗?情绪失控发生的概率高吗? (比如每周都会发脾气,或一个月、一年……请量化说明)

四、在你遇到困难或处于委屈的状态下,母亲能够在第一时间给你支持吗? 她处理问题的方式是什么?

五、母亲给你讲述过她的爱情吗? 她在与你分享她的婚姻时是介绍经验还是总结教训,是正向的还是负向的?

六、母亲是否规划过你未来的婚姻? 她给你订立的择偶标准前三项分别是什么?

七、母亲是否给你讲过关于性的话题,在你多大时讲的? 成人后你觉得她讲得科学吗? 全面吗?

八、通过你对母亲的观察,你觉得应该跟母亲学习的是什么? 一定要杜绝发生在自己身上的是什么?

九、如果给你个机会,重新塑造母亲,你希望母亲最应具有的五个品质是什么?

第五章　你想在婚姻中得到什么

西式婚礼是新娘的父亲将女儿的手交给女婿,千叮咛万嘱咐。这个仪式说明了什么?在娘家父亲为女孩遮风避雨,嫁人后老公就是她的保护神了。这是男性世界典型的产物,女性的一生都难以成为自己生活的主人。尽管社会已经进入"她时代",在职场上,男女平等已经成为不争的事实,但是婚姻对女人一生的影响超过男性也是不争的事实。女人在感情上是专业的,而男人则是业余的,事业、社会才是男人的主战场。

在传统观念中,女孩没有身份,嫁鸡随鸡,嫁狗随狗。女孩父母在孩子婚姻大事上考虑的因素非常多:男方的家庭物质条件如何,千万不能让女儿受穷;男方的性格如何,千万不能让女儿受气;男方的家庭责任感如何,千万不能让女儿不幸福……婚姻预设了女孩未来人生的色彩。

嫁人之前,你一定要好好追问自己,到底想通过婚姻获得什么——无微不至的爱?高贵的身份?富足的财富?一位心理医生?还是你想成为救世主,找一个抑郁的、脆弱的男人来让自己的母性得到充分的释放?无论你曾经对婚姻有过多少的设计,但结局伤到你的往往是当初你最迷恋的东西——你喜欢事业成功的男人却发现他极端自私,一切以他自己为中心;你渴望成为救世主不但没有拯救对方,却被对方的抑郁拖累;你欣赏对方的愤世嫉俗,却成为他最鄙夷的人……

天上掉下来一个外国男朋友

在将婚姻作为通往自己理想生活的垫脚石之前,先想一想你能够给予对方什么?你所能够给予他的具有不可替代性吗?

"多情单身女博士"给心理机构打来电话时特别有趣,她说自己34岁,是北京某大学的副教授。她强调不能暴露自己的名字,因为她是公众人物,"其实名字不过是符号而已,你就叫我多情单身女博士得了"。

她自从进了咨询机构,就用挑剔的目光打量着周围的环境:"你们的机构还挺气派的,租金不便宜吧?"接待老师告诉她这是自主购买的产权。"你们咨询公司还能买得起这么繁华高档的房子?"满脸的不信任。

走进咨询室,她傲慢地问我:"你是丽珊吗?比电视上要显得年轻许多,我知道你更擅长青少年心理咨询,对于感情问题能把握准确吗?"

她的每一句话都充满了挑战,是因为她缺乏起码的安全感,恰恰说明她要倾诉的是对她很重要的事情,我接纳了她的态度。

"女士,我知道你要讲述的是一件对你来讲很重要,并且复杂到你难以全面把握的事情。从你进到机构,我就一直在观察你,你可能在工作和学习事业上属于比较严谨的人。作为心理咨询师,我能够理解并接纳你,但如果在日常生活中你也如此与人相处的话,给人的感觉非常不舒服,只是我此时还不知道你是因为这样的为人处世遇到了问题,还是遇到了问题之后才这样为人处世?"在心理咨询中,咨询师适度的对峙对于唤醒来访者有一定的推动作用,帮助她从自我营造的情境中走出来,面对现实。

"多情单身女博士"僵硬的脊背开始缓和下来了,脸上的表情也松弛了,开始了她的倾诉——

"现在社会上流传有三种性别:男性、女性、女博士,意思说女博士完全失去了女性的特质。我对这种说法特别反感,明显是一些人对女博士的羡慕嫉妒恨嘛。学生们在背后叫我'齐天大剩',尤其让我沮丧,我觉得目前市侩文化已经浸染到了大学,人们丧失了高尚的审美。我一直希望到国外,找个有国外教育背景的人成家。"

"多情单身女博士"与周围环境的互动不和谐时,她启动了自我防御机制,用绝对化来回应外在世界,她的愤世嫉俗使她在人际交往中更加边缘化。希望到国外是她选择逃避的最好佐证。

"多情单身女博士"停了一下,表情有些哀婉,我觉得她要开始讲述自己真正的内心感受了。

她告诉我,她的交往圈子很小,于是通过婚恋网站来认识人。她在网上聊了一年半,越聊心越寒,网上的人都俗不可耐,刚聊几句就问是不是可以先同居?可不在网上聊,又怎么认识男人呢?总不能睁眼就工作,闭眼就睡觉吧!

她告诉我,她有过一次很深刻的网恋,当时觉得已经找到了感情归属。对方是中医世家,大学毕业就去了美国,从事医疗器械生意,对中国的古诗词很有研究,每次发邮件都情意缠绵。当时她觉得对方在国外肯定不看重彼此的学历,况且他本人是成功人士,不会像那些庸俗男人说在女博士面前感觉有压力。看邮件、写邮件成了她每天生活的重要内容,为了缩短与他在文学上的距离,她还买了唐诗宋词,认真研读,希望读懂他的来信,也希望给他写的邮件有些文采。她憧憬着双方见面时一见如故,更希望能够成就姻缘,希望他能够把自己带到美国去……

那段日子,女博士经常逛街,买衣服时一再追问售货小姐是不是显得年轻些?是不是有女人味?她希望他们见面时他能感觉好些,那个时候她体会到恋爱中小女人的感觉。他们的邮件沟通持续了将近三个月,她将他的每一封信都拷贝下来,当自己寂寞的时候就读信甚至背信。他偶尔给她打电话,他的声音也特别有磁性,属于厚重的男中音。每次她都激动得语无伦次。

他回国休假时他们见面了,他们在一起的两个小时中他接了六个电话,其中五个是女性,并且从他的谈话内容中女博士明显感觉到这五个女人与他的关系都比他们之间更近一些……她觉得要想抓住他就一定亮明自己的观点,不然是否还有下一次见面就不好说了。吃饭时,女博士鼓足勇气问他选择伴侣的标准是什么?他说他在国外圈子里的人都不结婚,尤其不能和国内的人结婚,国内女人为了有国外身份,都想着找个外籍人结婚,无论对方是什么样的。就像城市的人不到万不得已绝不会和来自农村的人结婚一样……她感受到他对自己的蔑视。

他们努力找着话题有一句没一句地聊着,他在电话中又约了另一位女士下午见面,当时她有些如坐针毡,不知如何交流更不知如何体面地脱身。那次见面以后他们再也没有联系,她明显感觉到他对自己没有兴趣,她觉得自己与他离得很远……

"多情单身女博士"长嘘了一口气,看得出来她曾对这段网络情感寄予了很多的期待。

"我现在不相信任何人。我原来的网名是'女博士',没有人理,就算我主动和人家打招呼,人家第一句往往问'真的是博士吗',回答肯定之后,有修养的就会说'对不起,忙',但大多数就没有了下文。后来我就叫'单身女博士',有人和我聊天了,但说不了多久就问是不是接受先同居再结婚。改为现在的名字之后,我不再坐冷板凳了,当然想一夜情的很多。还是那句话,聊天没有劲,如果现实中有情感归属的话谁受这罪呀。"在现实生活中无法获得认同的"多情单身女博士",寄情于生存状态完全不同的网友身上,显然从交往的第一天就注定这种交往难以达成她的期待。

"多情单身女博士"的自我价值感偏低,她用"挑剔"来掩饰内心的无助。自我价值是一个人的最高、最重要的本质,决定了一个人所有的信念、价值和规范。自我价值是在成长过程中建立出来的。"多情单身女博士"学习成绩应该很好,但她依然不可能凭借成绩来构建起健康向上的自我价值,她竭力地去迎合着外界,而又无法真正与外面的世界融为一体。为了掩盖内心的"虚弱",她表面上给人一种冷傲的拒人千里之外的假象。她的这种态度当然无法与周围人有好的沟通和交流了,于是再次强化了她的自我价值低。

【丽珊女性幸福心理学】

　　"多情单身女博士"需要做的是全面调整对外界的认知、对自我的认知,协调人际关系,明确自己到底希望通过婚姻获得什么。过于好高骛远只能使自己依然停留在婚姻殿堂的外面。

两个都有瑕疵的人能长相守吗

他是我唯一可以依靠的人,他帮助我走出尴尬;他是最了解我的人,不需要我再解释什么。我是可以包容他出轨的人,我曾坚信他不会离开我。

母亲给我织就了一生难以挣脱的网

于雪华在大家的眼中是一个快乐的人——大大的眼睛、高高的鼻梁、高挑的身材、开朗的性格、银铃般的笑声……于雪华属于北漂中最幸福的——与老公同在电台,相互提携,共同策划的公益活动奠定了他们在业内的影响力。两年前在东三环买的一套大房子,足以容纳一个小女人的浪漫梦想……

此刻坐在我面前的于雪华憔悴得让我心痛。"丽珊老师,我辅修过心理学,一直生活在自我催眠的状态下,但现实摆在我面前,我无法再回避了,也不能再骗自己了——我是东北人,家住在我们城市最有名的棚户区。从我记事开始,母亲就反复嘱咐我和姐姐,我们是贵族,和左邻右舍不是一个层次的,坚决不能和同龄人玩儿。姐姐比我大两岁,她在离家很远的学校上学,我几乎见不到她,少女时代,我特别孤独。"

母亲对世界充满着很深的仇恨,她说我的外公出身于书香门第,全国一流的翻译,如果不是英年早逝,她将是大小姐,万万不会嫁给身为小日杂店职员的父亲。家在我和姐姐心目中没有丝毫的温暖:昏暗的光线,潮湿的气味,母亲借题发作,历数命运对她的不公平,说如果不是为了我们姐俩她早就奔向应该属于她的贵族生活。父亲间或的重重的叹息声……我和姐姐对母亲的"牺牲"并不领情,如果她奔向贵族生活了,我们和父亲过着自生自灭的日子难道会比现在差吗? 我和姐姐盼望着自己快快长大,离开这个令人窒息的家。

我在学校里同样不能放松,同学大多数是邻居,对我家的情况太了解了,我很少与人说话,生怕谁会说起我的家庭。尽管我的家庭并没有什么可耻的污点……在同学的眼中我和我母亲一样不认命,并且故作高傲。

姐姐高二时和一个邻居谈恋爱了,对方家境比我们家还差。当母亲从老师那得知这个消息后几乎疯狂了,她揪着姐姐的头发,变了音地喊叫:"你还想再在这个该死的地方生活下去吗? 我将你生得好好的,又为了你们而坚守这个破家,就是希望你们以后能够有出息……"然后又开始述说她光辉的少女时代……一向沉默的姐姐做出了令我佩服的事:他们私奔了,去了南方。后来姐姐给我写来一封信:"我太孤独了, 母亲总是希望我们能够重振家族雄风,但我觉得自己就是社会最底层的人。你抱怨自己在家附近上学,同学都是邻居,可你不知道我升入高中之后,到了全省的重点校,那里同学的家庭都很优越,我太自卑了,不敢与同学交往,怕他们知道我住在棚户区。只有我和他在一起时,才不用看他的脸色,不担心他瞧不起我,我想我就是这个命。"我理解了姐姐,那个时候我就下定决心,尽快远离这个家。

于雪华母亲心中无法接受生活的巨变, 时间也难以平复她内心的创伤,她无法理智地面对生活。紧张、压抑的家庭气氛对于雪华姐妹俩的感情生活产生了巨大的影响。姐姐过低地评估了自己的资源,在极端自卑的情况下选择了放弃学业,放弃拼搏来顺应"命运",社会地位对女孩的自我价值感有影响,但最影响女孩的还是来自家庭的爱。有爱的女孩才会觉得自己有力量,有前途,生活才会有奔头。

爱在耻辱中启程

离开家成了我学习不竭的动力。我近乎疯狂地念书，如愿考上了北京的一所大学。接到通知书时，我的手不停地颤抖，我将通知书贴在胸前跑出去了很远很远。我知道自己可以走出让我无法正常呼吸的家庭了，我要开始正常人的生活了。

现实并不像我想象的那样简单。母亲在我临行前嘱托我到北京之后，帮助她查访过去外公的世交、她大学时代的同学，声称只要找到一个就会彻底地改变生活现状。我很难接受母亲的这种观念，我认为生活要靠自己去创造，为什么要寄希望于早已断了音信的外人？母亲说如果我不听话就不给我生活费。两年间我几乎走遍了北京的各个地方，按照母亲提供的并不清楚的线索查找着，然后写信告诉母亲去了哪里，现在是什么样的，可惜要查找的人根本就不存在。母亲满意了就寄生活费过来。我给母亲写信从来没有温暖感，只是给一个雇主交差。

我的生活依然很寂寞，用拒人千里将自己层层包裹起来。梁亮和我是新闻系同班同学，他长得不帅，有个性，双重性格。有时热情奔放，有时阴郁；有时随和，有时固执。他是第一位肯和我交谈的男生，他总是给我指点，我太需要这种理性的指点了，在家庭中我从没有接受过这方面的教育。

我和梁亮进一步发展关系是他帮助我结束了一种很耻辱的关系。大四时，我去替母亲寻访，遇到一位很热心的中年人，人长得很忠厚。我向他说明来意，他很认真地思考，告诉我转天再去，他需要跟已经搬离这里的老住户联络一下，他说早年间依稀听大人们说起过这些事情。我当时仿佛看到了成功的曙光，只要能够找到一个人，我就算是彻底能跟母亲交差了。接下来一段时间我总是去那个男人家，他给我希望，告诉我他查访的进度，我真的很感激他。直到他对我下毒手时，我才知道一只小羊送到狼嘴边意味着什么。我真的是羞辱极了……完事之后，他嘱咐我不要告诉任何人，否则以后就嫁不出去了。他同时保证只要我听话，他会继续为我查找关系。我太好面子了，竟然和他保持了近半年这种耻辱的关系，但他始终没有给我任何信息。我知道上当了，但那个男人威胁我如果不来就去学校找我，和学校老师、同学说我们之间的关系……

我走投无路时,壮着胆子将家事和这件事都告诉了梁亮,他的脸青了,三天没有跟我说话。第四天他来找我,让我带他和那个男人见一面。梁亮没有让我参与他们之间的交谈,只是从那以后那个男人再也没有纠缠过我,我的噩梦结束了。

我不敢再与梁亮交往了,我怕他瞧不起我。他要求我一定要将这件事写信告诉母亲。母亲终于放弃了这个庞大的寻友计划。我对梁亮的依赖越来越强了,真的有了"当牛作马也心甘"的冲动。慢慢地我们恋爱了,但我们的关系并不是平等的,我对梁亮言听计从,但我感到这样很幸福,至少比我父母的那种状态好得多。

他们的感情具有先天性残缺,于雪华请梁亮帮助处理与那个中年男人的耻辱关系,就应该意识到他们之间是万万不可发展恋情的。几乎没有男人不在意妻子以前的性经历,尤其是耻辱的性经历。

我用女性的自尊维持着一段婚姻

梁亮的父母是京郊农民,为人很好,我特别愿意到他家去做客。他们总是告诫梁亮不要欺负我,远离家乡的女孩不容易。他的父母使我急切地希望自己能够成为他家人。

梁亮的毕业论文得了全优,他在实习期间已经在国家级刊物上发表了近五万字的文章,凭着实力他留在电台,我也沾光进了台里。

我怀孕时,梁亮正在农村部,经常到基层,回家根本没有精力过问我的身体状况,我有些失落,在他父母一再催促下,梁亮和我办了结婚手续。成为他的妻子,为他生个孩子对于我来讲真的是很幸福的事。

我生孩子时,梁亮推说很忙,告诉我要懂事,不要任性。我剖腹产后下了手术台,身边没有一个亲人,但我不抱怨,我担心他说我像母亲那样刁蛮和神经质,我一直严格要求着自己。我并不知道自己和其他女人分享着梁亮。

我第一次知道梁亮有别的女人是做公益活动时。梁亮告诉我在他成功的背后有一位很有势力的女人,她年长他 15 岁,她和老公没有夫妻生活……梁亮向我保证以后我们会拥有一片天，他将专属于我。

　　活动中，我对那位老大姐很客气，她拉着我的手，热情地与我谈事业谈孩子。晚上，梁亮告诉我他必须去老大姐那里……我的心里抑制不住地难受，但看着他的表情我知道自己无法阻挡他。我安慰自己，如果他和这个女人搞公益活动不带我，我又从何了解这些呢？况且自己更加耻辱过……梁亮对我好了很长一段时间，夸我从母亲的影子中走出来了，这是我最希望做到的。

　　梁亮自由了，经常带回她送给我的东西，老大姐还在我单位领导面前垫了话，许多很俏的选题主编都给我。那段时间我用工作来麻木自己，事业上蒸蒸日上。如果没有后来的事我可能永远是别人眼中快乐、开朗的人，我替他们掩盖关系。

　　梁亮对于雪华的家庭情况有太多的了解，这是他们之间不平等的一个重要原因。于雪华生怕自己身上有母亲的影子，而这个弱点被梁亮紧紧抓住，使于雪华在夫妻关系中始终处于被动的地位，她强迫自己接纳梁亮的婚外情，因为她不想使自己生活在争吵和仇恨的家庭氛围之中。

　　于雪华将自己层层包裹，以幸福示人，但在她的心中积蓄了太多的耻辱和压力。她将笑脸送给周围的人，留给自己的却是无尽的压抑。但这种不正常的关系是无法持续太长时间的。

他终于走了，带上我们的所有

　　最早知道我身处逆境的是梁亮的领导，因为银行信贷部两个月没有收到梁亮的还款，找到了单位。我感到奇怪，他掌管着家中所有钱物。他说我太马虎，我心里清楚他是担心我会给娘家，我也乐得这样轻松一些。

　　因为我已经两周没有见到他了，以为他在老大姐那里，就打电话给她。她的态度坏极了，我以为她误会我兴师问罪了，就登门拜访她，说明找梁亮的原因。她的态度平和下来，告诉我他已经有两三个月没有找她了，她给他打电话他从来都不接。我的心揪起来，我知道梁亮又有别的女人了，而且这个女人对他很重要，使他敢于漠视老大姐。

　　我疯狂地给他打电话，他的手机停了，找遍他的朋友，请他马上回家。终于在一周以后他回来了,他装束前卫,与他的年龄完全不符合。坐在沙发上,他很冷静地告诉我,我们要办理一下离婚手续,他又一个孩子就要出生了,他必须给孩子一个名分。我终于无法克制自己的愤怒,当初我有孩子时,是他的父母催促他和我领证,现在他却为了另一个孩子和我离婚。

他把我推倒在地,声嘶力竭地喊,和我过夫妻生活时眼前总是那个猥琐的中年男人。他对女人的贞操并不看重,但一想到自己捡了糟老头扔的破货就痛不欲生……他后来还说什么我就听不到了,医生诊断我得了神经性耳聋。

梁亮留下房子、孩子和巨额贷款,走了。但我的噩梦并没有结束。银行信贷部再一次约我面谈,告诉我,这处房子的首付款 30 万根本就没有划到开发商的账面上,只是当时梁亮做房地产节目,彼此之间有很好的信任,现在他已经从电台走了,必须将这笔款项交齐,但找不到他了。我随时有可能被他们从自己的家中赶出来……

于雪华的原生家庭造成她价值感极度低下,她缺乏和男生交往的经验,梁亮能够与她谈话就足以让她感激涕零了,根本就没有考察他的人品。建立在不平等基础上的婚姻是难以持久的。

我建议于雪华利用法律手段来解决与梁亮关于财产上的纠纷,捍卫自己的合法权益。梁亮将首付款 30 万交上了。于雪华的父亲听到她的节目后到电台找到她,告诉她母亲已经在三年前得病去世了。姐姐在南方很平静地生活,她从没回过家,知道母亲去世也没有回来,只是给父亲寄来一些钱。父亲说他没有什么牵挂了,要找个有山有水的地方度过自己的余生。

【丽珊女性幸福心理学】

水至清则无鱼,如果选择男闺蜜做结婚对象一定要慎重。因为男闺蜜对女孩的成长经历、情感经历了解得太充分了,身份转变后,他很难接受女孩有关两性的经历。"你给男朋友一个蛋糕,但千万不要在上面放上一个苍蝇。"该说的说,不该说的不说,不说不是为了欺骗,而是为了心静、和谐。

她的虚荣，欲把女儿推向深渊

只要能嫁入官宦之家，不惜找一个不争气的"官二代"。公公离世，天塌地陷，母亲将所有的愤懑都投射到女儿身上。

打来求助电话的隐身女士

使用隐藏号码的电话，一再强调自己身份特殊的隐身女士频繁拨打心理热线。她不厌其烦地告诉接线的咨询师，她的身份不能暴露，一直以来所向披靡、极为成功、地位显赫的她如果不是走投无路，是不会轻易向任何人求助的。她的话仿佛给咨询师传递一个信息：能够为她提供心理支持是一件十分难得而且荣幸的事情。隐身女士希望咨询师在既不了解她的职业，也不了解孩子就读学校，更不能面对面的情况下，通过电话给她切实可行的指导……

我一直非常赞同台湾地区将心理辅导称为咨商，心理辅导的过程是咨询师针对来访者所面临的问题，协助来访者"自我了解、自我探索、自我成长、自我实现"的过程。咨商的重点放在来访者的自我内在认知上，来访者经由自我探索获得情绪的释放和自我接纳，同时双方共同讨论出最合适并具有可操作性的解决方案,来访者实施方案以达到改善自我的目标。一切希望咨询师代劳的诉求都是对心理咨询的误解,对问题的解决没有任何成长性意义。

隐身女士讲自从女儿得了"精神病"后,自己内心充满了惊恐、无助和绝望……她要求咨询师根据孩子的"症状",明确告诉她,孩子已经得了精神病,必须送往精神专科医院进行住院治疗。心理咨询师告诉她,没有科学的诊断是不能给任何一个人贴上"精神病"标签的,尤其对成长中的孩子,更应该谨慎。心理咨询师的分析非但没有让隐身女士看到"幸免"的一丝曙光,反而使她情绪失落,稍微平静后她又诱导咨询师,精神病与遗传有直接关系。心理咨询师告诉她精神病的成因很复杂,遗传只是原因之一,大量的精神病与后天经历有关。隐身女士听后非常不满意,希望与另外的"专业水平"更高的咨询师交流。她和机构的几位咨询师电话交流后,觉得都难以达到她的期待,提出要与我面谈。一个母亲为什么如此急切地渴望女儿被诊断为"精神病"?她会从中获得什么?我明显感受到这将是一个很有挑战的咨询。

母亲:相信我,她就是个精神病人

隐身女士来自北京,年轻、漂亮、衣着时尚,眼神中不加掩饰地流露出不可一世,这种眼神在来访者中很少见到。"不好意思,张老师,因为我身份很特殊,必须保密,希望您能够理解。"谈话中隐身女士有意将"特殊"与"特权"等同起来。她为什么如此强调身份?我为北京的一些高级公务员提供专业的心理支持,他们知道咨询师会替来访者保密,所以在交流中始终保持坦诚而开放的状态。

将自己身份特意概念化的人,往往有很深刻的心理背景,一是内心具有强烈的不安全感;二是希望以"身份"提升自我价值感,在人际交往中给自己加分;三是在成长的过程中曾因为"身份"而自卑,甚至遭受过打击,炫耀自己现时的身份是对过去的"报复"。隐身女士属于哪种情况呢?

"张老师,您是我最后的希望了,如果您也不能帮助我的话,我就无法活下去了。每天和一个精神病生活在一起,我的脑袋都要炸了,她让我杀了她,或者她杀了我……"漂亮的脸时而变形,时而狰狞。

"她这种状态是从什么时候开始的?"我及时地控制住她的情绪化,希望通过提问帮助她澄清一些问题。

"我这辈子苦死了,一个人带孩子,她从小就不听话,我做了太多的牺牲,这个结果我无法接受。"隐身女士依然停留在她的情绪状态。

"您一个人带孩子?她的父亲呢?"

"哼,我这辈子就折在他身上了,孩子四岁时我们就离婚了。我当年带着孩子走出他们家门时,就下定决心要把女儿培养成才,但现在却……我真的是心灰意冷了……"

隐身女士说她的女儿从小就不听话,只要是母亲让做的事情,孩子肯定逆反,这点和她父亲如出一辙。上学后,女儿总是无法和老师、同学处理好关系,经常出现矛盾,母亲也随之卷入,和老师、学校领导打得不可开交,最后以转学告终……可不知为什么每次转学后依然宿命地进入下一个轮回,初三之前已经换过十几所学校了……升入初三,女儿说什么也不再上学,每天在家上网聊天。两个月前,母亲提前回家,看到女儿正在上黄色网站,专注得连母亲站在她身边气得发抖都没有注意到。母女的矛盾升级,母亲对女儿进行"专政"——剥夺她一切的自由。这种举措非但没有效果,反而使女儿变得特别容易被激惹,经常无缘由地大吵大闹,无论是夜深人静还是清晨……母亲查了书上对精神病的描述,断定女儿是疯了。

"你们家族中有精神病史吗?"

隐身女士像是抓住救命稻草一样,有些失态地紧紧地攥住我的手。"我就知道您的专业水平最高,肯定能够帮助我……"我感觉到她的声音由于兴奋有些发抖。作为母亲,她的表现的确有些反常。

"我前夫的哥哥是精神病。哼哼,他们一家人要风得风,要雨得雨,可老天有眼,让他们最最宝贝的长子成了疯子,生不如死……"隐身女士的脸上写满了幸灾乐祸。我隐约感到,她期盼女儿被诊断为精神病可能是为了将罪责推给婆家的家族遗传,以示和她的教育没有直接的关系。为了开脱自己,她不惜将女儿诊断为疯子。是婚姻给她的伤害过重,还是她的人格本身就存在问题?

我安抚了她亢奋的情绪,告诉她在没有见到孩子之前,我只是收集相关的资料,不能作任何判断。但她依然感觉看到一线希望,一步一回头地与我约定,马上把女儿带来见我……

女儿:面对她,连狗都会离家出走

女孩开门见山:"我们家有您写的《与厌学孩子的心灵对话》那本书,尽管我不厌学,但我还是认真看了,觉得您是可以交流的人。"她如此接纳我,有点出乎意料。

女孩叫小纬,她很坦率地讲自己之所以害怕去学校,是觉得所有的人都对她充满了敌意,甚至担心不知从什么方向飞来一把尖刀,把自己扎死……她觉得只有一个人在家才最安全。

"为什么一个人在家安全呢?母亲没时间陪你吗?"

"这个世界最盼着我死的就是我母亲了,如果有谁杀了我,我母亲肯定会发自内心地谢谢人家,说不定哪天她会亲自动手……她比电影里的所有巫婆都狠毒。她用各种方法折磨我没有得逞,现在又整天说我得精神病了,非把我送精神病院去,她这就是借刀杀人。"十五岁的孩子说出这些话不免让我的心战栗,她对周围人的惧怕与母亲的教育是否相关?母亲为什么在她心目中是如此形象?

"小纬,你是不是有些偏激了?我觉得你母亲内心是爱你的,毕竟为了你,她没有再婚。你们之间的矛盾或许只是她的表达方式有问题而已?"

"老师,您被她骗了。她满嘴的仁义道德,实际上她可歹毒了。为了达到目的,她可以对同一个人一会儿低声下气,一会儿趾高气扬……"

看着我满脸疑惑,小纬进一步证明自己的观点:"为了向周围人证明自己身份高贵,她买昂贵的狗,狗成了她每天散步的道具,但当狗生病后,她不但不带它去看病,还总是打它、诅咒它……狗最后离家出走了。我佩服狗的勇气,羡慕它的自由……她说对我好,只是希望我成绩好,有出息,向奶奶家示威。她每天以爱的名义折磨我,小的时候我达不到她的满意,她一边往死里打我,一边诅咒我奶奶一家……我现在身上还有伤疤……我小学时就经常一个人坐着公交车从一个终点站坐到另一个终点站……她不是因为我才不结婚……"小纬一口气说了这么多,脸涨得通红……我静静地凝望着她,示意她喝些水,慢慢来说——

"她不结婚是因为身份特殊吗?"

小纬先愣了一下，然后大笑起来，"她是不是说自己身份特殊呀，需要严格保密呀？"

"是！"

"她只是普通公务员，虚荣心已经让她变态了，总是把自己说成多么了不起。从我记事起，她身边就不停地变换着男人，在勾引人家时，她百依百顺，多恶心的事都做得出来；但在一起后，她就会觉得人家没有她想象的那么有权、有钱，或者有权有势但对她又不够慷慨……她拒绝人家的时候可残酷了，前后判若两人。她也遇到过特别满意的，但人家却只把她当个情人……"

"孩子，我想你是多想了，现代社会两性交往很正常。"

"我不认识她正常交往的异性，我只在家里见到很多和她上床的男人……"

我哑了，利用倒水的机会眺望了一下窗外的天空，做了一个深呼吸，平静了一下自己的心绪。

隐身女士将自己的身份特殊化，她目光中的不可一世，使用各种手段掌控一切的行为以及她在两性交往中的价值判断，都源自超低的自我价值感。安全感的严重缺失使她通过拉大"身份"距离，给自己脆弱的内心装上厚厚的盔甲。

隐身女士的这些状况潜移默化地影响了女儿。尽管表面上小纬反叛母亲，但在潜意识中却认同了母亲内心深刻的不安全感，小纬对周围人缺乏基本的信任，造成人际交往困难是很正常的事。母亲的性价值观和性行为直接塑造了孩子的性心理，进入青春期后，母亲的行为直接点燃孩子的性欲望，这就为小纬迷恋黄色网站找到了理由。

我给小纬留了心理作业："用一颗感恩的心面对生活——写出自己的十条优点；写出母亲的十条优点；写出十件学校老师和同学帮助自己的事情……"她欣然接受了，并表示会按时完成作业，再次与我面对面。

不适婚姻埋下的家教苦果

我与隐身女士第二次约见时，她告诉我小纬咨询后半个月没有再发作，回学校上学了，但只能上半天。她不知道是孩子"改善"了，还是"暂时没犯病"。

我告诉她孩子的问题形成太久了，全面改善需要很长的时间，尤其自我价值的提升是一个漫长的、不断反复的过程，需要本人和周围的人共同努力才能够实现。

"张老师，原谅我的疑神疑鬼。因为亲眼目睹了前夫大哥的发病过程，所以总是将孩子的行为往上靠。他特别聪明，在他们家是最有出息的，重点大学毕业后工作也很好，有很强的优越感，他父亲去世后他就疯了，小纬的行为特别像他当初发病时的样子。"

我明确告诉她，经过心理测试和我的判断，小纬不是精神病，只是由于成长过程中没有建立足够的自我价值，引发了人际交往紧张，如果母亲能够改善教育理念和方法，优化孩子的心理环境，在提升自我价值感的同时，孩子可以适应学校生活。隐身女士坐直了身子，看得出来她想和我辩论，但 20 秒后她放弃了，颓然地蜷缩进沙发里——

出身贫寒的隐身女士年轻时就下定决心一定要通过婚姻改变自己的生活境遇。她成功了！婆家很有权势，她在周围人眼中上演了现实版"灰姑娘"的故事。但结婚之后，她体会到的是酸楚和屈辱……来自农村、夫贵妻荣的婆婆总是用不可置疑的态度驱使她做这做那。仰仗家庭势力的老公，不思进取，懒散无知，没有家庭责任感；婆媳矛盾明朗化后，他不但不维护妻子的利益，还总是指责她给自己惹事。隐身女士独自一个人忍受着内心的痛苦，怀孕期间，老公更是混在外面，很少关注她，一心渴望母随子贵的隐身女士生了女孩后，在婆家的处境更加艰难了……

公公突然去世，逆转了全家人的命运，大儿子疯了、隐身女士的老公变得非常消极，每天喝得醉醺醺的……她意识到嫁到这个家庭是错误的，家庭没有给予她所期待的一切，却让她付出了她本没有打算付出的，于是她提出了离婚。本来希望婆家改善一下对自己的态度，却不想他们并没有挽留她，她只能离开了那个家。

对改变没有充分心理准备的隐身女士脾气变得异常暴躁，尤其是慢慢成长的女儿，无论是容貌还是性格越来越像她父亲，懒散、固执、没有责任感……每次和女儿冲突都唤起她痛苦的感受……

一个人对自己没有信心，就不能对别人有信心，别人对他也不会有信心；自爱就是爱护自己——一个人不爱自己就不能爱别人，别人也不会爱他；自尊就是尊重自己——一个人不尊重自己，就不能尊重别人，别人也不会尊重他。

出身贫寒的隐身女士在成长中没有发展成足够的自我价值，在情感关系中她希望寻找有身份的人照顾自己，给自己有力的支撑，却从不考虑如何给予对方回报。第一次婚姻之后她并没有认真反省，在择偶时依然延续这种"托付"心态，造成她的情感难以稳定下来，这无疑一再挫败她的自信心，加大她的焦虑。在女儿的教育中，她不能承担责任，以自我为中心，难以站在对方的角度考虑问题。尽管她为抚养女儿付出了许多，却也给孩子营造了不健康的心理环境，致使女儿难以身心和谐成长。

"小小年纪上黄色网站是不是与她父亲当年的花心有关呢？"隐身女士又在推卸责任，她内心软弱得难以承担任何责任。

"性观念和性行为不是遗传，而是模仿，你们离婚后，她与父亲生活在一起吗？"我感觉到隐身女士的脸涨红了，我知道小纬没有骗我，为了避免她的尴尬，我马上补充道，"当然，目前孩子获得性信息的渠道太丰富了，这些都会激发青春期孩子的性欲望和性冲动。"

我希望隐身女士能够领悟到改善自己的价值取向、检点自己的性行为，这些将对女儿产生更直接更有效的帮助。但我却不能操之过急，只能等待她彻底地信赖我，脱下心灵的盔甲，以实际行动改善自己的时候，我才能给予她支持与帮助。我等待着与她咨商关系的正式开始……也期待着母亲改善后女儿彻底走上心理健康之路。

【丽珊女性幸福心理学】

二十多年的心理咨询经历使我深切地感受到世界观和价值观对一个人人生的重要性。

同一件事情，不同的人情绪感受不同，采取的行为也不同，效果肯定也不一样。来访者的心理问题往往是他价值观和世界观的反映。隐身女士以极端功利的态度面对自己的人生、老公、婆家和亲生的孩子。她采取的行为在别人看来匪夷所思，但如果在她的价值观框架里则一切都变得自然而然。

女人离开男人，生活会好吗

不肯自食其力，甘做"二奶"的母亲，"功德圆满"地将女儿送进了著名大学。具有同样价值观的女儿在成熟男人间游刃有余，尽享丰富的物质生活。内心间或涌动的自立念头和名牌大学的文凭使她不甘心走母亲的老路，但对情感和独立生存能力缺乏起码的信心，使她不知路在何方……

习惯寄生状态，欲罢不能

第一次见到尚溪雨是在我主讲的一次有关"生涯规划"的讲座上。那天，她为我献上一大束价格不菲的香水百合，中间夹着一个精美的信封。

在北京国贸大厦的星巴克，身穿时尚服饰的尚溪雨始终流露着一种优雅的气质。作为在校大学生，她的消费水平引起了我的关注。

"丽珊老师，我大四了，表面上生活得很好，可供选择的出路也很多，但对未来，我的内心却充满了恐惧。留北京，还是隐名埋姓到一个完全陌生的地方去创业？您的生涯规划讲座既包括情感规划又包括职业规划，真的囊括了我们所有的迷茫。"

我感谢她的认同,并告诉她,人生规划就是在接纳每个人的人生选择的基础上,帮助人们发现自己的潜能、优势和劣势,在趋利避害的原则下合理配置自我的各种资源,以快捷、安全、可持续性的发展,最终达到自我实现的目标。

"溪雨,你说如果选择创业,就要到一个完全陌生的环境里去,为什么呢?"多年来,我为许多在校女大学生提供心理援助,选择这种生活形态的学生往往有各种难以启齿的经历。溪雨属于哪一种呢?

"在北京的四年,我积累了很多人脉,留在北京很容易,但代价就是我只能一条道跑到黑了。到完全陌生的环境,我可以重塑自我,幸运的话,还可能有一段纯洁的感情。但我很现实,怕自己吃不了苦,毕竟我已经习惯了清闲而富裕的生活……"

溪雨的话基本证实了我的猜测。我曾参与当代女性价值观的研究项目,其中一个重要环节是到北京的各大酒吧采访向男性提供"聊天"等服务的女青年。在这些女青年中,在校女大学生占相当大的比例。她们中有的人家境困难;有的人家境良好,却无法抵御周围女生因从事这种服务而拥有高消费的诱惑;有的人因爱情失败而自暴自弃……这些女孩子毕业后大多选择拿着"第一桶金"到陌生的地方创业。95%被调查的此类女大学生表示,父母根本不知道她们在做什么。因此,我们呼吁:孩子上大学后,父母还需要通过接触社会新知继续担当孩子的人生领航人。

尚溪雨的开门见山,使我们很快开始了推心置腹的交流。

"清闲而富裕的生活?是你父母提供给你的,还是……"

"我很小的时候就没有父亲了,母亲现在也是靠我来养活。您在讲座中讲到男女两性有四种交往模式,我属于典型的寄生型——四年来,都是男人在供养着我。"

异性相处有四种生态——

第一种是共生状态,共生的双方都认为与对方合二为一是爱情的最高境界,导致各自缺乏成长空间。

　　第二种是寄生状态,对寄生的人而言,寄主是他的全部;而对寄主而言,寄生的人只是他生活的一小部分。这种状态往往因为缺乏安全感而出现各种状况。

　　第三种是独立状态,各自独立而无交集。在这种关系中,双方常因彼此距离拿捏不准而渐行渐远。

　　第四种是相互依存关系,有交集也有各自独立的部分。在这样的关系里,有亲密的交流,也尊重对方独立的一面。

　　这种模式的诠释对于恋爱中的大学生来讲会有很实际的指导意义,他们往往对号入座,并讨论如何让关系走向健康和长久的方法。

母亲当"二奶",供我上学

　　"溪雨,你母亲了解你的生活状态吗? 她是什么态度?"

　　"她当然知道。母亲一直精心地培养我,除了要求我学习成绩好之外,还要我学习将自己塑造成淑女,吸引男生的关注。"溪雨发现自己好像有点儿跑题了,"我母亲是个温婉的女人,她不喜欢出去工作,只喜欢在家玩琴棋书画。如果当年她嫁入豪门,肯定是一位高雅的贵妇,但薄命的她只嫁给了干粗活的我父亲。为了让我们母女过得好些,父亲选择了特殊工种,虽然他赚了不少钱,但身体却毁了。在我六岁时,父亲得肺气肿死了。"

　　"父亲死后,你们母女靠什么维持生活?"

　　"许叔。他是我父亲的主刀医生,我父亲还没死时,我母亲就和他好上了。我母亲的交际面很窄,必须尽快找好'下家'。我父亲死了,许叔就承担起我们母女的生活了。"尚溪雨的坦率让我吃惊,看来她认同母亲的价值观。

　　"你母亲和许叔结婚了吗?"

　　"没有呀,他比我母亲大二十来岁,而且有老婆和两个孩子。再说,那家人怎么可能放手许叔这棵摇钱树呢?"

　　"这种关系维持起来难度很大呀!"

　　"是的。开始,许叔的老婆还曾打到我们家来。我母亲任由她打骂,就是不放手。母亲向她保证,不会破坏他们的婚姻,她不要名分,只想跟'大老婆'分享许叔。后来,'大老婆'就不来闹了。许叔供我上最好的私立学校,我很乖,成绩又好,他说相比他的儿女,他更喜欢我。"

"同学们知道你的家庭状况吗?"

"只有一个朋友知道。有一次,许叔想和母亲分开,他把自己的东西都拿走了。那段时间,我母亲每天精神恍惚,白天到医院去求他,晚上在家以泪洗面。她不是坏女人,她只希望找一个男人帮她把孩子拉扯大。我不知道该如何帮助母亲,就和朋友说了。朋友和我一起去了医院,我跪在许叔身边,内心不断地祈祷他能回到我们家来。我的朋友告诉许叔,我的成绩直线下滑,马上就要成为差生了,而造成这一切的原因是他抛弃了我们母女……许叔被感动了。"溪雨像讲述别人的故事一样表情平静。

我搅拌着咖啡,凝视着杯中的泡沫,平静着自己的思绪。

如此"不坏"的女人,为什么不能放弃自己好逸恶劳的"偏好",用劳动来让自己和女儿堂堂正正地做人呢?作为"二奶"的女儿,尚溪雨充分理解母亲的选择,甚至愿意放弃自尊帮助母亲维持这种身份,这样的价值观会引领她进入怎样的人生呢?

男女之间,只有利益和欲望

"溪雨,你说对于未来,你的内心充满了恐惧,那是什么意思呢?"

"我原本希望留在北京做公务员,一个男朋友已经替我办得差不多了,他说带我应酬一下就敲定了。却不想这世界那么小,一桌十个人中,有三个是曾和我有过密切关系的男朋友!我觉得留在北京太危险了!随时都会有人认出我,可能是我的那些男朋友,也可能是他们的朋友,甚至是他们的老婆。我终于意识到自己罪孽深重了……"

"真够尴尬的,你选择男朋友的标准过于统一,因此他们非常可能就是一个圈子里的人呀!"

"是。我选择男朋友的目的就是为了让他们心甘情愿地供养我。所以,我只选择三十五岁以上、年收入几百万元、希望在婚姻以外找刺激而又不想离婚的男人。这种人找情人最怕时间长了对方要名分,而我只与他们保持密切关系,绝不纠缠。我不仅不破坏他们的婚姻，而且还提醒他们送老婆礼物。在他们看来，我就是天使！他们经常在我身上一掷千金。几年来，我的积蓄都寄给了母亲，以后我们的生活可以无忧无虑了。"

"溪雨，你就从来没有遇到自己真正爱的人吗？"

溪雨沉默了很久。"我没有勇气恋爱，我不相信婚姻。从小到大，我看到的都是背叛、谎言。男人是不可信的，我做了这么多挖墙脚的事，对男女之间的事太清楚了。如果我做了别人的老婆，眼里绝不会容下一粒沙子，那样，生活就成了侦破与反侦破，有什么幸福可言？"

母亲当年的选择表面上为女儿提供了物质保障，并得到女儿合理化的解释，但实际上却扭曲了女儿的人生观和价值观。女儿将男女两性的关系狭义地视为利益与欲望的交换，对婚姻充满了恐惧。这可能是母亲始料不及的。

间隔年，体会生命真正的意义

"溪雨，如果你去外地创业，你考虑过去哪里了吗？"

"没有。大学毕业后，我就去旅行，走到哪里觉得不错就留下来。"

我感觉到溪雨缺乏明确的目标，颇有信马由缰的感觉。我肯定了她可以不急于工作，可以做个间隔年计划。

间隔年（Gap Year）是西方社会通过近代世界青年旅行方式变迁总结出来的概念，是西方国家的青年在升学或者毕业后工作之前，做一次长期的旅行，让学生在步入社会之前体验与自己生活的社会环境不同的生活方式。其间，学生离开自己国家旅行，通常也适当做一些与自己专业相关的工作或者一些非政府组织的志愿者工作。他们相信，这样可以培养学生的国际观念和积极的人生态度，学习生存技能，增进学生的自我了解，从而让他们找到自己真正想要的工作或者找到更好的工作，以一种"间隔"当前社会生活的方式，达到更好地融入当前社会的目的。

溪雨觉得这种方式很有新意,肯定会有不一样的经历和体验。经我引荐,她加入了北京一家非常著名的 NGO 机构(非政府非盈利组织),该机构的主要使命是为西部孩子派去支教的老师,名校毕业的溪雨很快就接受了为期三个月的支教任务。

溪雨到了西部给我写来第一封信:"丽珊老师,本来我认为到西部支教是件很浪漫的事情,我给当地孩子们带来大包小包的零食,希望和他们坐在黄土高坡上唱歌……现实和我的想象有太大的差距,这里没有浪漫,只有苦涩和艰难;这里不需要零食,而急需教材、铅笔和本子;这里也没有自暴自弃,而是自强不息……面对孩子们清澈的、对知识渴求的目光,我的心灵被震撼了,第一次感受到了'被需要'。

"丽珊老师,您尽可以充分想象这里有多苦,我在这里遇到的困难是所有城市中人难以想象的,喝不到安全的水,没有机会洗澡……

"来的第二天我就想回去,抓紧赚更多的钱建设西部,给孩子们购买学习用品……但当我夜晚面对着皎洁的月亮时,我意识到自己是想逃跑了,只是找了一个很体面的借口,于是我下定决心,一定要善始善终,坚决完成任务……"

一个月后,溪雨寄给我她和学生们的合影,她的脸上已经有了些许的高原红,但笑得却前所未有的自豪和快乐……

溪雨完成任务回到北京后,第一时间与我分享了她的体验。我和溪雨共同讨论了完整的生涯规划。其中包括职业生涯规划、自信心培养、女性自我认同、亲子关系、情感辅导、婚姻指导等。溪雨密切地与我配合,她在心理作业中写道:"我第一次意识到自己与众不同的价值取向和行为方式与原生家庭有关。我重新塑造自我的前提是客观地接纳母亲当初选择的被动性,同时确认自己完全可以走另一条更加独立而美好的生活之路。"

溪雨的自我分析和自我规划能力令我欣喜,她超强的实践能力也让我赞叹。溪雨将间隔年的收获进一步放大,她凭借自己的实力被一家实力雄厚的美国 NGO 接收,并被派往印度"亲密之家"NGO 进行为期一年的考察和学习。她来与我告别时,紧紧地与我拥抱:"丽珊老师,您让我开始了完全不一样的人生,我永远不会忘记您的……我已经动员我母亲,让她和您建立长期的咨询关系,请您帮助她找到适合她的人生吧……"

自食其力没有想象的那么难

溪雨母亲与我见面时，先深深地给我鞠了一躬。"丽珊老师，对不起，我一直不敢面对您，担心您瞧不起我。孩子他父亲死了，我没有任何谋生的手段，为了把孩子培养成人，做了'二奶'……当时我觉得自己不破坏他的家庭算是有良知的。现在回想，我当年培养女儿上大学，为什么就没有想到鼓励她靠自己的聪明才智找到体面的工作，过有尊严的生活呢？如果不是您，我就把溪雨害了，那我的罪孽就更加深重了……丽珊老师，您让孩子选择了一条通往自立、自尊、光明而快乐的生活之路呀……我看到女儿真正的快乐和自信，知道您是老天派来拯救我们灵魂的天使，我每天都在佛前为您祈祷……"

溪雨母亲的咨询也是从生涯规划入手，她在商业街盘下一个店面，加盟了一个品牌连锁的水铺。溪雨母亲的执行力很强，一个月后，她的水铺开业了……她开始依靠自己的劳动来安顿自己的生活。

【丽珊女性幸福心理学】

心理咨询师在咨询中有机会接触到社会各个阶层的人群，对来访者"无条件接纳"说得容易，做起来的确具有挑战性。如果我们想想"许叔"的妻子和孩子为此付出的情感代价，是根本无法接纳溪雨母亲的选择的。但当我们站在社会学家的角度来看，社会中的每个人都会将自己拥有的资源最大化，溪雨母亲不掌握任何劳动技能，就将自己拥有的美貌、温柔和气质作为资源，并且通过做"二奶"将这些资源最大化，以获得生活的保障。但她们势必会为自己的选择付出代价，比如来自内心的不安，担心被周围人唾弃和鄙夷，违背道德和伦理的情感，难以保持稳定性等等。如果自己有孩子，还会面临孩子内心的扭曲。

每个人都会为自己的选择负责，不要有任何的侥幸心理。

心灵作业:回顾成长中的"憾事"

在回答问题之前,请先检视一下你当下的状态:

1. 你身处于一个安全、安静的空间,不会有人唐突打扰你。

2. 你至少有一个小时可以全然放松地思考和回答以下问题,请关闭手机。

3. 你身体的状态非常良好,没有诸如睡眠不足、腹痛、头痛、心悸等各种不适症状。

4. 你的心情非常平静,最近三天以内没有来自人际关系中的纷扰。

在你准备结婚之前,了解在成长中的"憾事",以避免将这些未得到满足的期待迁移到伴侣身上。否则不但很难获得满足,而且加重了伴侣的心理负担,而你则会变得幽怨。

本练习就是为了请你找出你内心深处认为父母没有从根本上满足你的一些愿望和需求。心灵作业包括且不仅仅包括以下诸多方面。

一、物质的需要

比如:"我的父母从来不满足我在物质上的需要,我一直处于物资匮乏状态,像个小可怜。"

二、鼓励的需要

比如:"我的父母从来没有真正鼓励过我去勇于追求。"

三、表扬的需要

比如:"我的父母从来没有真正地庆贺过我的成功。"

四、倾听的需要

比如:"我的父母从来没有真正用心聆听过我的心声。"

五、快乐的需要

比如:"我的父母经常在我开心的时候,用我不如别人的事情提醒或打击我。"

六、自我成长的需要

比如:"我的父母从来不鼓励我做自己的事情,一切都由他们包办代替。"

七、自我独立的需要

比如:"我的父母参与我所有的选择,我从来没有独立地做决定。"

八、其他一些影响我期待的需要

如果你愿意,请未婚夫/丈夫也做一份心灵作业,然后你们一起讨论双方带入婚姻的潜在愿望以及你们在成长中的"憾事"如何影响你们对彼此的期望。

第六章　你知道男生是怎么想的吗

男人和女人之间，究竟有哪些不同？男女两性之间，永远存在这样或那样的差异。这是一种客观存在，没有必要回避，只应勇敢面对。只有这样，情感的纽带才牢不可破。接受男人和你的一切差异，不必瞠目结舌，不要抱怨，更不可强行"塑造"。多一些宽容，多一些理解。

怎样实现理解呢？这主要取决于你对男性的认识。你对他认识有多深，你们的爱情就有多深。解读男性，是每一个即将步入婚姻殿堂的女性的必修课。不然，如果用女性视角看男人，女性会失望，男性会绝望。婚姻就是调频道，将两个人调到一个频道就对了。

我已经不会真爱

男人不坏女人不爱,但万万不能爱长坏了的男人!

瘦瘦小小的蓝血人,背着一个大大的笔记本电脑来到心理机构。他玩世不恭地自我介绍——某男,29岁,某都市报记者。"记者就应该在新闻现场,或赶往新闻现场的路上,但今天我作为当事人把自己亲手送到您的新闻现场了……"

蓝血人预约咨询经历了两个月,预约咨询时表现得特别迫切,希望第一时间约到我,而确认咨询时间之后不久就会打来取消预约的电话,开始还粉饰一下,诸如紧急采访任务、重要加急稿件……但后来就开放了,直接告诉接线老师,他还没有做好与心理老师面对面交流的心理准备。心理教育机构的接线老师几乎都认识了这个电话中的蓝血人。我告诉接线老师一定要对蓝血人耐心,毕竟他要跨越大半个中国来到天津,毕竟他是当地小有名气的记者,他有顾虑是正常的。

"蓝血人,你可是没少放我鸽子呀!"我就势拉近与他的心理距离。

"丽珊老师,我请您做心理咨询要克服很大的心理障碍。尽管您不是媒体人,但您在全国的各个媒体有那么多的朋友,我担心未来某一天我们会在某个场合遇到,毕竟我在当地也算是公众人物,所以很多事情不用跟您介绍或解释……"

我告诉蓝血人心理咨询师的职业操守——保密、保密还是保密！"就算未来遇到，你不和我打招呼，我绝不可能主动和你打招呼，并且绝不会和任何人说我们今天的交流。"

蓝血人笑了。"您不用跟我介绍心理咨询师的职业操守，工作之余我也拿了国家二级咨询师证书，并且我坚信您能守口如瓶，不然您不可能有这么好的口碑，我只是和自己的内心做斗争。今天我坐到您面前，不仅不担心保密问题，而且请您要尽快地将我的案例写出来发表，因为我想通过我的经历警示一些人……并且在我讲述的过程中，请您先不要打断我，我想将自己的故事完整地说出来，因为我担心一旦被打断，就没有勇气继续说下去了……"我表示同意，蓝血人开始了他的讲述——

我从来不将工作中认识的女性带入到生活中，我结识女性的一个重要途径就是网络聊天。聊天之前我一般先看看对哪个网名感兴趣，锁定之后，就配合着起一个，一般女人特别容易被蒙蔽，觉得是缘分呢。我和很多女人发生过性关系并以此为骄傲，说明我对女人很有魅力，能够做到通吃。

三个月前我和一个网友的见面使我的内心被震撼了，她的年龄比我大几岁，眼神中却充满了清澈，在她的面前我觉得自己是那么的猥琐，脑子里满是她裸体的样子和如果我和她做爱时，她会如何表现，我无法静下心来专注地与她交流。开始她很和善，慢慢地她感觉到什么，就要走了。我当时觉得可能会永远失去她，就提议到公园坐一坐，因为是公众场所，她同意了。我又想出了许多的办法和她纠缠，她像看到苍蝇一样地看我，我的自尊心第一次被伤害。

在网上第一次遇到她时，她的网名很清新雅致，于是我就起了蓝血人的网名和她搭讪，她对人比较友好，尤其是我给她讲电影《蓝血人》故事情节时，她简直被我迷住了，不断地问我："后来呢？"我很得意会有人这样专注地听我讲故事，于是讲得更加起劲，有了自己的演绎……那天我们在网上聊了三个多小时。她是电台少儿节目的编辑，头脑单纯得不得了，总是把人朝好的方面想。我就管她叫纯姐姐。无论多忙，我每天都会给她短信，有时我们在短信上聊许多的事情，我对她真的很有感觉，她身上的独特气质深深吸引着我。

那次见面之后，我并没有死心，转天我又给她打电话，问她要不要《蓝血人》

的影碟,她说:"不了!"我听出她的冷漠,我又寻找其他的话题,赖着不挂电话,希望能够遇到转机,但结果她还是有些不耐烦地挂断了电话。

这些日子我不断地反思自己,每每想到她看我的目光像看苍蝇一样,我就有一种难以名状的战栗,难道她看穿了我的猥琐、下贱、卑鄙吗?我也曾单纯过,曾希望美好的感情,甚至在大学毕业前我只暗恋过同学院的一个女孩,却没有胆量表白。

毕业到报社工作以后,我还特别有使命感,觉得自己是无冕之王,要为老百姓伸张正义,铲除邪恶势力……慢慢地我发现同事们和我想象中的完全不一样,他们工作并不敬业,而是天天讲黄段子,玩暧昧,我对男女之间的事就是从黄段子里明白的,没有丝毫神秘和圣洁。

在同事的取笑和鼓励下,我开始了大胆实践。我谈的女朋友数不过来,有的女孩第一次见到我,我就会向她兜售我的理论:人要追求本性,压抑自己的想法是不人道的。许多女孩经不住我的"洗脑"和行动上的激发,很自然地与我发生性关系,现在我与女孩的接触总是直奔主题(性关系),不久就乏味了,又没有什么感情基础,彼此都觉得再和对方在一起不过如此,走开再寻找下一个……

我抛弃第一个女孩之后心里还有过一丝的不安,那个女孩各方面的条件都挺好的,她真的很爱我,要带我去见她父母,要和我结婚……我当时就傻了,我还没有玩够,我不想被束缚。但我不好意思拒绝,于是就做出各种没有责任感和羞耻感的事情,让女孩愤怒、失望直到绝望。当她提出分手时,我示意性地挽留一下,她竟然要原谅我,吓死我了,马上我又表现出无耻,她终于放弃了,临走时,她还对我充满了愧疚:"我太狭隘了,祝福你找到能够读懂你的女朋友吧!"效果真好!我对自己的演技都叹服了。

目送她离去,我心花怒放地又约另外的女孩去了。到目前为止还没有遇到一位甩不掉的女孩。所有的女孩都缠不过我,最好的办法就是彻底忘记我,这样所受的伤害可能是最小的,况且性关系本来就是那么回事,就像小孩子凑在一起玩泥巴一样的简单,是人们给性赋予了太多的含义……

趁着蓝血人喝水的间隙,我示意是否可以说话了?他笑着说:"谢谢您给我这样一个安全的环境,让我把这些话说出来。"

"如果你真的很满意自己的行为方式，为什么还要跨越大半个中国来和我见面呢？"

"丽珊老师，什么都无法瞒过您，您问到核心问题了。"蓝血人沉吟了一会儿，"自从和那个编辑见面之后，我变了，再也没有兴趣约女人了，我觉得早晚我得死在女人手里。"

"死在女人手里是什么意思？"

"我一直觉得自己是玩儿主，但现在我觉得自己是供女人玩儿的；我原来觉得自己巧舌如簧，现在我觉得自己只是鸭子，女人在需要我的时候，表面上应和我，背地里偷笑我的'自鸣得意'。但真的遇到清纯的，人家就狠狠地将我抛开。我早晚会遭报应，遇到高手会玩死我……"蓝血人很严肃地说。

"回头是岸呀！"我鼓励蓝血人继续说下去。

"可问题是，我已经无法想象自己与任何一个女孩静下心来慢慢地谈恋爱，谈感情。我觉得与女孩在一起就是性，但性真的没有给我带来自己所希望的快乐。在安静的时候我也反省自己，但一面对女孩，就无法控制住自己的思想和行为。"

对蓝血人的咨询是通过系统脱敏和催眠进行的，帮助他慢慢恢复对自己的感知。他很令我敬佩，为了接受系统咨询，他每两周就来天津一次，最先发生变化的是他的表情，脱去了轻薄、放荡，变得坦荡了，正派了。

【丽珊女性幸福心理学】

每一个人都会为自己的选择负责。在两性关系中，很多人误认为男性只是占便宜，而女性永远是吃亏的。可能并不是任何一个女性都能够战胜男性，但男性自己会为他伤害别人的选择付出代价。

女性在谈恋爱时谨记：动作不要快于脑子！把自己的裤腰带系好，既保护自己又保护爱情！

相亲男友内心到底在想什么

相亲和自由恋爱有太多的不同,两个陌生人为了结婚这个共同目的走到一起,相互试探、相互猜测都是难免的。

From:付丽丽

丽珊老师您好!

我和前夫去年离婚了,因为结婚不久他就对我实施冷暴力。本来我以为离婚后会很轻松,很舒畅,其实根本就不是这样的,内心反而充满了失落、委屈和孤独。

这时朋友给我介绍了一位军人,他也是刚刚离异,婚龄也不到一年。因为工作的原因,他很少能够和我见面,他特别希望尽快发展我们之间的关系。我是个慢热的人,难以接受快餐式的感情和性关系。他尽管有些失望,但还是表示尊重我,关心我,偶尔会问寒问暖,和前夫相比,我觉得特别温暖,尽力地培养和他之间的感情。

前几天,他问我,和他见面之后是不是又相过亲,我明确表态:"在我没有否决这份感情之前,是不会和别人见面的。"他坦率地告诉我,在和我交往的第二个月他见过,但觉得不太理想。当时我有些生气,这算什么呢?他看出我的不满,就表示未来如果不是父母强迫他的话,他不会再见其他的女孩了。回家之后,我认真地思考了这个问题,心里还是不舒服,为什么在和我交往的过程中还要相亲呢?

因为他执行任务,我给他打电话追问这个问题:"你如果想见其他的女孩,请提前告诉我,我们退回到普通朋友,你就自由了。"他赶紧跟我解释,因为他父母知道我是单亲家庭的孩子,担心性格上有问题,所以不满意,建议他和我分手,并密集地给他介绍女朋友。他保证以后再也不见了,并且择机带我见他父母。

我心里特别纠结,我在一家跨国企业,收入比他高将近 2/3,并且自己有住房……如果他父母因为我父母离异而对我有成见的话,我是不是还坚持这份交往?

To:付丽丽

离婚对于每一个人来讲都是巨大的压力事件,哪怕是离婚的发起方也会产生不良的心理感受,往往对当初自己的误选而悔恨。离婚初期因为孤独而忙于找一个"伴儿",却疏于对自己婚姻进行全面的反思,往往会矫枉过正,难以找到适合自己的对象。

相亲和自由恋爱有太多的不同,两个陌生人为了结婚这个共同目的走到一起,相互试探、相互猜测都是难免的。

丽丽,你的男朋友是军人,他不能天天守在家里,所以他对妻子的贞操观就会特别看重,同时,他又是一个男人,有着正常的生理需要。从短期来讲,他希望你是开放的女性,尽快地达成性关系;从长期来讲,他希望你是保守的女性,能够心如止水,抵抗各种诱惑。他自己本身就很纠结。

在交往初期,他特别希望全面地了解你,但有些问题无法直接询问,就多角度地试探。你的慢热,你的高收入使他不确定自己对你有足够的吸引力,所以他用自己在与你交往过程中还去相亲来诱导你,如果你的确也去相亲了,你会很轻松地说出来,并且两个人对所相的对象进行品头论足,这样你男友就知道你是一个在情感方面很灵活的人,并且你对他并不完全满意,他就会主动告退了。当他知道你很坚守这份感情,内心就有了安全感,所以说择机带你见他父母。

丽丽,你在见他父母之前不要做任何的决定,因为父母的态度对于你们未来的情感走向是十分关键的。如果他的父母通情达理,在见你之前只是概念性地认为单亲家庭的孩子会有个性,但见到你本人不像他们所想象的,就会欣然接受了你,你就可以继续经营这份感情。如果他的父母因为自己儿子有一些直观条件不如你而一定鸡蛋里挑骨头,一定找出你的"缺陷"则属于不太厚道,未来相处起来还会有新的问题和矛盾出现,建议你就要慎重。为此,我建议你要尽快促成去他家的拜访,或许在拜访中你就为这份感情找到了答案。

丽珊预祝你找到自己幸福的婚姻!

【丽珊女性幸福心理学】

单亲家庭的子女在婚恋中遇到来自对方父母的阻力是十分正常的。很多人都会有这样的担心,一是担心单亲家庭的孩子成长环境中缺乏完整的爱,会有个性上的欠缺;二是担心离婚是因为家族成员中有比较共同的价值观或行为方式,造成新组家庭面临离异危险。从这个角度来看,女孩在结婚前要慎重选择不仅是为了自己在婚姻中找到幸福,而且还要为未来孩子的心理处境着想。你不仅仅是找一个老公,而且还是给未来的孩子找父亲。

我花自己赚的钱,男友为什么看不惯

娶一个缺乏理财意识的妻子是男人的灾难!民间有个说法:"男人是搂钱的耙子,女人是存钱的匣子!"姑娘们,学会理财是增加自己"附加值"的前提条件!

From:徐周红

丽珊老师您好!

我今年 28 岁了,在商场做服装销售,月收入 4000 元左右。我性格开朗,有许多的哥们儿、姐们儿,但始终没有男的追我,所以我一直单着,我们一块儿的大多都结婚了,我父母一直催我,我也着急呀,可总不能到马路上拽一个男的吧?

我小时候身体不好,家里人把好吃的都给我吃了,这使我养成了好吃的习惯,我基本每个月用在吃饭上得两千多。我为人豪爽,只要我口袋里有钱,朋友一起出去吃饭肯定我结账……我属于月光族。

前段时间亲戚给我介绍个对象,他长得挺魁梧,我也胖,外形上还挺般配。他在一个国企里做临时工,父母都是普通工人,有一套经济适用房当婚房。我觉得他的条件比上不足,比下有余,就同意与他交往。在交往中我发现他为人老实,一切都听我的,就是花钱比较仔细。我想也是,男孩子结婚要花大头,他每月也就赚两千多,约会时都是我抢着结账。交往了两个来月,彼此感觉还可以我就带他参加朋友聚会,那天男男女女十几个人玩得特别嗨,我又结了账。送我回家的路上,他一直闷闷不乐,转天他给我打电话要谈一谈我花钱的问题,我当时就怒了,我花自己赚的钱,他有什么资格跟我谈?我对朋友豪爽,跟他也一样,认识了这么长时间他一共就给我花了150元。我当时说:"对不起,我就这花钱习惯,如果你觉得不合适,咱俩就分手吧!"他沉默了一会儿,说:"好吧。"我觉得他之后应该给我赔礼道歉,哄我,但已经快一周了,他没有再给我打电话。

丽珊老师,我心里有数,我要珍惜婚前的时光,痛痛快快地享受生活,婚后我肯定要学着过日子,我不是没有责任感的人,但他却如此绝情。我闺蜜有的说他因为赚的比我少自卑,不敢跟我好;有的则说他是外貌协会的,嫌我胖。我真的不知道问题出在哪里,请丽珊老师给我帮助。

To:周红

从邮件的字里行间,我能感受到你是一个善良、讲义气、交友广泛、慷慨的女孩,如果把你当作朋友真的是不错的选择,但如果作为对象或者妻子,我想任何一个男人都会迟疑的。

首先,你没有理财观,一个月收入4000不算少了,但你却月光,毫无节制和管理的消费一旦成为习惯,婚后真的能瞬间改变吗?如果无论是内在还是外在原因使你改变了,你的内心则会产生委屈,觉得自己为婚姻做出了太多的牺牲,会增多对老公的要求,无形中加大了男方的内心压力;如果你依然我行我素,不改变消费习惯,你家庭的经济状况将面临着危机。中国有句老话:"吃不穷喝不穷,算计不到就受穷。"你的对象表面上憨厚,实际上他内心很有数,通过两个月的交往他观察到你的消费习惯,在双方感情还不深厚时提出来是明智的。

其次,你和朋友的关系缺乏界线。你说有很多哥们儿,但这么多年却没有一个男的追你就足以证明了这一点。绝大多数男性在情感上都有洁癖,他们和女生保持密切的关系,却不能容忍自己的对象或老婆和其他男生没有界线。你带着对象去参加朋友聚会时肯定忽略了这一点,和其他男生交流的尺度大了。

周红,我很负责任地说,你对象不是外貌协会的,如果他在意外形,相亲之后为什么还要和你交往呢?真正断送你们之间感情的是以上两个方面。我感觉他对你已经有些感情了,那天送你回家时的闷闷不乐是他预感到你们之间没有未来之后的痛心。

周红,尽管你有一些男性朋友,但你却并不了解男性,尤其不了解男性在谈恋爱时到底有怎样的价值判断。男生都希望在感情中有掌控感,如果和一个女人在一起他感受到的是压抑、妥协和委屈,他会放弃感情的。

祝福你尽快调整自己的生活状态,找到属于自己的爱情!

【丽珊女性幸福心理学】

娶一个缺乏理财意识的妻子是男人的灾难!民间有个说法:"男人是搂钱的耙子,女人是存钱的匣子!"如果妻子缺乏理财意识,男人很难有幸福的生活!所以,姑娘们,学会理财是增加自己"附加值"的前提条件!

我始终没有进入男友的人生计划中

将你对老公的期待逐一列出来,并排出顺序。爱情要有所得,有所失,但所失的方面万万不能是自己最看重的方面。

From:耿春霞

丽珊老师您好!

我是流着眼泪给您写邮件的。我和男朋友已经相恋六年了,他比我大两届。我和他交往开始于我结束第一段恋情后的第二个月。我的第一个男友是富二代,就像一个没有长大的孩子,不思进取,他除了玩网游就是和我在一起。他憧憬着未来,大学毕业后就结婚,从他母亲手中将企业接手过来,让我做企业老板,他做副手,只要能够天天看到我就好了……我和他在一起并不是为了接管他家的企业,我希望他能够长大,像男人一样和我共同开创属于我们的天地。他嘴上答应,却玩心不减。他母亲总是要求我严格管理他、约束他,我觉得他不是我心目中的老公形象,我和他的关系模式也不对劲,就提出和他分手。他特别痛苦,几乎有一个月每天都等在我的宿舍楼下,希望我再给他机会。

分手后,我有种重获新生的感觉,喘气都痛快,我加入了校学生会。工作中我特别崇拜比我大两届的学生会主席,他精力旺盛,才智过人。一个月后,我们恋爱了。他当时正忙着考清华大学研究生,很少有时间陪我,但我理解,男人就应该以事业为重。他如愿考上清华,我们开始了异地恋。为了和他在一起,我大学毕业到北京工作。到了北京,尽管在同一城市,但我们每个月也就见一次。他为了能够获得到美国深造的机会又是各种的忙,随着年龄的增长,我渴望尽快和他结婚,安顿下来。其实我对婚姻的要求很简单,就是两个人长相守,哪怕苦点累点也不怕。

自去年9月,他就一直在外地,没有申请到美国,他决定去韩国。我一直忍受着异地恋。只要见面,他对我有各种好,关心我,无论我说什么,他都耐心地听。其实作为清华大学研究生,他在国内完全可以找到很好的工作,但他说燕雀不知鸿鹄之志。他去韩国之前最后和我见了一面,我第一次正式问他,在他未来的人生规划中是否有我,他很严肃地说"没有",因为他无法获得来自家庭的任何资助,一切都要靠自己,靠机缘,连自己的人生规划还没有呢,只能走一步说一步。回家之后我发了个短信,说我已经27岁,不想再等了,分手吧。他没有回应。转天早上他仅仅回一句话:"我很遗憾你并不理解我!"之后再也没有联系。丽珊老师,他为什么不挽留我?为什么对我不冷不热?我始终担心就在见到曙光之前,我放弃了。

To:春霞

你好!

第一任男友佩服你,以你为中心;第二任男友被你崇拜,你一直以他为中心。第一任男友缺乏上进心,却有爱心;第二任男友只要上进心,却没有爱心。第一任男友在你提出分手后苦苦地求你;第二任男友在你提出分手后只是示意性地回复一个短信则没有了音讯。第一任男友和你在一起憧憬着未来的生活;第二任男友的人生规划中根本就没有你。

春霞,造成你现在如此伤心的原因还有前后两个男友对你的态度完全不一样,第一任男友是富二代,通过你的描述,我能感受到他发自内心地佩服你、依赖你、尊重你、爱你!他像行星一样围绕着你这个恒星转。但你不是一个仰仗男友家庭发展的人,你希望他能够自立自强,他无力达到时,你选择了离开。失恋后的空窗期你遇到了第二任男友,你误认为他就是你一直要找寻的那类人,尽管你们离多聚少，你却一直在和自己心目中的偶像谈恋爱，忽略了他是否能够给予你内心对男友、对婚姻的期待。春霞，尽管你只谈了两次恋爱，但却遇到了两个极端男生。

春霞，第二任男友的确心存高远，但我觉得他在恋爱中却是极不负责任的，他的心目中只有他自己的发展，而忽略了有一个女孩用最宝贵的年华等候着他。他无法给你承诺，又无法主动提出和你分手，毕竟你已经等他这么久了。在一定程度上讲，他一直在等着你的觉悟，你提出分手，这样他会心安一些。

春霞，我觉得你提出分手是完全正确的，就像在股市"跌跌不休"时割肉是最明智的选择，割肉时肯定痛，但只有大胆放弃才能止损。之前你为了维护感情付出了那么多的时光和爱，但如果不分手就意味着继续损失下去，何时才是个头呢？你说担心自己在黎明前的黑夜放弃了，但根据我的判断，这个黎明还很远，毕竟他刚要去韩国，是否能站住脚还是未知数，何时你能与他团聚更是遥遥无期。就算有朝一日他熬出头了，但和他分享成功的就一定是你吗？他之前的不冷不热，他的规划中没有你已经明确地表态了，只是你不忍心承认，所以自欺欺人而已。

【丽珊女性幸福心理学】

　　女孩在选择伴侣之前一定要认真地和自己的内心对对话，自己到底希望在婚姻中获得什么。将你对老公的期待逐一列出来，并排出顺序。爱情要有所得，有所失，但所失的方面万万不能是自己最看重的方面。

男友前一段感情影响我们要多久呢

专业的心理咨询师会帮助他彻底地从前一段感情的痛苦中走出来,以健康的心态面对新的感情。

From:杨荐平

丽珊老师您好!

我今年三十了,挺希望尽快结婚的,但想找到一个未婚的男友挺不容易的。

我和男朋友交往了半年多了,他什么都挺好的,并且真诚地告诉我他和前任女友相恋了六年。当初他为了这份感情付出了很多,包括到北京去发展事业,当时一起去的同学都已经很成功了, 他却为了能够和女朋友长相守而放弃了。所有的付出换回来的却是女友瞒着他和另一个男生交往,和他分手不久就结婚了。这件事对他的伤害太大了。我也很理解,希望用自己的真诚温暖他,但随着交往,我发现他的问题还挺严重的。比如我们看电影时,看到男主角对女主角投入了很无私的爱,我特别感动。"这样的男生真好,如果我遇到这样的男生就死而无憾了……"其实我只是抒发一下小情怀而已,但他却会冷冷地说:"女生当然希望遇到这样的傻子了,可站在男人的角度,我觉得他太幼稚了。女人多么善变呀,她们会为自己的善变找各种理由,男生如果在爱里投入时间多,她们就会说这样的男生没出息,沉浸于儿女情长;男生如果投身事业了,她们又说男生就是自私,心里只有自己……总之,欲加之罪何患无辞?"我的小浪漫被他这一盆冷水浇的呀……

在交往中他很细心体贴,我真诚地谢谢他,他总会说一句:"你用什么来回报我对你的好呢?只要你别骗我,我就知足了……"我无语了,心里特别堵得慌,这算什么呀。我觉得他对我的前提是"不信任",然后需要我用各种行动来证明我是值得他信任的。每当我不高兴了,他就会哄我,说他从一见到我就信任我,和我开玩笑呢,让我千万别多想。

理智上,我很珍惜这份感情,毕竟我已经三十岁了,没有太多可选择的空间了;可情感上,我真的难以接受,他在前一段感情中受的伤需要我来给医治吗?他就像一个监工,拿着鞭子,站在我的旁边,尽管我心里清楚,只要我保持努力工作,鞭子是不会落在身上的,但还是很不舒服。

丽珊老师,您说我到底应该怎么办呢?他这种情况会好吗?需要多久才能好呢?

To:荐平

你好!

我能感觉到你是一个很善良的女孩,得知男朋友之前的恋情对他的伤害之后,表示理解,并且尽力地希望通过自己的行为恢复他对女性的信任。但因为内心对女性缺乏基本的信任感,他总是在不经意间将他内心的不安表现出来,这对你的内心感受的确是个挑战。无论你怀揣怎样的善良,都难以承担他的心理咨询师的角色。

荐平,你男朋友在失恋之后是否接受过心理咨询呢?对于那份恋情,他不仅付出了六年的时光,失去了去北京发展事业的机会,而且还承担着女友背叛的耻辱。女友瞒着他和其他男生交往对他的心理打击是很大的,会在他的潜意识中形成巨大的痛点,如果不接受系统的心理辅导,这些痛点就像火药库一样,一旦遇到类似的情境,他的情绪就会不可控制地爆发,这样势必对你造成伤害。专业的心理咨询师会帮助他彻底地从痛苦中走出来,以健康的心态面对新的感情。

荐平,我想六年的感情对于女生来讲也是刻骨铭心的,前女友选择离开肯定也是需要下很大决心的，那么她到底不满意男友的什么则是我们需要了解的。你现在听到的是男友的一面之词，建议你在交往中多观察、多了解。尤其要注意男友是否有暴力的倾向，因为我之前接待过很多在外人眼中很般配的恋人或夫妻劳燕分飞，致命原因是男方有暴力倾向。

荐平，你想呵护男友的内心，最简单易行的就是做事要严谨，比如外出时要打电话给他，明确告诉他，你在哪里、和谁在一起、做什么事情、估计需要多长的时间，并且尽量减少和男性的单独相处，避免引发他的不安。你的行踪让他做到心中有数，同时也能给他一个明确的信号，你心怀坦荡，体谅他对你的牵挂。

荐平，如果你确认要和他结婚了，最好和他一起接受系统的婚前指导，将双方的相同点和不同点进行量化，并且得到科学的指导，避免引发双方的矛盾。

荐平，女孩子年龄大了，希望能够尽快找到婚姻的归属是对的，但在选择伴侣时，原则问题不能小瞧，毕竟结婚不是终点而是漫长人生路的新的起点，如果选择错了，后患无穷。

祝福你拥有幸福的婚姻生活！

【丽珊女性幸福心理学】

大龄女性找到同龄未婚的男性的确不太容易。男生找伴侣可以找比自己小很多的女生，并不一定要找同龄的，于是选择空间很大；而在大多数中国女性的心中更愿意找同龄或比自己大的男友，于是大龄女性选择的空间就太小了，年龄越大，可供选择的就越少。

大龄女性一定要找未婚男士吗？为了寻找"未婚"要放弃一些原则，降低一些标准吗？其实离婚的未必有深刻的情感纠结，而未婚的也未必在情感层面就简单，因为是否有过婚史只是形式上的区别。

选择伴侣关键要看其内心是否有过深刻的难以弥合的伤痛，并且他的伤痛与你的个性、行为是否存在激烈的冲突。而且对方是否积极地配合心理咨询师坚决地从之前的伤痛中走出来，也是关键点之一。

艺术家男友为什么总让我投资

在自己熟悉的人群中选择对象吧,不熟不碰是婚姻的死律!

From:马亦然

丽珊老师您好!

我今年 38 岁了,是美资企业研发部的管理者,有个 12 岁的儿子。孩子 3 岁时我就离婚了,现在孩子大了,我希望能开始自己的生活了。我的社交圈子小,就上婚恋网填写了相关登记表,月收入 2 万—5 万。绝大多数男士看了我的资料之后就不再继续交流了。我在网上泡了三个月一无所获,有点沮丧。

一位北京男士主动约我见面了。他是大学教授,同时又是古玩鉴定专家,人长得很精神,第一次见面我们竟然从下午 3 点聊到晚上 11 点,有种相见恨晚的感觉。他的阅历太丰富了,去过那么多的地方,经历过那么惊心动魄的事情,我大学毕业就在企业,他说的一切都是那么新鲜,我觉得自己被他迷住了。

他带我与一个陕西客户洽谈时,对方的三个人一直在看我,不停地赞美我的气质优雅……结束会谈,客户帮我们打了车,他在车上抱怨客户不懂事,没将车费留下。我顺口说:"这点儿钱至于让他们留吗?"他哈哈笑了,说他今天出来忘了带钱包……对了,徐子博家境殷实,他从 18 岁就开车,出过一次很大的车祸之后,他就不开车了。

我们交往三个月后,他通过特殊关系从内部拿到一个珍贵古玩,市值 600 多万,他只需要 200 万就能拿下,但他所有钱都已经压在了古玩上。这件古玩转手就是 400 万的利润,错过太可惜,他让我抓紧凑一下,赚的钱都归我。我对钱没有概念,但因为欣赏他,很希望能帮他做些事情,就给闺蜜打电话,问她是不是参与投资。闺蜜提醒我这么大的数额不要碰,别遇到骗子了。我倒不觉得他是骗子。我告诉他自己仅仅是打工的,结交的朋友也都是打工的,拿不出这么多钱,看得出他有些失望。

之后将近一个月,他都没有联系我,我心里挺失落的。换位思考,如果我的好心被人误解为歹意,我也会痛苦的。我主动打电话但关机,我在网上给他留言……他又出现了,仿佛什么事情都没有发生,说他去参加国际鉴宝大会……我不管他到底为什么蒸发,只要回来就好,因为我牵挂他,和他在一起很长见识。前几天他又说遇到一个机会,一个 50 万的古玩,转手就能卖 150 万,有四个人抢着要,但他希望给我留个投资机会,于是 10 万为一股,让我投一股。"亦然,对于你我来讲,10 万元不算个事,但这次是态度问题,如果我不给你这个机会,说明我不把你当作自己人;如果你不参股,说明你不信任我,也不信任我对古玩的鉴赏能力……"

他这是给我最后通牒,我相信他,但我对投资没有兴趣呀。转念一想,为什么和我在一起他总是让我投资呢?我让弟弟帮我查了一下他的信息,发现他说的那所大学没有他。回想和他交往,几乎所有的消费都是我出的,他总是轻描淡写地说银行卡怎么啦,现金怎么啦,我觉得和这么高雅的人在一起计较钱太煞风景了,现在算一下我花了 1 万元了。丽珊老师,您说他真的是骗子吗?还是太过真诚而忽略了人际相处中的细节呢?我还能继续和他交往吗?

To:亦然

你好!

你真的单纯,把社会想得很简单;你真的善良,总是往好的方面想人。我不是教你诈,但你一定要学会识人,好好地保护自己。

亦然,你在婚恋网上如实地填上了自己的收入,绝大多数以结婚为目的的"有骨气"的男人望而却步,他们不希望找在收入上高高在上的妻子。但你明晃晃的收入也会让有所图谋的男人获得机会。我们一起看看这位艺术男士的行为路线图。

他先用知识渊博和健谈让你痴迷。

他带你去谈生意是一石两鸟,一方面让你更加信任他,同时你也成了他的道具,就算客户对他还有些迟疑,看到你的单纯、从容、淡定和优雅,客户就坚定了和他做生意的决心。

他看你的资料后,会对你的经济能力有个预算,就算你一个人拿不出200万,你结交的朋友往往也会是同等收入的人群,这样算起来200万不是一个不可及的数额。你的拒绝并不是你有多高的警惕性,而是对赚钱本身就没有太大的欲望。

亦然,他明显地感觉到你对他的依恋,用"出国"来冷落你,给你一个冷静"反思"的时间,让你为自己不信任他而懊恼,为可能失去他而惋惜,甚至暗下决心,如果他再出现,你会全面地信任他。

再次出现之后,他为你量体定制了10万的小投入,对你来讲不过是两三个月的工资,不会太多在意,他特意告诉你这只是1/5,有四个人都希望全部吃进,但他为了给你留一个参与机会特意想出了合股的方式。多么用心呀!

亦然,无论是男人还是女人,在恋爱中产生消费,双方都应该付出。在中国,男人承担得会更多一些,这是展示他们绅士风度的机会。而他总有理由不付费,正常吗?第一次带你去见客户,客户因为有女士在才帮助拦出租,但为什么要预付车费呢?而这位艺术男士却愤愤然,这种思维和行为像是这样收入水平的人所应有的吗?

当然,所有这些都可能是我考虑太多了,其实他只是一个不拘小节的艺术家,但他的世界你了解吗?作为普通朋友的确是不错的选择,但嫁给他的话,38岁的物质富足的女性有必要冒这个险吗?

亦然,其实你已经非常怀疑他了,不然你不会让弟弟去查他,你给我发邮件不过是再一次印证对吗?你的做法是对的,放弃吧!

【丽珊女性幸福心理学】

在自己熟悉的人群中选择对象吧,不熟不碰是婚姻的死律!

心灵作业:还原真实的伴侣

恋爱中的女孩往往是爱情剧的"编剧、导演、女一号",她们经常是和自己内心虚构的男生谈情。结婚之后,女孩变成了女人,幻想变成了现实,这时女孩发现男人"变了"。许多男人都莫名其妙地被冠以"爱情骗子"的头衔。

本练习是为了帮你除去一些对未婚夫(丈夫)不现实的理想化想法,从而发现他的真实特征。根据以下的特征,心理作业包括且不仅仅包括以下诸多方面。

用1—10标出你和你的未婚夫(丈夫)相对应的项目。(1是最少,10是最多)

	你对自己的评定	你对丈夫的评定	你丈夫自己的评定	差值
道德感				
对物质的追求				
上进心				
自尊心				
包容性				
情趣				
适应力				
责任感				
同情心				
耐心				
安全感				
可塑性				
脾气好				
自信心				
善于协调人际关系				
温柔				
诚实				
健康				
有弹性				
坚持				

完成前两栏内容后,请与未婚夫(丈夫)分享结果,并把他对自己的评定记录到你练习页对应的栏上。然后用你对他的评定减去他对自己的评定,请注意比较明显的差异,并进行讨论。

习题中反映出我们最大的三项差异是:

1. _____   2. _____   3. _____

第七章　性，在婚姻中占据怎样的位置

饮食男女，人之大欲存焉

曾几何时，人们羞于谈性，有的女性一生都没有体验过性高潮，只能认同自己是老公的性伴侣，很多婚姻索性处于无性状态。随着社会的发展，人们对于婚姻中性生活的质量越来越重视，因为夫妻间性不和谐而离婚的发生率越来越高。

有的城市应运而生了"性教室"，帮助性不和谐的夫妻达成性和谐，但据统计成功的案例并不尽如人意。为什么？性是一个复杂的问题，比如"内在小孩"对性的概念，有的母亲为了避免女儿过早受到性侵害，就将性说成肮脏、龌龊，使女孩的"内在小孩"对性持高度厌恶状态，这无疑给她婚后的性生活埋下隐患。再比如曾经的性体验，一些男性在年少时被同性或异性性诱惑，有过不洁性体验，成人后高发心因性阳痿……每一对性不和谐的夫妻都有着深刻的心理原因，如果仅以简单的行为疗法来解决，肯定难以获得成功。这种不成功最大的危害是使来访者彻底否决自己的性能力。

对自己做爱时各种表现的满意度和性伴侣给予的态度回应，是大多数男性自信心和幸福感最深层次的来源。一旦男人对自己的性能力不再自信，会泛化到生活的各个方面，内心则变得敏感和脆弱。

男人对女朋友是不是处女不在意，但一旦要娶这个女人做妻子了，则十分看重处女了。"男人是用阴茎征服世界。"男人对于自己的性能力十分看重，只有处女才没有比较，才会将老公的各种表现认定是一种标准，认为"男人都这样"。但"吃过见过"的女性则会不自觉地把老公和其他性伴进行比较，这对男人的威严感肯定是一种挑战。

老公的冷血让我痛苦不堪

男人往往将女人在婚前是不是处女当作是否恪守妇道的一种比较模糊的标准。如果婚前是处女说明女孩比较洁身自好，严格要求自己；而婚前不是处女说明自己的原则不强。妻子不是处女对男人的自信心是一种挑战。

国艳梅给心理机构打来预约电话时，告诉接线老师她之前曾拜见过一些心理医生，但大都让她希望而来，失望而归。"我不知道自己是否属于固执类型的人，一些流于表面的说教不能触动我。"为此她坚决要求尽快与丽珊老师见面。

优雅女士被老公拒之门外

初次见国艳梅让我有种惊艳的感觉，模特般的身材、俊俏的面庞、精致的服装搭配、优雅的谈吐……根本无法想象她已经40岁了。她在一个美资企业做人力资源，老公是一家保险公司天津分公司的总经理，儿子上小学四年级，被周围人羡慕的家庭却让她的痛苦远远多于欢乐。儿子不听话，老公对家里的事情不闻不问。

"如你所说，你的痛苦持续这么久，为什么现在才急于接受心理咨询呢？"这是著名的短程心理咨询疗法的最典型提问，这样可以帮助来访者聚焦到此时此刻的问题，节省咨询时间。

国艳梅开始了她的讲述——

我上个月搬了新家,居住条件的改善并没有给我一丝快慰。相反,房子3月份装修直到7月份搬家,我和老公魏一健是在争执中度过的。

在房子装修前,他的确很辛苦,工作很忙,还要设计装修方案,选择装修公司等,每次我问他的进展,他都爱搭不理的。我们经常这样,为了一点儿事,我们就不说话,刚结婚那会儿,闹别扭后,我常主动哄他,夫妻间的矛盾哪有对错和真理,但他就是过不去,后来,我也懒得理他。他与一家装修公司签约的事儿我直到开工时才知道,他把装修图发到我公司邮箱,而且没有任何说明,只有两个图片。我知道他想征求我的意见,但这样的方式,我很难接受,我就当没收到没理会他。因为我姐姐和我们一起买的新房子,关注我们的进展,嘱咐他应该跟我充分沟通,毕竟这是我们共同的家,他才拿了图问我。我的确不喜欢那个设计,也就没客气地予以否定。就这样,我们的矛盾升级,谁都不管,又谁也不放弃装修,很多东西都处于搁浅状态。后来,在我姐姐的督促下,我们终于搬进新家。直到现在,还有很多细节未完成——

"温居"这个问题,我们谁也不提,他的朋友很多,他不说,我也不上赶着他,我拿自己的热脸贴他的冷屁股的经历太多了,我的心气儿和热情早就被他冷冻起来。原来我们是一室的房子,现在两室了。开始,为了让孩子能过渡到自己睡觉,我陪了孩子两天,后来,索性就这样了,我和孩子睡小间,他自己睡大间。我们也不用说话,有事了他就让孩子问我。在搬家后的第三天晚上,我们又发生矛盾,我当时挺生气,但孩子在,我没理他,累了一天了,我自己到洗浴中心去洗洗澡、做个按摩。但当我回家时,他已经把门从里面反锁了,我敲门,他听不到,我打他手机,他关机。深更半夜的,我不敢去姐姐家,生怕娘家人担心我的婚姻。我从楼道里望着窗外,静极了,看不到一个人影,只有我一个人还活着,正在用心哭泣……要不是多年来,他给我精神上的"磨炼",说玄点,第二天楼下或许会发现一具女尸。这件事对我的伤害的确太大了。

国艳梅一口气将自己在婚姻中的"痛苦"经历讲给我,但态度平和,我能感觉到多年的缺乏互动,使她对婚姻丧失了期待,也就没有了情绪的波动。为了把握她的婚姻的真实情况,我需要进一步澄清。

"艳梅,我承认你和老公之间的负性互动的确很多,缺乏最基本的相互理解,比如你明明知道他是征询关于装修的方案,但你却因为难以接受他的方式而拒绝,但如果站在家庭全局角度想,为什么一定要他按照你的想法或者期待去做呢?你也说了他为了装修房子付出了很大的心血,你关心一下也是应该的。"

艳梅舒了一口气:"我就是恨他那种冷冰冰的样子。"

所有婚姻中的问题都是演变而来。一个女性不会和一个冷冰冰的男性谈恋爱并且嫁给他。艳梅在婚姻中肯定有让老公不满意的地方。

艳梅十分配合,她继续追溯她的婚姻——

我知道自己有很多地方做得不好,比如:脾气急,不会做饭,啥事都马马虎虎,丢三落四……我曾试图改变自己,但面对于这样一个人,我没有信心,心灰意冷,且不说他是不是丈夫,他让我见证了除男人和女人之外的另一类!有时我会在心中恨恨地对自己说:我就是个寡妇,丈夫早死了。不是吗?那个人真的形同虚设,只要遇到不能解决的问题,我宁愿找别人帮助,或者花钱找人干,其实,这样做很畸形,但我找不到其他不让自己受伤害的办法。我知道说了一堆他的不是根本没有什么用,我是个很不成功的老婆,居然把自己的老公"培养"成这样一副德行。我也有不可推卸的责任,我很想找到答案。

我总是主动找他谈,他给我的反馈大多是拒绝,一副冷若冰霜、事不关己的反应。跟他在一起,很多事情都得猜,如果他偶尔能说句话,我全身的汗毛都得立起来听。他的只言片语让我理解困难。我哪里做不好,他从来都不说,从来都是用沉默来对抗我。我是个不善于观察和总结的人,理解能力也很差,所以我会觉得累。别人也劝我说:他就是不爱表达,他也是为了家才这样拼命工作的。这样的话我一点儿都不会感动,我并不喜欢甜言蜜语类型的男人,行动是男人的最佳佐证。他证明给我的就是寒冷和失望。

特别是搬家后,他像个幽灵,经常深夜回家,那时我和孩子已经睡下。早上,我很早出门,他还未起床。偶尔他能早回家,我们谁也不看谁一眼。事实上,我能理解他工作压力很大,对家庭我应该承担更多一些,我毫无怨言,也是这么做的,我就是不能承受他带给我的精神压力。十一年来,这样的状况太多了,我已年近四十,大好时光都贱卖出去了,最终没有一点儿收获。唯一收获的就是坚强,我也该感谢他,是他亲手把我锻造成了一名光荣的钢铁战士。我必须像"男人一样去战斗",什么都不能怕,什么都能干。要是遇到有人照顾我,我总是感动得想哭。以前,我会担心自己的婚姻失败,现在我忽然解脱了。

或许我和孩子未来的生活会清苦些,那又怎样,我嫁给魏一健的时候,比现在还穷,我们住的是半地下的房子,是人家放白菜的仓库。不怕了,也就不会屈服什么。我一边这样想着,一边又感觉着自己的心态有些变形。尽管他的存在与否不会引起孩子的注意,但若孩子一旦明白自己失去了最重要的情感时,我该怎样跟孩子交待。唉!无论怎样我都是油锅里的一只蚂蚱。我觉得魏一健就是想离婚,为了能够赢得对他有利的条件,所以他一直用冷暴力对我。

"艳梅,你和你老公是谁主张新房子和你姐姐在一个小区里?"

国艳梅告诉我,她老公和大姐夫的关系特别好,是他们两个人一起决定买到一起的。

"如果他想离婚,为什么还要在你家人所在的小区买房子呢?"

"是,他和我们家人相处得比较好!"

我更加坚信魏一健对艳梅是有感情的,只是他内心有某种难以坦言的担忧。所以他必须克制自己的感情,让自己能够适应未来的分离和失去。一般情况这是和性有关的,我下一步的咨询目标是讨论她们的性关系。

不是处女是老公难以走出的痛

"艳梅,你回忆一下曾经和魏一健的温暖、甜蜜的经历好吗?"

"我们的甜蜜时间太短暂了,结婚前已经不再甜蜜了。"

"发生了什么就不再甜蜜了?"

魏一健和艳梅曾在一个单位,艳梅当时在整个系统都属于美女,有很多男生追求她，魏一健在这些人中属于很一般的，但他有个得天独厚的位置，他和艳梅在一个办公室，并且他很理性，总是在工作中帮助艳梅。那段时间艳梅像找到依靠一样，什么事情都征求一下魏一健的意见，他们的恋爱好像是顺理成章的事。

结婚前，他们第一次发生了性关系。艳梅不是处女，魏一健看到后就自己一个人抽闷烟去了。艳梅感觉到他的反常，就明确告诉他，自己不是处女，之前和两个男生有过性关系，如果魏一健很在意，可以分手。

魏一健什么也没有说，但两天没有到单位上班，第三天在办公室见面时，没有再提这个事情，但随后装修房子，艳梅就明显感觉到魏一健变了，不再那么在意她的感受，经常是他做了决定之后通知艳梅一声。

结婚前，艳梅曾经三次和魏一健谈关于处女问题，告诉他如果他特别在意处女，无法接受妻子不是处女，就分手，别结婚了。魏一健每次都没有任何的反应，艳梅说多了，他就会喊一声："你觉得这种事情很露脸吗，为什么天天挂在嘴边？"

男人对女朋友是不是处女不在意，但一旦要娶这个女人做妻子了，则十分看重处女了。

"艳梅，你为什么一再和老公提起自己不是处女呢？你的这种做法剥夺了他自欺欺人的机会。"

"我觉得如实告诉他是对他的尊重，同时他具有选择权，如果他看不上我了，可以不要我呀。"

"你想想，你们已经决定结婚了，如果因为这个原因不结婚了，他怎么和双方父母解释？如果大家都知道因为你不是处女而没有婚礼了，你未来如何嫁人？你让他进退两难。如果你不这么一而再、再而三地和他说，他可以掩耳盗铃地宽慰自己。"

"我不懂男人。"

艳梅又控诉老公的冷漠。她每天乘坐班车上下班，每逢下大雪，班车堵在路上，班车上的电话此起彼伏，都是同事家人的关心。"在哪了？快到家了吗？"而她的电话永远是沉默的。魏一健从来没有一次打过电话，包括她有时外出回家晚了，他也从不打电话。

我给她分析男性的心理。男人往往将女人在婚前是不是处女当作是否恪守妇道的一种比较模糊的标准。如果婚前是处女说明女孩比较洁身自好，严格要求自己；而婚前不是处女说明自己的原则不强。而艳梅的容貌、身材、品质使魏一健认定她是受男性欢迎的，所以每当她不能按时回家，他都担心她是不是和别的男人在一起，他不敢打电话，他担心听到他不想听到的事情。

魏一健将艳梅锁在外面也有了合理的解释，他不知道艳梅做什么去了，他担心她回来很晚，甚至担心她夜不归宿，所以先下手为强，把房门反锁，这样就可以安慰自己，其实她早就回家了，只是她无法进屋……

艳梅接受了我的分析。"难道他不知道他对我的这种态度只能将我推出去吗？"

"他当然知道，但他一方面无法控制自己的纠结，一方面又生怕未来哪一天你离开了自己太过于难受，他用这种冷漠来适应未来你离开的时光。"

"那我应该怎么办呢？"

我对艳梅的建议包括三个方面：

第一，无论什么时候都不要再提关于处女的事情。

第二，主动给他打电话，让他对自己的行踪做到心中有数。他非常可能在电话里表现得无所谓或者嫌你啰唆，但心里却很踏实了。

第三，心甘情愿地照顾他。是你的少不更事伤害了他，本来战胜了那么多的竞争者，能够娶你为妻是他的一个巨大骄傲，但你给他送上一个美味蛋糕的同时，又放上了苍蝇，让他难以下咽，你要用实际行动来弥补你对他的伤害。

同时我也表扬艳梅，没有将夫妻之间的问题过多地和娘家人渲染，这样使他在娘家人面前很正常，能够和姐夫亲密接触。

艳梅终于找到了她和魏一健之间问题的症结，按照我的建议去做了，她感受到魏一健的表情明朗起来了。

【丽珊女性幸福心理学】

有的男人年轻时，把女人带上床是他们自我价值感和魅力的体现，恋爱中他们会给女朋友"洗脑"——谁还在意"处女"呀，处女只能说明男人都不喜欢这个女性，不和她谈恋爱，处女很青涩、没风情，男人才不愿意费这个劲呢。而结婚时，他特别渴望妻子从来没有接触过任何男人，他给予她的就是男人的"标准答案"。

白富美遭屌丝抛弃

无论出于什么目的,用"破处"来证明什么都是愚蠢的,这个举动是不可逆的。

From:林琳

丽珊老师您好!

我现在特别痛苦,男朋友抛弃了我,他找了我在班里最好的朋友。我每天看着他,心里想着如何冲过去杀了他,然后自己去死。

我和他是从大一下学期开始恋爱的。我是学校五朵校花之一,他长得其貌不扬,并且家境贫寒,但学习上很勤奋,我觉得他这一点比我强,就和他恋爱了,当时几乎全班的同学都觉得我脑神经搭错了。但我喜欢他天天陪着我,事事依着我的感觉。现在想起来,当初我的确不顾及他的感受,和其他男生关系都很密切,因为教授课题的原因,我和另一个男生总是同出同入的。大二暑假,我的奶奶处于弥留之际,男友不但不安慰我,反而天天和我吵架,说我肯定和其他男生有一腿,说我不是处女了。我外表很开放,其实内心却充满了传统观念,我说我真的是处女,但男友就是不信,我让他吵烦了,就趁父母不在家把他带回家,发生了性关系,证明了我的清白。当时他很震惊,并且为自己曾经不信赖我而道歉。我希望我们之间的关系就此平静下来。

　　但升入大三,他几乎不怎么理我,总是说我们不是一路人,我是"白富美",不用为未来的前途命运担忧,天天无所事事,而他要为找工作而奔忙,他根本不顾及我。与此同时,他和我的闺蜜走得很近,她也是贫困生,她也需要为了未来而打拼。他们之间有太多的共同语言了。

　　我觉得男朋友应该为我负责,就找他,他说我们都是成年人,没有谁胁迫谁,更何况他根本不知道如何对我负责。我很痛苦,曾经对我百依百顺的男人,现在变得如此冷漠残酷。丽珊老师,这些事情我不敢跟父母说,他们对我寄予厚望,我却把自己弄成这个样子。我该怎么办呢?

To:林琳

　　你好!

　　我非常理解你此时的痛苦,也感谢你对我的信任。

　　林琳,请你认真思考一下,当初你选择这个男生做恋人的最根本原因是什么? 是你发自内心地爱他还是希望找个能够爱你的人?

　　如果你发自内心地爱他,你就会顾及他的感受,你就不会在与他保持恋人关系的同时和其他男生关系亲密,你更不会与同课题的男生同出同入……男朋友看着你与其他男生这样在一起时,他内心有多屈辱? 他产生种种猜测也是情有可原。当他追问你是否是处女时,你不需要用"事实说话",你可以通过改变与其他男生的交往方式来给男朋友尊严,同时也让他放心。你意气用事与他发生性关系,那一瞬间男朋友会踏实了,但过后他会想,既然你对自己的贞操这样草率,当你不再是处女了,就更没有顾及了,你和其他男生发生性关系岂不是更自由了?

　　如果你是希望找一个爱你的人,你就要考虑一下他是否有爱你的能量和自信。"白富美"带给男生太大的压力,很少有男生喜欢接受这份挑战。在你面前你男朋友有太多的自卑,他对你的言听计从并不一定是发自内心地爱你,而是觉得自己既然高攀了,就必须付出代价,他内心积蓄了太多的委屈和愤怒,一旦爆发则无法挽回。

　　林琳,你献身给男朋友的行为使我意识到你平时做人做事太过随性,这样很难处理好与周围人的关系。你现在千万不要再纠缠男友,如果你们之间成为

"仇人",将你们相爱时的种种美好消磨则更加令人惋惜。你平静下来,将你和他之间感情的匹配度进行全面梳理,再决定是继续追求还是彻底放弃。

【丽珊女性幸福心理学】

无论出于什么目的,用"破处"来证明什么都是愚蠢的,这个举动是不可逆的。

我的老公性无能怎么办呀

性刺激、勃起、阳痿这个过程反复出现则会被强化,形成心因性性功能障碍。

From:冉一蕾

丽珊老师您好!

我已经结婚一年半了,如果我告诉您,我还是处女,您相信吗? 我原来长得很好看,皮肤光洁得像婴儿,同事说一碰就会出水儿,现在我的皮肤灰暗、满脸都是大紫疙瘩,脾气也越来越暴躁。我老公冯永说就让我保持着处女身和他离婚,未来还能找到一个好人家,但我不想和他离婚。

我是艺术学校的舞蹈老师,平时在外面做形体教练。我的文化课不是特别强,所以当初朋友介绍我认识他时,最吸引我的是他的计算机博士学历。在我心目中能把计算机这么难的东西学到博士的人肯定特别聪明,生活中没有能难倒他的事情。恋爱时,他经常冲动,但每当他要脱我裤子时,我就会不可克制地大叫,还不停地打他,因为当时我耳边会有一个声音在说:"下贱、妓女! 妓女! "

我小学时父母让我学舞蹈,这使我有些浮躁,对学校的文化课不感兴趣。上初中时,有一次我考了班里倒数第三名,父亲特别生气,狠狠地打了我,并且骂我:"你一个女孩子,现在不好好学习,以后怎么养活自己,难道要当妓女吗?"我当时特别恨他,每当上课听不懂时,父亲的样子就闪现在我眼前,为此我强迫自己努力学习,但越是强迫自己就越听不进去,成绩越来越差,后来我母亲也用"妓女"诅咒过我。因为成绩太差了,我只能走艺考这条路了,学了舞蹈,但我特别高看学习好的人。

我和冯永讲了我成长中的经历,告诉他千万别为难我,等结婚了,我就能接受夫妻之间的事情了,自然会好。冯永很尊重我,每次冲动之后他就马上转移注意力。

我和冯永都是外地人,在天津工作。婚前,双方父母在房子、彩礼等方面有些争议弄得不太愉快。婚礼是在冯永家乡举办的,他们家人对我们娘家人不是特别热情,双方别别扭扭的,洞房那天我去了母亲房间,后来两天也没有过夫妻生活。

三天后,我先从老家回到天津,他一直没有给我打电话关心一下,我有种强烈的羞耻感,他是不是认为我们家要彩礼就是把我卖给他了,他买了我无论怎么对待我都是应该的?我疯狂地给他打电话,让他把事情说明白,他推说大老远好不容易回趟家,多陪陪父母。我觉得他是找借口,每天给他打几十个甚至上百个电话,后来他索性就不接听了。我开始绝食,他在我绝食后的第三天中午回到家时,我已经气息微弱了,他把我送到了医院。

一切都正常了,做爱时他却阳痿了,他说他满脑子都是我歇斯底里的样子,他特别害怕。这一年半以来,我们俩基本没有一天是顺顺当当的,总是因为一些琐事而打架。我的脾气越来越暴躁,沾火就着,有过三次自杀未遂的经历。冯永总是抱怨,说我把他给毁了,他在和我搞对象之前有过性经历,完全没有问题。

丽珊老师,您说我应该怎么办呢?我不想离婚,我已经快三十了,离婚之后更找不到好的了。

To:一蕾

你好!

结婚一年半,你还是处女本身使我清楚了你目前的生活状态、情绪状态。你的脾气暴躁、脸上长痘都是因为没有性生活造成的。作为已婚女士,夫妻生活是正常而必需的,没有性生活使你焦虑、烦躁。根据你的描述,冯永属于心因性性功能障碍,如果接受科学系统的性心理辅导和治疗是可以彻底改善的,但前提是不要再受到强烈刺激。

目前患有心因性性功能障碍的男性逐年递增,婚前不安全性行为是罪魁祸首。男人的性能力比女人要脆弱得多,一旦在勃起状态下遭遇惊吓,就会阳痿,如果没有得到及时的心理支持,就会形成条件反射,勃起后自然联想到当初惊吓的情境,出现阳痿。性刺激、勃起、阳痿这个过程反复出现则会被强化,难以自发性消除。所以我建议在他接受性治疗之前,你们之间最好不要有性刺激。

一蕾,关于性,你的内心也是有痛点的,你父亲说的"学习不好,你以后当妓女"这句话对女孩子的伤害太大了。我想每一位读者都能理解,你父亲说这话的目的是为了激发你好好学习,考上好大学,拥有安身立命的事业。但他的表述在少女时代的你的潜意识中形成了这样一个逻辑:女人和男人发生性关系就是为了生存。当冯永要和你做爱时,你觉得自己要为了生存而出卖自己了……这种观念对你的影响远远不止于此,尽管在邮件中你没有明确介绍婚前双方父母在房子和彩礼方面争议的具体内容,但我想还是引发了你的自我出卖感。

洞房之夜的性生活在绝大多数人心目中是圣洁、美好、甜蜜的,但你却选择了放弃,这对冯永又是一次伤害。冯永在你离开他家之后的表现也说明他对这个婚姻的确有怀疑了。

冯永的"保持你是处女,还能找个好人家"的说法是不成立的,你想想谁会相信一个有一年半婚龄的女人是处女呢?如果这种情况真的发生,对于冯永来讲,他的性障碍知情群体就会无限扩大,所以你要打消他的这种逃避的念头,并且将自己要维护婚姻的信念明确地表达给他。

目前能够直接帮助你们的是性心理咨询师,对你们进行夫妻婚姻治疗,进一步消除你和冯永对性的恐惧,并引导你们达到性生活的和谐。

预祝一蕾夫妻能够尽快走出阴霾,享受性生活的和谐和婚姻的甜蜜!

【丽珊女性幸福心理学】

男人的性能力比女人要脆弱得多,一旦在勃起状态下遭遇惊吓,就会阳痿。如果没有得到及时的心理支持,就会形成条件反射,勃起后自然联想到当初惊吓的情境,出现阳痿。

无性婚姻，请不要轻易触碰

女性记住的是她的情，男性记住的是他的性。不洁的性经历是男人心因性阳痿的重要原因。在选择伴侣时一定要回避此类男性，除非他接受了系统的心理咨询，不然性障碍会引发很多心理问题。

From：蔡明丽

丽珊老师您好！

非常感谢《今晚经济周刊》能够开设这样一个专栏，我觉得您就像我们女性朋友的闺蜜一样，认真地聆听我们的倾诉，给我们指点迷津。我简单介绍一下自己吧。我33岁，香港某大学硕士，现在在一个投资公司做事。尽管经历过几次失败的感情，但我依然像少女时代一样坚信这个世界是有爱情的，以一颗赤子之心面对生活……我期待着非物质的纯真爱情。一年前，长辈们为我介绍了有英国留学背景的罗先生，我觉得是老天赐予我的机会，尽管他不是很积极，但我还是主动与他联系。后来他明确表态自己根本就没有想过结婚，我觉得他可能对相亲有抵触，为了稳住他，我随声附和，"我也没有想过结婚"。将近一年的交往，他没有主动做过任何肌肤之亲。我的朋友提醒，35岁未婚男人还如此"规矩"会不会性取向有问题呀？一次酒后，我揭开了谜底,整个做爱过程他魂不守舍,难以顺畅进行……那次之后,他不再和我联系,就算在 MSN 上遇到,也不回应我的问话。我难以接受这份感情就如此莫名其妙地到此为止,我追问他到底为什么。他说第一次性经历是 19 岁,对方 32 岁。在她的引领下,他体验到性的快乐,简直着迷了。两个人疯狂地沉醉,不幸被对方的丈夫发现了……现在回想当初被逮到时的情景,他还浑身颤抖……我告诉他我可以接受无性婚姻,但他断然拒绝。

丽珊老师,您说,没有性,真的就无法相爱了吗?解决性冲动的方式有很多呀,只要两个人相爱一切都可以克服。他为什么那么固执呢?他告诉我,是我的好奇断送了我们之间的关系,他将所有的事情告诉了我,就不会再见我了。他是不是从一开始就是玩弄我的感情呢?为什么当时不坚决拒绝我呢?

To:明丽

你好!

我认为罗先生在双方交流的过程中没有欺骗。见面之初,他就明确表态不想结婚,是你隐藏了自己内心真正的渴求维持交往,并一厢情愿地希望向婚姻靠拢。在交往的一年中,罗先生恪守自己的界线,没有亲密的举动,如果不是你主动示爱,你们还会在罗先生既定的轨迹上发展,最多成为知己,而不是情人。

明丽,男人的性能力是非常脆弱的,一旦遭遇强刺激受到伤害,的确是难以修复。性能力对于男人来讲既是生命力的体现,也是征服世界的象征,如果性能力衰弱,男人会出现心因性性功能障碍,进而引发其他的心理问题。说到这里,我特别想提醒男孩子的母亲,在陪伴孩子成长的过程中,一定要避免孩子在性方面受到伤害。大家往往有个误解,认为男孩子婚前性行为的最大危险是女孩子不依不饶,其他就不会有什么损失。事实完全不是这样,过早的性行为对于男孩子的影响隐性而持久,有的甚至会影响一生。罗先生最早的性生活是被成年女性勾引,处于非正常状态,他对性的记忆是畸形的。

明丽,你崇尚爱情,甚至可以忽略性生活,这是一种并不务实的想法。作为一个生理正常、有责任感的男人，无法给予妻子正常的性生活，是难以平静面对的事情。你说以赤子之心面对生活，所谓赤子之心，在我看来就是回归本真的自我状态，善待自己，善待别人，以包容、真诚、温暖的态度面对自己和他人的生活。既然这样，就换位思考一下罗先生的感受吧，你对爱情的固执，在他看来并不是幸福，而是难以走出的伤痛和懊恼。尊重他的选择，永远不再见面或许是最明智的选择，丽珊在这里强调一句，一定不要将分手的内幕扩散，保护罗先生的隐私和他家人的内心感受。

经营感情的前提条件是双方目标一致，不然根本就没有经营的余地，也会误人误己。

祝福明丽找到属于自己的爱情！

【丽珊女性幸福心理学】

女性记住的是她的爱情，而男性记住的是他的性经历。不洁的性经历是男人患心因性阳痿的重要原因。在选择伴侣时一定要回避此类男性，除非他接受了系统的心理咨询，不然性障碍会引发很多心理问题。

怕见男性的女孩遭遇过什么

性的"去圣洁化"误导了太多的年轻人。大量的情感咨询个案显示,人对情感、性的内心感受绝不会因为表面上标榜前卫,就可以简单地挥之即去。

丝雨母亲给心理机构打来咨询电话,她特别不理解,女儿丝雨以前是一个外向开朗的女生,总是和男生、女生一大群人凑在一起玩,但大学毕业工作半年后,就再也不找工作,理由是害怕见男人……终日面对啃老的女儿,母亲说她已经快抑郁了。

爱他就告诉他

丝雨是我在电台节目时的忠实听众,她和我神交已久,母亲从咨询室走出去之后,她的眼泪就不可抑制地流下来了。"丽珊老师,终于能够和您面对面了,我坚信我不是啃老族,我也不是抑郁症,我只是怕见男人……"

"怕男人什么呢?"一个开朗的女生怕男生肯定有深刻的原因。

丝雨停顿了一下,满脸通红,最后下定决心地说:"丽珊老师,您千万别笑话我,我看到男人就想到做爱、提裤子、走开……"这是明显的性心理问题。

"你有过性经历还是……"

"您知道,早就有一种说法,大学期间就是谈恋爱的最好季节,如果没有谈恋爱就是一种严重的欠缺。女生之间已经很少再比吃,比穿,都在比男朋友的实力。有性经历也很普遍。"丝雨的开放度很好,她开始打开心扉了。

丝雨和傲洁的恋情让同宿舍姐妹羡慕得一塌糊涂,傲洁是全校闻名的新好男人,丝雨经常和宿舍的姐妹抱怨傲洁甜得让人腻。本来两个人一起到北京找工作,遗憾的是丝雨没有被录用,傲洁下决心放弃工作厮守爱情,丝雨鼓励他先到北京扎根。傲洁临走前,他们住到了一起,傲洁看着床单上的鲜血,愣住了,紧紧抱住丝雨,保证对她负责到底,一定和她结婚……

丝雨不想被傲洁看成依赖男生的弱女子,在他眼里失去了"独立自由女性的魅力"……就装作满不在乎地笑笑,"反正早晚都要开包装的"。傲洁每周回来"探亲"都嘱咐丝雨乖乖的,不要和其他男生过密交往。丝雨心里清楚自己在傲洁心目中的分量,但她不喜欢像"老夫老妻"一样波澜不惊地过两地分居的日子。

春节放假,丝雨跟傲洁讲有个男生制造浪漫的邂逅……她希望引入"竞争机制",让傲洁爱自己更多一点。傲洁严肃地说:"自打我们第一次之后,我就把你当老婆了。我努力工作,多赚钱,快快娶你。你不要做让我分心的事。"丝雨尽管内心受用,但却说:"还不定谁是你老婆呢。"

丝雨不会恋爱,她既不懂男人的心理,也搞不清楚自己到底要什么样的生活。大多数男人在选择妻子时难以走出处女情结,傲洁看到丝雨的处女血,作为男人,他获得了极大的满足感,也产生了责任感。但丝雨对贞操表现出的不屑一顾,使傲洁产生无限联想,一个对处女膜都不珍惜的女人,能坚守感情吗?恰在这时,丝雨又用浪漫邂逅来刺激傲洁,无疑加重了傲洁的疑虑,分手是避免情感纠葛、产生精力消耗的最佳选择。

春节过后,傲洁变了许多,说工作忙几个月没回来,丝雨几次想去北京看他,都被拒绝了;丝雨感觉到他的冷淡,但不知问题出在哪里,她主动打电话,傲洁总是匆匆挂机……为了避免傲洁反感,丝雨接通电话先问:"你在哪里?说话方便吗?"却不想依然惹恼了他。"我很坦荡,不会和其他女人玩浪漫游戏,只是我很忙。"曾经矜持而轻狂的丝雨苦苦追问:"你还爱我吗?"再也没有得到回应。

女性在恋爱中总是"口是心非",明明被男性的誓言感动得热血澎湃,却一定要违心地说并不在乎。开始时,男性会认为这是女性的矜持,但热脸贴上冷屁股的次数多了,就开始怀疑对方是不是真的不在意自己了。这个念头一经出现,感情的黏合度就会下降,并且再难回升。

男闺蜜上位为性伴侣

丝雨开始哭泣,可以看出她还没有走出那段感情给她造成的创伤。"我不明白他为什么就变了,如果他说出我哪不好,我会改的,但他不给我机会……我不愿相信他始乱终弃,占了便宜,像丢抹布一样地甩了我……尽管我觉得做爱本来是双方需要,但发生之后男人和女人为什么态度会这么不同呢?"

"你一直留守在这段感情中,没有走出来?"

"在我最痛苦的时候,是同事舒远帮助了我。"

傲洁态度的剧变剥夺了丝雨全部的自信,她像祥林嫂一样反复地说着自己与傲洁的事情,开始朋友们还劝她,后来大家都不再回应她了,只有舒远静静地听,随声附和,他成了她的男闺蜜。她觉得自己的心又找到了归属……无论遇到什么事情她都喜欢和他说,而他像一个忠诚的奴仆,守候在她身边。

后来,丝雨和舒远在一起就开始有强烈的性冲动,而一切发生后她的内心又充满罪恶感,认为被别的男人玩弄抛弃的女人玷污了纯洁男孩是罪过。为了弥补对他的亏欠,丝雨到网上学性爱姿势,冒着怀孕的风险,不让他戴避孕套……

我对北京三里屯从事性交易的女孩进行访谈发现,她们都有记忆深刻的第一次性行为,认为既然不是处女,贞操的屏障被打开,一次和一百次没有任何不同。第一次性行为成为一些女孩放纵自己的借口。

他们在一起除了做爱就是闲聊,从来没有谈过未来。丝雨觉得在男人面前谈未来会让他们倒胃,但她坚信舒远是离不开自己的,毕竟不是任何一个女孩都能放弃羞涩和自尊,如此努力迎合一个男人……

"现在你们还交往吗?"我关心地问。

"他去新加坡了,他说无法忘怀我和傲洁的性经历,无法面对我曾经的放荡……还说我的那些性爱技巧使他越来越难达到性满足,他恨我,让我不要再打扰他的生活。"丝雨显得有些风尘。

　　与傲洁分手之后，丝雨没有认真思考是什么断送了他们的感情，而是急于寻找下一个性伴侣。舒远是最不当的人选，他对她的过去了解得太充分了。不是处女的丝雨为了弥补对舒远的亏欠所做的一切努力，都让舒远坚定地认为丝雨是个不可信赖的放荡女人，逃离她是唯一的选择。

　　丝雨感觉不到舒远是否给她带来伤害，只是从那之后，她看到男人就会想判断眼前他的性能力如何，做爱时会喜欢什么样的姿势，像入了魔障一样。她认为男人会看出她的心思，那太丢人了，把自己关在家是唯一的选择。

　　接连两次失败的情感经历扭曲了丝雨对自己和对生活的认识，出现了严重的应激后创伤，产生了异性交往敏感。

　　在丝雨的充分配合下，我首先帮助她找回自我效能感，修复自尊心。第二步帮助她学会放松的方法，给她留家庭作业如何去面对男人，经过半个月的努力她可以坦然地与男人正常交流了。第三步给她做了职业生涯的规划，明确了职业方向，同时让她清楚一份稳定而持续发展的事业才是女性最可依赖的。第四步为她做了恋爱指导，明确自己是谁，现在在哪里，想要什么样的感情和婚姻。然后再规划未来丈夫应该具备哪些素质，做恋爱中的明眼人。经过三个月的辅导，丝雨开始了新的职业生涯。

【丽珊女性幸福心理学】

　　当"天亮之后就分手"这句话蹿红大街小巷后，婚前性行为就越来越低龄化。缺乏性道德的约束，性行为似乎像保龄球、瑜伽一样成为生理上成熟的人释放压力的一种活动方式，性在大众传媒的"共同努力"下，彻底地去圣洁化了。传统的贞操观好像明日黄花被卷入故纸堆，随时光"灰飞烟灭"，离我们远去。但大量的情感咨询个案显示，人对情感、性的内心感受绝不会因为表面上标榜前卫，就可以简单地挥之即去。

被老公怀疑让我抓狂

最近几年来，大女小男的婚外情呈上升趋势。而结局都是小男人"浪子回头"，而大女人不仅丢名声、丢家庭，还成为孩子内心无法抹去的耻辱。

From：史丽娜

丽珊老师您好！

我在一家外企做行政管理，老公曾经是一个 IT 公司的工程师，他性格古怪，基本没有什么朋友，他总是将所有的人当作假想敌，愤世嫉俗。我曾为他选择了一位心理咨询师，那位咨询师事业成功，在社会上有很高的声誉，但老公跟人家交流一次就拒绝再去了，他说人家太成功、太强势，要规划他的人生……后来又给他找了一个普通咨询师，每次咨询都是他给咨询师指点江山，他很受用，但这个咨询师根本无法引领他，最后建议他去信仰宗教。

我跟您介绍他接受咨询的过程就是想说明他有超强的自卑感，只能和不如他的人交往，一旦遇到比他强的人，他就会竭力排斥。因为他无法与人相处，所以辞去工作在家里炒股，每天接送孩子，做家务。

从去年下半年开始他对我特别不信任，几乎每天都要翻看我的手机。昨天晚上因为电话联系不到我，回家之后，他劈头盖脸地大闹，并且让我当着他的面儿把衣服全脱掉，他要闻一闻有没有别的男人的味儿。我坚决拒绝，他一旦发脾气就不管不顾，把我的手机摔烂了。今天早上他把我的电话卡放到他手机上，敏强的短信呈现出来，他就歇斯底里了。对了，我跟您说一下，我的同事敏强比我小六岁，我们在一起玩得特别投缘，他一再表示爱我，和他在一起真的特别轻松、快乐。尽管我现在三十四岁了，但我和比我小的同事在一起可以玩得很高兴，他喜欢我的活力，而他在工作中也很优秀，人际关系好，可以说他和我老公简直就是天壤之别。我和他做爱要比和老公在一起和谐得多，但我知道我无法和他在一起，有时我觉得自己在饮鸩止渴，进退两难。

丽珊老师，我老公说敏强是第三者，他要去公司闹，如果那样就太麻烦了，我万万不想将与敏强的关系曝光，如果那样我就在公司无法混下去了。您说我应该怎么办呢？

To：丽娜

你好！

你现在的确遇到麻烦了。

先说说你与老公的关系吧。

通过你的描述，你老公性格古怪、将别人当作假想敌，不能和同事和谐相处，辞职在家，的确说明他的情商不够高；他拒绝成功的心理咨询师也是可以理解的，一般男性多是不太愿意接受心理辅导，更不喜欢别人参与到他的生活之中，对他指手画脚。故此男性不善于求助。

丽娜，但我觉得你老公的优点也是明显的，他在家做家务、接送孩子，这样省去了你许多的精力。他是顾家的男人。

丽娜，你老公不参与社会工作之后，内心会有一些失衡，当事业变得飘忽了，他肯定要紧紧地握住婚姻。夫妻之间是有感应的，你说和敏强在一起做爱很和谐，你会越来越迷恋敏强，自然会疏远你老公，他肯定会猜测你在外面情有所属。"要想人不知，除非己莫为"是我们从小就知道的道理。

再说说你和敏强的关系吧，你的确在玩火。他比你小六岁，他会和你结婚吗？就算他希望和你结婚，他的父母会同意吗？就算你披荆斩棘和他结婚了，他会接受你的孩子吗?那样的话,你的生活会幸福吗?如果你们都不想结婚,只是满足彼此的愉悦和性要求,对一个为人妻、为人母的女人来说,你觉得合适吗?这件事一旦败露,舆论会对你十分不利,一个有夫之妇勾引年轻小伙子的名声,你扛得住吗? 所以我真诚地告诉你,一定要马上断绝和他的关系,千万别拖泥带水。

现在最紧迫的问题是你老公去公司闹事的问题,我建议你要和老公开诚布公地谈一次,你问他闹的目的是什么?如果不需要闹就能达到闹的效果还有必要闹吗? 并且你要用自己的实际行动证明,你是忠于婚姻,全心全意爱护家庭的。

丽娜,夫妻关系中有问题,需要解决,而不是逃避,更不是继续破坏。你已是为人母的人了,想想你的所作所为对于孩子是积极的还是消极的? 是给孩子加分还是给孩子减分?做什么事情之前想想孩子吧,你把孩子带到世界上来,是为了让他体面、有尊严、幸福,而不是让他承受各种成年人造成的痛苦、折磨或者是耻辱。

祝你能够顺利度过这一阶段。

【丽珊女性幸福心理学】

女性为婚外情所付出的代价远远大于男性。最近几年来,大女小男的办公室恋情呈上升趋势。而结局都是小男人"浪子回头",而大女人则"丢了名声、丢了家庭、成为孩子的耻辱"。

心灵作业：和谐的性生活是美好婚姻的必需

你注意过吗？有许多在外人心目中完全不匹配的两个人却彼此相爱，难舍难分，他们成就婚姻后也稳定幸福。告诉你一个小秘密：性和谐让他们坚信对方是无可替代的伴侣。

本练习帮助你消除一些关于性的常见错误理念，学习一些有关性爱的知识。

以下是最常见的错误说法，但并不仅仅这些，你和未婚夫/丈夫一起试着更正过来，然后再看我给的答案。由此，你们开始讨论一下性的话题吧……

题号	题目	正确
1	性满足就是简单地遵循本能	
2	很多正常夫妻一周过两到三次性生活	
3	一般情况下，男性比女性有更强的性冲动并获得快感，因此男性就要主动要求	
4	男性几乎可以随时准备过性生活，因此，一个好的妻子应该随时准备应和	
5	性交是女性达到性高潮的最好方式	
6	男性过性生活时只有一次高潮，而女性的性满足则需要有多次高潮	
7	男性的勃起是他需要性生活或遗精的信号	
8	正规的性交方式是男性位于女性的上方	
9	为了达到最终的性满足，夫妻双方应在相同的时间到达高潮	
10	一般来说，男性的生殖器越大，女性的性生活越愉悦	

将你们夫妻所有的纠错和下面的科学的说法对比一下，你们所掌握的性知识科学吗？

1. 你们可以学习相关的知识，彼此分享感受，而不仅仅是性交本身。

2. 双方商量达成最好的平衡。

3. 由于女性对亲密接触的地点、时间和方式更敏感，如果她们主动引导，就会减轻丈夫的压力，更容易达成最好的愉悦。

4. 这个言论给双方提出太多的要求,是否过性生活是双方共同的选择。

5. 当你们双方听从内心的欲望,分享欲望,并回应彼此的需求时,很容易达到性高潮。

6. 女性性生活的高潮不能用数字来反映。只要性能量释放了,满足了即可。男性没有必要把达到性高潮的次数和他的"性表现"水平相提并论。

7. 勃起只是简单地表示男性的唤醒。

8. 姿势是没有固定的,只要双方能够感受到舒适就可以了。

9. 没有必要把双方都达到性高潮作为目标。有些夫妻为了分别体验对方的欢乐,宁愿在不同的时候达到性高潮。

10. 生殖器的大小与男性的性能力、对妻子的吸引力、爱妻子的技巧或者给她的满足感没有任何关系。网络上的阴茎神话与现实生活毫不相干。

在看过答案分享后,你们双方谈论一些具体的问题,心理作业包括且不仅仅包括以下诸多方面。

当你的表现是＿＿＿＿＿＿＿＿＿＿＿＿＿＿＿＿＿＿＿＿时,我觉得你最有性魅力,我的性欲望会被激发。

当我们过性生活时,你的＿＿＿＿＿＿＿＿＿＿＿＿＿＿＿＿表现使我快乐,有满足感。

在我们过性生活时,你的＿＿＿＿＿＿＿＿＿＿＿＿＿＿＿＿表现使我很不舒服,甚至不想继续下去了。

当咱们谈论性生活时,你的＿＿＿＿＿＿＿＿＿＿＿＿表达我很受用。

第八章　你与男友的原生家庭有个亲密约会

原生家庭对一个人的影响到底涉及多少个维度？影响的程度到底有多深？作为心理督导师，我的十分重要的一个使命就是帮助心理咨询师提高专业理论水平和解决问题的能力。每当咨询师在个案中无法推进了，我都会对他们进行追问：

"你对来访者的原生家庭了解充分吗？"

"你能在来访者的原生家庭中找到问题的根源吗？"

"来访者的原生家庭中是否有可以提供正能量的资源？"

我们人生的底色是由原生家庭涂抹的，所以如果需要调整底色就一定要找到底片。原生家庭对人的影响包括人格、世界观、人生观、价值观、人际交往、情绪管理、事业的可持续发展等等，可以说无所不包。

来自两个不同沟通模式原生家庭的年轻人组成新生家庭，每一个生活的细节都会引发彼此无限地联想，如果不能以包容之心面对彼此间的差异，就会产生摩擦，并由此引起对伴侣原生家庭的成见，不但损害了婚姻质量，破坏情绪感受，降低生活质量，而且会在未来的日子中直接影响孩子的生活品质。

你还记得第三章中丽珊夫妻—亲子互动模型吗？我们来看看不同象限的男孩表现出什么样的特点。

该坐标的横坐标是父亲掌控着家庭的气氛，纵坐标是母亲掌控着家庭的气氛，从而形成了四个象限。不同性别的子辈身处同一个象限所形成的个性、思维、行为都会不一样。圆圈内为舒适区，绝大多数家庭是在这个区域的，特点不明显，最多是具有某种倾向性而已。越向两极发展，特点就越明显。

丽珊夫妻—亲子互动模型

无所适从的男孩

第一象限家庭的男孩：父母在家庭中都很强势，他们会以各种方式争夺着家庭的主导权。男孩从小看到父母双方争夺，他被双方的力量撕扯，缺乏主见。

这样家庭的男孩子进入青春期之后会向两个极端方向发展：

一是软弱，无主见，充满依赖。父母将孩子的生命能量彻底地打压，使孩子在人际交往中表现为被动，被欺负。

二是反叛，无原则，无法自控。在孩子通过正常手段争取自己合理权利无法得到满足时，他会选择比较极端的方式，比如像父母一样大喊大叫，摔东西……有的孩子还会用逃学、谈恋爱、乱性等方式来挑战父母的权威，如果父母表现出无奈、无助、退缩，孩子则由此"症状获益"，他们会继续通过问题行为来争取"权益"。

在两性关系中，因为在他们的记忆中婚姻就是争吵，他们无从知道如何创建和维护和谐的婚姻生活，他们要么在婚姻中跋涉，要么索性成为独身主义者。

缺乏榜样的男孩

第二象限家庭的男孩：母亲在家庭中处于绝对的强势，父亲表现为软弱。弱势的父亲有其自身的问题，比如事业上不成功，性格退缩，人际关系不和谐等等。男孩从小就崇拜母亲，讨厌父亲的软弱无力，甚至会因为自己是男孩而自卑和自责，对未来自己会是怎样的生活状态没有任何的自信心。他习惯于被母亲全盘掌控的生活局面。

缺乏学习榜样的男孩无力应对生活的各种状况，缺乏决断力。进入青春期之后，他像所有的孩子一样对成年人有了逆反，他会在周围寻觅比较强势、善于与成年人对抗的女生，希望以此获得与母亲抗争的力量。随着斗争的深入，他会依恋强势女生，如果被对方嫌弃则会变得更加被动和退缩，那样他会更加痛恨软弱的父亲和强势的母亲，将自己的不如意归因到他们的身上；如果他被强势女孩接受，则又陷入父亲的宿命。

懂得爱和被爱

第三象限家庭的男孩：这个象限有两种情况，一是夫妻双方家庭观念不强，亲情松散，无法给男孩有力的支撑，如果男孩所处的人际环境优良就会成长顺利，如果成长环境不利，则会面临误入歧途的危险。

第二种情况是无论夫妻双方的社会角色和社会地位如何，在家庭中，每一个人都是平等的，谁也无心争夺家庭的主导权。男孩在和平的气氛中成长，被成年人尊重的体验使男孩具有高度自我价值感，生命能量被充分地激发。男孩因为很小就被允许参与家庭决策，所以长大后会比较有主见，能够对自己的一切选择负责。

在与异性交往的过程中，男孩的修养和礼貌会自然地流露，他会有很好的异性缘儿，与异性交往的丰富经历使他对异性有全面的了解，也能够感悟出自己更适合什么样的异性。成熟而审慎地择偶为他完美的婚姻奠定坚实的基础。

独立寒秋的大男人

第四象限家庭的男孩：在充满男尊女卑的家庭氛围中成长的男孩会不自觉地形成大男子主义价值观，这使他在与异性的交往中很难受人欢迎，使他更加痛恨或鄙视女生。小的时候他会以恶劣的态度对待女生，这无疑更加恶化他与异性间的关系。随着成长，看到周围的哥们儿获得女生的欢迎，并获得爱情，他会屈尊，在与女生的交往中尽力克制自己的真性情，长期的压抑会使他在某一个场景下爆发，激化双方的关系。

我被男友的母亲和女儿排斥怎么办

你一旦决定做继母,要对婚后融入家庭的难度有明确的预估。如果对方带一个男孩,对你来讲难度会小一点;如果对方带一个女孩,难度就会比较高。

From:普玲

丽珊老师您好!

我今年 37 岁,算是"齐天大剩"了,父母和亲戚都在催我抓紧结婚。我自己何尝不想有个家呀?半年前,我在婚恋网上认识了一位同岁的男士,他是离异的,有一个 11 岁的女儿,由奶奶照料。男友在一个国企里做中层,经济收入很可观,人长得也很精神,我很中意,一直以结婚为目标和他交往。

但随着交往的深入,发现问题越来越多。第一是他母亲对他的约束太厉害了,几乎每次做爱之后,他接到母亲打来催他回家的电话就马上穿衣服,我特别希望他能够留下来,但他说母亲帮他带孩子,付出太多了,他必须百分之百满足母亲。第二是他的女儿,尽管我百般讨好她,但她始终对我很不友善,甚至极力地伤害我。第一次见面时,她存心让我难堪:"你是不是有什么毛病,为什么这么大都没有结过婚?你是有慢性病,还是有不可告人的隐私?"今年冬天下最大的那场雪时,我正好在他家,她一反常态地对我很热情,让我带她去玩雪,我特别激动，认为她接纳我了。我帮她穿好羽绒服，她就拉着我走，我当时只穿着毛衣，她告诉我外面不冷，反复催我。为了不让她扫兴，我就和她出去了，她拿着雪球打我，把雪球塞进我的衣领里……全身都湿了。我说回去穿外衣，她特别不乐意，恶狠狠地说："我讨厌扫兴的女人。"第三是他们家庭的生活模式，每周都会有聚会，人多的时候得二十多人，就算人少也得十几个人，周六周日除了做饭就是洗碗，我真的招架不了，大家说话时夹枪带棒，说我不合群。第四也就是最让我痛苦的事情，他说结婚后一定要和他母亲同住，他们家房子得有二百多平米，要说住肯定是住得开，但为什么要住一起呢？多不方便呀。况且我自己有房子，他的经济收入完全可以再买房子。他说这不是钱的问题，是他们家的生活方式，他母亲喜欢热闹。有一次为这事争吵时，他竟然哭了。"为什么想过自己的生活就这么难呢？"我们刚认识时那么甜蜜幸福，现在却是无止境的争吵，毫无幸福可言。我的父母劝我忍忍，但闺蜜说坚决不能忍，如果婚前都这样，婚后就更麻烦了。想到分手，我真的很惋惜，毕竟在我这个年龄找到这样各方面都合适的人不容易。丽珊老师，请您帮我克服一下现实的困难好吗？

To：普玲

你好！

我理解你现在的两难，37岁的女性找男友挺难的，但这并不意味着随便找个人凑合了。你认为现在的男友各方面都合适，请问他合适在哪里？你在和他进入婚姻之前要过他母亲和女儿两道关。他母亲对他的监控完全超出了正常范围，他不是孩子，他是成年人，有权利和他喜欢的并且要结婚的女人在一起过夜，所以你要考察一下她是否存在恋子情结，如果有这种情结，你凭空就多出一个"情敌"。女儿阻挠单身父亲再婚是情理之中，但他女儿的行为有些过激，她很有心计，并且有施虐倾向，如果未来和她相处，估计你不是她的对手。

普玲，37岁未婚是孤独的，但却不痛苦，你还有选择的机会。但如果选择错了，就会陷入痛苦和纠结之中。我建议你理性地梳理一下与他在一起的所得和所失，并且与他交流一下，包括他对婚姻的理解、未来他理想的生活模式、他母亲在他生命中占有的位置、他如何解释他女儿的各种行为等等。

毛泽东主席曾经说过"以斗争求团结则团结存，以妥协求团结则团结亡"。

我觉得这也适用于恋爱之中,结婚不是终点,而是新生活的开始,这些问题不会因为结婚而自动消失,只能是更加激化。到那个时候你应对得了吗?男友及家人都没有骗你,他们将真实情况呈现给你,你如果选择了就不能有任何怨言。

普玲,你对男友离婚的原因了解吗?我觉得他母亲对他生活的深度介入可能是重要原因。他到底要什么样的生活?你和他想的生活模式是一样的吗?如果这个问题不能保持一致,无论他的外在条件多好,你都应该尽力回避。

普玲,幸福的生活要靠智慧来收获,所以我建议你要慎重地思考,努力地沟通,以确保自己明明白白地嫁或不嫁。

祝福你找到属于自己的真正的幸福!

【丽珊女性幸福心理学】

女儿是父亲前世的情人,为什么古今中外都有这样的提法?因为女儿从小就开始和母亲争夺父亲——她们面对的唯一一个男人。对于一个要做继母的女性,如果对方带一个男孩,你融入这个家庭相对来讲难度小一点,但如果是给一个女孩做继母,那就很难,尤其是孩子临近青春期或正在青春期的阶段,这个时段,她连自己的生身母亲都逆反得很厉害,何况对于你这个后介入者呢?结果可想而知了吧!

婆婆的冷漠让我心寒

丽珊—门当户对理论一再强调,婚姻中双方不仅仅是物质、地位的匹配,更要看双方精神层面的匹配,包括人际交往模式、价值观、对金钱的理解、亲情黏合度等等。任何一方面不匹配都有可能造成夫妻感情的疏离。

沈迪蓉在心理机构预约咨询时说她对丽珊老师十分信任。四年前她在一间美资能源类企业,丽珊老师作为该企业的心理顾问,给大家做过很多场培训,在她心目中丽珊老师是最专业的心理咨询师,她现在站在离婚与否的十字路口,要第一时间和丽珊老师见面。

妹妹到家聚会,婆婆大闹搅局

上个周六,沈迪蓉的两个妹妹采摘了一些草莓,周日给沈迪蓉的女儿送来。那天沈迪蓉感冒有点厉害,她告诉正在准备午饭的公公,多加些菜,她的两个妹妹要过来,就回房间休息了。妹妹来了之后,姐妹三个在客厅里抱着孩子玩儿,唧唧喳喳。婆婆摔门进了房间就开始大骂:"有点规矩吗? 有点家教吗? 你把公公当厨师,把婆婆当奶妈呀,自己什么都不做,你以为自己是谁呀……"沈迪蓉莫名其妙,婆婆怎么能当着儿媳妇妹妹的面这样发飙呢? 她很生气地抱着孩子和两个妹妹走了,一直没有回家。老公给她打电话,让她回家。但令她不满意的是老公竟然说婆婆说得也没有错呀,你妹妹来家里,自己却什么都不做,如果身体不好就别让她们来呀!

十分瘦削的沈迪蓉开始抽噎,看来她真的没有觉得自己有什么不妥的。

婆婆不接待自己的亲姐妹

"迪蓉,平时你婆婆和她的家人走动频繁吗?"我避开安慰她的情绪,而是提一个与冲突相关性比较小的问题,同时了解一下婆婆的人际交往模式。

我们不能盲目地就事论事,而应将她的行为放置到她自身行为的参照系中,这样产生的判断才更加客观。

迪蓉婆婆家有姐妹七个,她婆婆是老三,老大、老二是女孩,老辈人将生男孩的希望寄托在第三个孩子身上,非常遗憾,又是女孩。家人从她降生就不待见她,她始终处于不被重视的状态里,忍饥挨饿。她和家里人没有什么感情,成年后认为所有的人都欠她的。早在迪蓉生孩子之前,她就明确告诉儿子、儿媳,她不替他们带孩子,她只想为自己而活。

"那为什么现在老夫妻在帮你带孩子呢?"

生孩子之前沈迪蓉在一家美资企业做行政管理,工作轻松收入高。没人帮着带孩子使她不得不辞职在家带孩子。沈迪蓉老公王伟硕士毕业后就留在大学的计算机中心,他性格极端内向,基本不和人交流。沈迪蓉在家带孩子,家庭的经济重担就落在王伟肩上,两年之后,王伟扛不住了,沈迪蓉必须出去找工作,这个时候婆婆和公公才来北京帮他们接个短儿,等孩子三岁正式入园了就好了。

"我觉得你婆婆挺通情达理,替你们着想的。"我希望帮助沈迪蓉看到婆婆对他们的好。

"她是心疼自己的儿子。为了收入更高,我找了一份医药代表的工作,很辛苦,但他们家人没有关怀过我。"沈迪蓉依然沉浸在自己的委屈之中。

自打婆婆到了北京,她的姐妹分别和婆婆联系,希望到北京来玩一玩,每次婆婆都断然拒绝。"她们为什么要到我儿子家来呢? 想来北京自己就来呀,为什么非要麻烦我们？为什么要占我的便宜……"婆婆和王伟说这种事时总是特别烦,"我就讨厌这种不把给别人添麻烦当回事的人。"迪蓉觉得他们太冷漠了,都是亲戚,不就是找个住处,准备个饭吗？她建议让姨母来,在家附近订个旅店。"你可是好人儿,不花你的钱,不用你做饭……"婆婆把迪蓉噎回来。

经济过分独立使家人生分

"怎么叫不花你的钱呢？"我要进一步澄清。

王伟自结婚就没有将钱交给沈迪蓉,两个人每个月拿出固定的钱来过日子,其他的钱就各自管理了。

"你不工作的两年呢？"

"那当然就是花他的钱了。做销售之后我的工资要比他高很多,我也像结婚后那样将固定的钱交给婆婆,其他的钱就由我自己管理了。"看来婆婆说的话也不无道理。

"迪蓉,你婆婆对自己的亲姐妹都很疏远,你却没有和她们商量就自作主张让妹妹来家,是不是有些不妥呢？你仅仅去厨房告知公公有客人来,多做些饭,自己就回房间了,你觉得合适吗？你了解多加菜是什么概念吗？家里是否有现成的菜,是不是还需要到菜市场买？由此产生的额外支出你承担了吗？"一连串的问题把沈迪蓉问住了。

"亲戚之间难道应该这么生分吗？"沈迪蓉对我的说法充满了质疑。

"是的,我觉得家人之间不应该生分,你第二份工作赚钱多了,为什么不能多贴补家用呢？就算结婚之初,王伟没有把钱全部交给你,可你两年没有工作王伟承担着全部家用呀,你再工作之后为什么不改变一下经济模式呢？"

"丽珊老师,我真的没有想这么多,我妹妹们都不是讲究吃喝的人,她们来看孩子,作为爷爷奶奶应该高兴才对呀……"沈迪蓉很苍白地说着。

迪蓉在人际交往中比较热情、情感比较大条,她不仅对自己妹妹热情,对婆婆家的亲戚也是热情的。媳妇和婆家亲情黏合度完全不一样,造成矛盾也是情理之中,这时需要双方彼此体谅。

"那我以后应该怎么做呢？"这是沈迪蓉希望改进关系的信号。

第一，要主动多交钱给家里。如果婆婆不来帮助，雇保姆需要经济支出，并且还不放心，那么是不是应该将支付给保姆的钱放到家用中呢？让婆婆支配起来宽松些。

第二，以后姐妹再来家，要提前告诉老人，自己买好食材，你们姐妹一起做饭，让公婆吃现成的。

婆婆将自己和孩子轰回娘家

"丽珊老师，我知道您是为了我们家庭和谐，但您不知道婆婆给我的心灵留下了巨大的创伤。"我感觉到迪蓉对"蹭饭事件"有了全新的认识，进一步爆出婆婆的料。

沈迪蓉辞职在家带孩子还是手忙脚乱，她打算去娘家，让外婆帮助。婆家恰好在北京和娘家之间，她抱着孩子去婆家让奶奶看看孙女。没想到婆婆见到她的第一句话就是："你买好回娘家的火车票了吗？"迪蓉的心一下子掉进冰窟了，婆婆太独了，她连自己的孙女都不容，她们只是想看看她而已。奶奶却轰她们走，太不近人情了。

"迪蓉，我不这么理解，因为你婆婆不需要轰你们，她早已亮明观点不帮你带孩子，况且你只是去娘家，顺路来看看。她当时只是想关心你一下，她对你住几天也做到心中有数，人上了岁数应变能力差了，她渴望知道之后发生的所有的事情……"

"丽珊老师，我觉得您一直在替她说话。"

我告诉迪蓉，心理咨询师的使命就是站在中立的角度，客观地还原事情真相，帮助来访者看到之前的盲点。"你觉得我说得哪些没有道理呢？"

沈迪蓉低下头想了一会儿，摇摇头："我来您这之前觉得特别委屈，根本没有看到自己有什么错，都是他们家不对。可和您交流之后，我觉得他们好像没有什么错，都是我的错了。"

"呵呵，其实不存在什么错与对，只是你们的思维方式存在很多差异而已。"

丽珊——门当户对理论一再强调，婚姻中双方不仅仅是物质、地位的匹配，更要看双方精神层面的匹配，包括人际交往模式、价值观、对金钱的理解、亲情黏合度等等。任何一方面不匹配都有可能造成夫妻感情的疏离。

我不想这样和老公生活下去了

"丽珊老师，我现在站在婚姻的十字路口上，现在的生活根本不是我想要的。王伟根本不和任何人交流，我觉得他无法适应社会。"

"和他谈恋爱时相比，他有什么变化吗？"

沈迪蓉谈恋爱时属于大龄了，觉得王伟在大学工作、有自己的住房、人很实在，但缺点也很明显，就是不和人交流，并且把钱看得比较重。我当时想结婚后慢慢磨合，但现在已经结婚五年了，却没有丝毫改变。

谈恋爱时，一些人因为各种原因而急于结婚，将和谐寄托到结婚之后的"再塑造"，这种想法完全是自欺欺人。恋爱时每个人都希望将自己最美好的方面表现给对方，结婚之后还原本真，怎么会有自我改变的动能呢？过来人都会知道，结婚之后可以改变的只有自己，只有放弃重新塑造对方才能获得婚姻的和谐，不然就自寻烦恼了。我建议大家在谈恋爱时用放大镜看对方，而结婚之后，就可以闭一只眼，眯上另一只眼了。

我给沈迪蓉留的心理作业就是充分地列出王伟的优点和缺点，并且要给自己两年的时间充分自我改变，如果到时还不行再考虑离婚不晚。

沈迪蓉的改变经历了很长的时间，她属于比较固执的人。一年后，她终于写出保持婚姻的优点要远远多于离婚。

【丽珊女性幸福心理学】

媳妇原生家庭的亲情黏合度超强，婆婆原生家庭的人际互动冷漠。婆婆难以接受媳妇的热情奔放、"不分彼此"，媳妇觉得婆家缺乏起码的人情味儿。两种亲情互动模式的差异会造成很多的不和谐。

婆婆使我的人生完全扭曲

守寡的婆婆往往对孩子的爱超过对自己的爱；她们曾经沧海难为水；还有可能性格孤僻。这些无疑提高了儿媳与她相处的难度。

心理机构预约咨询记录表单上提供的信息：女，四十五岁，与婆婆无法和谐相处。当我面对一位苍老、憔悴的女性时，思维有些混乱，我无法判断她是否是四十五岁的儿媳妇，但四十五岁怎么可能苍老到这种地步？那么还有另一个可能，婆婆得知儿媳要到这里"告状"，先人一步？我的脑子里快速地反应，生怕无意中说错了话而引发矛盾的进一步复杂化。

"丽珊老师，您好！我是刘秀敏，您到我们学校作过讲座，当时我就有种预感，您是我可以信赖的，能够说说心里话的人……"刘秀敏的自我介绍为我解了围。我在握她手时，粗糙而硬板的手让我的手下意识地缩了一下，但内心却又特别渴望多握一会儿，如果能给她更多的温暖的话，我愿意忍受那种生硬的痛。刘秀敏坐下后就开始了她的讲述。

寡居婆婆谈走了儿子的未婚妻

"我和肖孝良是大学同学，他这个人不善言谈，尽管这么多年来他没有尽到丈夫的职责,但公允地说他的心地很善良,他也是一名特别优秀的教师,但现在他也和我一样苍老得没有人样儿。而这一切都是他母亲造成的,她就是童话里的女巫婆。"

作为四十五岁的女人,用"女巫婆"来形容婆婆很少见,能够感受到她无奈得已经无法用成年人的语言来表述自己内心的感受。

"肖孝良父亲在他五岁时就死了,他母亲独自拉扯着他和仅有三岁的弟弟,没有再婚。如果再给我一次选择的机会,我一定要找一个类似情况母亲再婚的,绝不找一直守寡的,她的孩子将面对一生难以还完的感情债。"刘秀敏夹叙夹议地讲着,我尽力跟上她的思维。

儿媳妇很难与守寡的婆婆相处,这是很多人通过直接或间接经验得出的共识。守寡的婆婆具有以下共同的特点:一是对孩子的爱超过对自己的爱,她们往往担心孩子受继父的气,所以牺牲自己,保全孩子;二是难以从前一段感情中走出来,要么是恩爱夫妻,曾经沧海难为水,除却巫山不是云,要么是被前一段感情伤着了,不敢再进入感情,无论哪一种都是深刻浸润进感情之中了;三是性格孤僻,难以适应陌生人进入自己的生活世界。

如果你也是守寡婆婆,只要注意开放自己,给自己更多与人交流的机会,对别人更包容的话,你还会是让儿媳妇喜欢的婆婆的。

"我和孝良刚结婚的时候,一切都挺正常的,因为那个时候他母亲更关注弟弟。弟弟到三十岁还没有结婚,他母亲也着急,托人给小儿子介绍女朋友,开始时一切都正常,但只要快结婚了,他母亲就要和人家姑娘单独谈一次话,谈话后姑娘就对弟弟慢慢冷淡下去,然后分手。几次这样的事情发生,我们也觉得其中肯定有蹊跷。

"后来弟弟又新交了女朋友,但他不再带女友回家了。不知他母亲怎么知道了他们在外面已经借了房子要秘密结婚。她暴跳如雷,当时她那种歇斯底里的样子我一辈子都不会忘记。她找到弟弟的新房,撬开了门,将家具都给砸了,并且要纵火烧掉那个家,幸亏被邻居发现才没有酿成大祸。

"这件事之后,弟弟回了一趟家,给母亲跪下磕头,回报了她的生育之恩,然后断绝了和她的关系……他走了。他又找了一处房子,至今他母亲也没有找到,弟弟两口子过着平静的生活。"

肖孝良母亲的所作所为证明她的人格已经变态。因为长年的守寡使她对生活的看法发生了巨大的扭曲,她认为自己为了孩子而牺牲了一生的幸福,那么孩子应该百分之百地听从她的调遣。在她的潜意识中儿媳是与她争夺儿子爱的敌人,她要捍卫自己在儿子心目中的绝对位置。

母亲阻止他们夫妻在一起

"我的厄运由此开始了。孝良是长子,很孝顺,我们住的是一套两居室的房子,每天晚上孝良都要陪着他母亲说话。弟弟走了之后,他母亲对孝良的关心一下子升温了,说夫妻生活过多会影响男人的寿命,并且已经有了这么好的儿子,夫妻生活就没有必要了,况且如果被小孩子看见也不好,所以她让孝良和她住在一间房子里。我们平时一起吃饭,然后他们娘俩回屋说话,我带着孩子学习、睡觉。我觉得自己很委屈,曾经背着他母亲和孝良谈过,我们是合法夫妻,生活在一起是应该的。孝良很为难,有时他母亲睡着了,他就过来待一会儿,每次我们的夫妻生活进行到一半,他母亲就会在那边大声喊起来,几次惊吓之后他阳痿了。我们之间就再也没有什么了,他母亲不知怎么知道了这件事,兴高采烈地准备了一桌饭菜,说她老来有福,儿子不再近女色,可以长命百岁了。那天我将桌子推翻了,这是我第一次与婆婆当面闹翻了。

"她的变态进一步升级,在我面前更加肆无忌惮,有时让孝良给她洗身子,甚至连她的屁股都要孝良洗。孝良越来越没有话了,他在家里只是低着头按照他母亲的旨意做事。"

孝良弟弟的觉醒使她进一步意识到对儿子监控的重要性和必要性,于是她将自己全部的"爱"都给了孝良。孝良是痛苦的,他夹在妻子和母亲之中,没有正常的家庭生活,但他不敢违背母亲的意思,因为母亲为了他们付出的太多了,他们一辈子都无法偿还。

我现在只剩下儿子了

"我的脾气越来越暴躁,一遇到什么事就要大声发作。有时我说话也没有遮拦,记得有一次我骂他们母子不要脸,乱伦,孝良打了我。我带着孩子住进了学校,我不再回那个龌龊的家,孝良经常到学校想看看儿子,我才不让他得逞呢,我现在就剩下这个儿子了。"

"我一颗心扑到儿子身上,我带着他上各种班,反正我没有其他事情。儿子真的很争气,从小就表现出超常的才能。"

"我不想这样守活寡,几次提出离婚,孝良只是哭,不说话,就是坚决不同意离婚。学校和法院都来调解,弄得我特别烦,您说这些事情跟人家怎么张口说呀?后来我想离不离的都无所谓了,我这把年纪,离了也不想再婚了,和他挂着就挂着吧。我想好了,以后我就和儿子一起过了。"

"你为什么今天来跟我讲这个事情呢?你和孝良的关系已经这么久了,发生了什么事情促使你要来跟我交流呢?"我要尽快地进入问题的实质。

"孝良单位领导来找我,他脑血栓住院了,如果不是送诊及时,他就死了。说心里话,我挺想去医院看看他,照顾他的,但想到如果那样,我又回到之前非人的生活之中。那天我做梦,他死了,我哭醒了……"此时刘秀敏流下了眼泪,我紧紧地握住她的手。

"去看他吧,此时他最想见的人就是你和儿子了,他心里什么都清楚,你们两个人彼此挂念对方,但又都太骄傲,这种骄傲面对生与死太苍白了……"

刘秀敏去了医院,但看到婆婆之后,她又控制不住自己的情绪。她一直坚持来与我交流。孝良出院之后,也和她一起来了。第一次见到我,孝良深深地给我鞠躬!

"丽珊老师,我是经历了生死的人,我终于明白了什么对我最重要,我已经和秀敏租好房子了,我要为自己活。"

"如何安顿你的母亲呢?"

"我已经和弟弟交流过了,给母亲请保姆,每周我们都回去一次看她。我的病对我母亲也有所触动!"

看着苍老得和年龄完全不相符的夫妻又能相依相偎,我也流下了激动的泪水。

　　面对人生的各种选择，我们要遵从"你好，我好，世界好"的原则，如果仅仅能够满足"你好、我好"而不能达到"世界好"，这种选择定然不会长久。

　　孝良母亲的所有选择都满足她自己，这样不仅伤害了儿媳妇，更伤害了她挚爱的儿子，最终自伤。在孝良兄弟的努力下，孝良母亲和心理机构老年人心理支持的专家建立了长期的咨询关系，她也越来越开放自己了。

【丽珊女性幸福心理学】

　　所有的问题都会有三个以上的解决方案，生活中没有绝路，只有放弃努力和思考。心理咨询师是所有人遇到困难时最好的外部支持力量。

孩子要杀父母背后的原因

在你择偶的清单上应该将家族遗传病史、性格、人际和谐度等放在首位,而财富、地位则是外挂性的要求了。

"疯狂的小鸟"在训练营中表现得异常活跃,她表情丰富,总是和同学打打闹闹,好像有使不完的能量。只要有同学和我单独交流,她肯定放下手中的事情,跑过来问:"你和丽珊老师说什么呢?是说我吗?"在我们进行感恩家庭的环节中,"疯狂的小鸟"突然安静下来了,表情凝重。单独交流阶段,她走到我面前,异常严肃地跟我说:"丽珊老师,我想杀了我父母,而且要将他们肢解才能解除我心中的愤恨。"我内心一惊,但表现出来很镇静的样子。"为什么呢?"

"疯狂的小鸟"告诉我,她奶奶是精神病患者,四十岁左右发病时,爷爷就和她离婚了,她一个人带着"疯狂的小鸟"的父亲和姑姑生活,那个时候她父亲才十来岁。现在父亲对奶奶特别偏袒,总是对"疯狂的小鸟"提出不合理的要求。奶奶整天脏兮兮的,父亲却总是让她去亲奶奶,她不照办父亲就骂她、掐她……有一次她被父亲逼急了就说奶奶脏得像猪一样,父亲拿着刀向她砍来,幸亏母亲在旁边大喊"她是你女儿"才制止了他。那天他把女儿卧室的门全部砍烂了。"现在想起他当时的表情我都浑身起鸡皮疙瘩。父亲对母亲也特别狠,我记得有一次他们俩吵架,母亲说如果知道奶奶这样,当年肯定不嫁给他,他狠狠地打了我母亲……""疯狂的小鸟"的眼泪哗哗地流下来。

"我母亲对我也很挑剔,无论我做什么她都能挑出毛病来,说我做事没条理,说我不懂规矩……我恨死他们俩了,曾经有一次我拿着刀站在他背后,想捅过去,当时如果不是手抖得太厉害刀掉了,我就成功了!"

"仅仅被母亲说做事没条理、不懂规矩就动了伤害父母的念头?"我通过提问来澄清问题。

"我小时候挺淘气的,母亲特别生气,她对我说话总是恶声恶气的。"

"你告诉我你是如何淘气的呢?"

"我经常把鱼从鱼缸中拿出来,放到地上,然后一个一个踩爆……"如此残忍的行为在"疯狂的小鸟"眼里仅仅是淘气。

"孩子,你没有想过鱼也是有生命的吗?"

"我还是有生命的呢,我父亲还不是想打就打,想砍就砍?""疯狂的小鸟"很有力量地反问我。

"孩子,你父亲在十来岁时就面对着父母离异,母亲精神病发作的现实,我想当时他肯定受了很多的伤害,被周围的人歧视。他们母子三人相依为命的日子有多么艰难,你是难以想象的。他对奶奶好说明他很孝顺,是个好人。他希望奶奶像其他健康的老人一样得到孙辈的爱和尊重。当你拒绝父亲的要求时,他愤怒了,尤其你竟然说奶奶是猪,这无疑唤起了父亲当年被别人歧视的记忆。你父亲拿刀砍向的不是你,而是当年欺负、羞辱他们的人。所以你母亲一句'她是你的女儿'叫停了他的幻想,制止了他的过激行为。孩子,你父亲在年轻时心灵受过很大的伤害,作为女儿,你要用手捧着父亲受伤的心灵,而不应该再去伤害他才对,你说呢?"

"疯狂的小鸟"眼泪又一次流了下来,点了点头,但很快她又说:"为什么让我理解他? 他是成年人。为什么让我承担我奶奶疯了的后果?"

"孩子,一家人之间没有这么多的为什么,作为新生代的人你们获得知识的途径更多,比父母更适应现在的社会,由此拥有更好的包容性。"为了暂时回避她对父亲的仇恨,我将话题转移到母亲身上来。

"孩子,我能理解你母亲对你的所谓挑剔。她在嫁给你父亲之前可能对奶奶的情况并不太了解,婚后面对婆婆的病症,面对脾气暴躁的老公,她内心充满了委屈,幸好有了你,尤其是你能够考入重点学校,这无疑使母亲倍感欣慰。她渴望将你培养成为一个全方面发展、有出息的孩子。你给她并不满意的婚姻涂上了一抹亮色。我希望你在体谅父母的前提下,能够为维护家庭的完整与和谐努力。"

"可我根本就不想保持家庭的完整,更没有力量维持家庭的和谐。我希望我们三个人同归于尽,结束这个错误。"

"疯狂的小鸟"的固执不是对我的阻抗,而是她内心的声音,在她的记忆中有太多的痛苦了。而对她的内心产生关键转变的是课程最后一天,父母参与活动中,我有意安排了"疯狂的小鸟"的母亲分享她的感受,她当众讲述了自己在对婚姻绝望的时候生了"疯狂的小鸟",女儿的聪明伶俐给她一线希望。但随着孩子的成长,女儿缺乏情绪管理的能力,经常用极端行为对付小动物的做法让她内心不寒而栗,担心她会有精神病的遗传基因……越是恐惧她就越要严格地要求孩子……

"疯狂的小鸟"开始抽泣,她第一次听到母亲内心的担忧,看到了在她心目中一直强势的母亲的软弱无力……她扑过去,紧紧地抱住了母亲……

【丽珊女性幸福心理学】

真正的优生优育是从恋爱开始的。你选择的不仅仅是婚姻伴侣,更是未来孩子的父亲或母亲,以此为目标选择时,你的择偶清单上应该将家族遗传病史、性格、人际和谐度等放在首位,而财富、地位则是外挂性的要求了。

心灵作业：你愿意成为未婚夫原生家庭中的一员吗

在回答问题之前，请先检视一下你当下的状态：

1. 你身处于一个安全、安静的空间，不会有人唐突打扰你。

2. 你至少有一个小时可以全然放松地思考和回答以下问题，请关闭手机。

3. 你身体的状态非常良好，没有诸如睡眠不足、腹痛、头痛、心悸等各种不适症状。

4. 你的心情非常平静，最近三天以内没有来自人际关系中的纷扰。

婚前，你是否全面了解对方的原生家庭，并且欣然成为这个家庭中的一员。本心理作业包括且不仅仅包括以下诸多方面。

一、你的未婚夫在情感上更倾向于他父亲还是母亲？为什么？

二、你的未婚夫父母的感情如何？是举案齐眉，是打打闹闹，还是相互冷漠？

三、你的未婚夫的原生家庭是母系家庭、父系家庭，还是民主家庭？与你的原生家庭模式一致吗？

四、你的未婚夫父母对你哪些方面满意？对你哪些方面不满意？理由分别是什么？

五、你的未婚夫父母的价值观和你父母的一致吗？你和他们的价值观有冲突吗？

六、你的未婚夫父母和家人、邻居、同事的关系如何？

七、婚后，你们是否要与婆家同住？你做好准备了吗？请列出需要准备的内容。

八、你的未婚夫在生活方面有独立的想法吗？他父母对他的干预多吗？

第九章　双方匹配是幸福婚姻的基石

丽珊新门当户对理论

　　许多女孩在选择恋人时往往跨越自己的成长环境,选择自己全然不了解的对象,原因很简单,就是对他的成长环境和他的行为习惯充满好奇。"我从来没有见过这么落魄的人……""我无法想象在那样的环境中他是怎么生活的……""他那么冷冰冰的,难道他真的不喜欢女生……"如果希望自己的婚姻幸福,一定要记住"不熟不碰"的死律,因为不熟会产生很多的不切实际的联想;因为不熟会有太多的期待;因为不熟会相互难以解读;因为不熟难以获得幸福。

　　在你选择对方之前,请你认真地回答我提出的几个问题:

　　你觉得你们双方在感情中对等吗?

　　你的恋人给你个人形象和价值感是加分还是减分?

　　你是否可以自豪地将自己的恋人不分场合地介绍给你所有的朋友?

　　你熟悉对方所处的成长环境、职业环境和交友环境吗?

　　你能够无条件地接受对方的家庭和亲友,并欣然成为一员吗?

　　你觉得你们的原生家庭模式是否相同,如果不相同双方真的能平等地彼此接纳吗?

　　在婚姻中,伤害你的往往就是你恋爱时曾经迷恋的,并为此而放弃自己的原则、地位和父母的劝告等等。所以婚姻是否和谐在一定程度上是完全可以预测的。

海归女儿和理发师谈恋爱了

　　两个成长经历完全不同的人成就婚姻的风险是很大的,在一方心目中完全是常识的事物对另一方来讲则是闻所未闻。如果两个人处于完全不兼容的频道,会有怎样的沟通?

From:筱文

丽珊老师您好!

　　我最近一段时间心烦得要命,头发都白了。女儿小敏太不听话了,我眼看着女儿在毁自己,却无力保护她,无力将其摇醒,我的阻拦在她身上都变成反抗的力量……

　　小敏从小就长得特别漂亮,我在骄傲的同时更多的是担忧,生怕女儿被坏人带坏了。我告诫小敏男生都很危险,具有很强的破坏力,千万不要与男生交往……小敏对我的话似懂非懂,但她知道母亲是为自己好,按母亲的意思做肯定没有错。小敏心如止水地学习,学业上很有收获。我当时特别感激老天赐予我这样一个漂亮、安静、听话的女儿,小敏从来没有过和异性交往的经历。

　　女儿漂亮但不招惹男生。硕士毕业参加工作,因为表现优秀,被单位派到国外深造两年。回国不久,她理发时遇到了一个美发师,双方就交往起来。小敏告诉我,从小到大没有一个男生主动和她交流,她一直认为自己没有"异性缘儿",内心挺自卑的,却不敢跟我说,生怕我数落她。在美发师的眼中她简直就是完美女生,他总是情不自禁地赞美她,两个人很快发展成为恋爱关系。

丽珊老师,我一直希望将女儿培养成优雅的淑女,却不想她找了一个美发师。我不是对人家的职业有什么歧视,可他仅仅小学毕业,又从事咱不太了解的职业,每天接触那么多女性,哄女性高兴对于他来讲太容易了。谁知道他是真的喜欢我女儿,还是他已经习惯了逢迎女孩? 小敏没有与男生交往的经验,会将好感误认为是爱情,我苦口婆心地提醒小敏重新审视他们之间的感情,摆正关系,但小敏的态度却越来越坚决……前两天小敏回家很骄傲地向我宣布:他们已经发生了性关系,她必须要和他结婚了……完了,我从她很小就千叮咛万嘱咐,谁想让那个小子得手了。我现在太被动了,不同意他们在一起吧,女儿会不会因为自己不是处女而自卑,如果真的以后找不到合适的对象,我得落埋怨;同意他们在一起,他们之间的差异不会因为"爱情"而填平,没有共同语言是肯定的,如果不幸福可怎么办?

丽珊老师,我天天失眠,人已经苍老了很多,我老公说如果这个问题不解决,我的身体都会垮了。我恨呀,但我不知道到底应该恨谁。恨那个小子吗? 如果咱闺女听话,也不会是这个结果。恨闺女吗? 如果我从小就放手,她有过谈恋爱的经验会不会就不这么不靠谱了? 恨我自己,但我错在哪里呢?

To:筱文

你好!

尽管你此时进退两难,但从你的字里行间我能感受到你是一个通情达理的人,没有把板子完全打在小伙子身上,你在反思自己对女儿的教育,反思女儿的成长。恕我直言,现在的局面和你之前对女儿的教育有着直接的关系。

造成小敏目前非理性选择的最重要原因是母亲在陪伴孩子成长过程中方法太过简单,使孩子错过了爱情心理发育的关键期。我粗略地算了一下小敏现在的年龄在 26~28 岁之间,但在爱情心智上却是青春期的情窦初开,心智与实际年龄的巨大反差造成她被男性接受困难。如果错过这个理发师,是不是还能有其他的男生认同她? 她会不会就此剩在家里? 都是未知数。爱情心理发展是有规律的，父母对孩子的爱情教育也应该有针对性。

第一个阶段：对孩子的感情教育是从青春期开始的。许多父母为了省事，避免孩子"早恋"，要求孩子不要与异性接触。这样的孩子可能会平安地度过青春期，但却给他们成人后谈恋爱留下隐患。小敏之所以结交文化程度相差很大的男友，这与她从小听母亲的话，不与异性接触有着直接的关系，尽管她在学识上是很优秀的，但她在与异性交往方面却是一无所知，可能这位小伙子关心她、幽默，或是别的什么……但无论是什么对她来讲都是眼前一亮。

在孩子青春期的时候父母要鼓励他们广泛地与异性朋友交往，早在20世纪90年代我就提出孩子在青春期应该"早练"，而不能"早恋"。练习什么呢？练习与各种性格的异性去交往，在交往中对异性有全面客观的了解，知道优秀的异性应该具备怎样的品质，同时知道自己适合什么样的异性。同时提醒孩子不应进入"早恋"，一旦进入恋爱就失去了广泛与异性交流的机会，使自己的社会化进程出现停滞。

在这个阶段父母可以和孩子谈关于爱情和婚姻的话题，使孩子从心理上接受父母，并将父母视为可以和自己谈论感情话题的朋友，为以后指导孩子的恋爱奠定亲子感情基础，并由此提高亲子两代人彼此的信任度。

第二个阶段：当孩子已经开始恋爱了，父母要客观地评估自己的孩子，父母总是觉得自己的孩子是最好的，无论孩子选择了怎样的恋人，都会固执地认为孩子应该寻找更加理想的，其实这种理想的标准本来就是相对的、动态的，而不能是绝对的和固定的。如果孩子在与异性交往中没有得到充分认同，或者说没有"异性缘儿"的话，父母还固守着自己的标准，则使孩子无法接受，并且对父母产生反叛。曾经有一位女孩跟我说："在我母亲的眼中我就是天仙，其实在男生眼中我只是恐龙；我母亲给我列出选择男友的条件，殊不知我根本就没有选择的资格。所以每次她跟我说这些，我就特别抓狂。"在小敏的成长中没有任何男子向她表达过爱慕，在与异性交往中她可能处于自卑状态，父母没有认真面对现实，而只是一味地不满意现在的男友，女儿不但不能接受，而且会很逆反。

筱文，你此时要理解孩子的感受，冷静下来，站在促成孩子婚姻的角度，向孩子提供一些考察对方的方法，比如在交往中注意观察男方父母的夫妻关系、家庭氛围、家庭人际交往的模式，因为这些对一个人的成长和未来处理人际关系是有影响的,还要观察男生对生活、对他人是心存感激还是心存抱怨,等等。

筱文,我建议你要接触一下男孩,看看他到底是怎样的一个人,而不是凭空武断地否决他。如果有可能建议两个年轻人接受一下婚前心理指导,因为咨询师是完全处于客观的角度,他们会比较容易接受。这么多年来,心理机构为很多的年轻人做婚姻指导,通过科学客观的测试让双方充分地认识自己,认识对方,认识到彼此的差距,并预见到未来进入婚姻之后会出现的问题,甚至他们的结合对子女的影响等等,有的年轻人经过深思熟虑之后选择了分手,在彼此的祝福下开始新的恋情。婚前指导就是给双方梳理了思路,树立了前进的方向。有的年轻人就不断地修正自己,朝着共同目标努力,成就了美满的婚姻。

第三个阶段:当孩子真的结婚了,父母应该就只能做一件事情了:真心地祝福他们吧!

筱文,你的自责、发愁、抱怨没有任何意义,还会伤害自己的身体。你现在还有机会,抓紧时间请第三方介入吧,婚姻咨询师会帮助你女儿明白什么叫恋爱,如何去恋爱。

【丽珊女性幸福心理学】

我们在学习任何一种知识上都需要多练习,这样才能熟能生巧、举一反三、触类旁通,为什么在恋爱问题上就一定要做到一次成功呢?父母要更新观念,给孩子练习爱的机会。

前男友母亲找我要分手费

很多家境好的女生不知生计艰辛的滋味,颇具"七仙女"情结,她们不嫌贫爱富,但却忽略了自己的"下嫁"本身不但没有拯救男生,反而给男生和他的家人带来沉重的精神上和物质上的负担。

From:邢思睿

丽珊老师您好!

本来今天是我结婚的日子,当然现在没有婚礼了,尽管可能是躲过一劫,但心里还是有些怅然,我想此时写个邮件向您倾诉一下,可能是最明智的选择。

我和前男友志浩是在朋友的婚礼上认识的,他看上去很积极,很上进,和他谈恋爱之后,他父母也非常喜欢我,说志浩是高攀我了。我父母都是成功人士,我本人工作也很体面,人又长得不错,周围人都叫我白富美,所以我在恋爱问题上比较挑剔,一直到二十八岁还单着。

志浩的父母都是普通工人,已经退休了,他们善于理财,早早就给志浩准备了婚房。我家有几处比较大的房子,我结婚可以随便选,谈婚论嫁时,我说让他父母可以把两处小房子卖掉,换一套条件好些的房子安享晚年。但志浩说是他娶媳妇,他家又准备了,他不入赘到我家。他自尊心特别强,我也就没坚持。

在装修房子的时候，我和志浩一家发生了很大的分歧。他们都买最便宜的，为了一块地砖便宜一毛钱，他们会跑遍天津市的各个建材市场，我觉得太浪费时间了。其实一共七十多平米的房子，就算用贵的材料，也不会花太多的钱。我曾经几次建议由我来设计、施工和付费，也被他们家人回绝了。

在装修中，志浩母亲找的是"水猫儿"，却让人家干出一流的活儿来，换了好几拨人。我和志浩嘀咕一下，但从没有在他母亲面前表现出不高兴。志浩总是为一些莫须有的问题和我吵架，他说我当着工人的面说他母亲"有钱娶媳妇就娶，没钱也不能克扣工人的工资呀"，"没钱还打肿脸充胖子"……我怎么可能跟工人说这些呢？但志浩坚持说这些都是他母亲在忍无可忍的情况下才告诉他的，他母亲从来不会骗他，他求我顾全大局，向他母亲道歉。我都二十九岁了，并且周围人都知道我要结婚了，所以我就委曲求全地和他母亲道歉。她一脸宽厚地说："我们家不比你们家有钱，但别人家儿子有的，我儿子也都有，你进了我家门就是我闺女，不会委屈你的……"慢慢地我发现她两面派，当着我说的是一套，但背着我却跟她儿子编派我。

我和志浩之间的感情就像烂尾楼装修一样不知如何收场。闺蜜帮我打听来志浩之前有三个女朋友家庭条件都不错，但都到快结婚时被他母亲搅和黄了。我母亲知道情况后，坚决让我与他分手，我真的不想坚持了。我提出分手后，志浩母亲找我索赔四万元，说装修方案是我的，以后再搞对象肯定得砸了重来，拆和装都需要花钱，我必须承担。当时我都无语了，就给志浩打电话，没想到他说他母亲要得很合理，没有多要。我彻底绝望了，给他卡里打了四万元就再也没有联系。

丽珊老师，从理智上想没有误嫁入他家是幸运的，但我依然很沮丧，我是不是太不会看人了呢？之前我觉得志浩上进，觉得他母亲和善，但事实却有这么大的反差。以后我还怎么搞对象呀？

To: 思睿

你好！

我非常理解你的心情，作为成功人士的女儿，你不嫌贫爱富，选择有上进心的志浩，并懂得照顾他们家人的内心感受——没有坚持在自家的大房子里结婚；你顾全大局，违心地给志浩母亲道歉。遗憾的是你这些付出并未赢得他们对你的认同,有如鲠在喉的感觉是正常的。

思睿,志浩一家人"人穷志不短",志浩具有上进心容易赢得家庭条件不错的女孩和她们父母的喜爱,但当进入谈婚论嫁实质阶段时,双方价值观的差异就凸显出来,激发志浩一家内心深处的自卑,他们变得敏感,往往说者无心,听者有意,为此而更加固执,他们的自我保护意识会很强烈。

思睿,年轻人往往认为"门当户对"是传统的封建思想,是对门第低的人的歧视。透过你的经历,让我们更直观地看到不同生活环境的人价值观是不同的,对金钱和物质的解读也是不同的。比如你认为装修就应该选择好的装修队,用好的材料,没有必要为了省一点点钱而奔波于建材市场。你的观点是基于你拥有足够的钱却时间宝贵;而志浩父母的选择是基于他们拥有大把可支配的时间,而钱很拮据。你们没有对与错之分,只是生活环境不同而已。

思睿,我觉得志浩母亲找你要装修的钱,貌似很冷酷,但很真实,四万元对于你和他们不是一个概念,她尽力维护自己的权益。而你如果将这四万元作为读懂门当户对的学费也是很值得的,你不但不能记恨他们,反而应该感激他们给你未来如何择偶上了一堂生动的人生课。

【丽珊女性幸福心理学】

经济基础决定上层建筑!不同收入的群体对这个世界的解读都是不一样的。当你决定"下嫁"的时候一定要想明白,你所付出的对于对方,尤其是对方家庭来讲绝不是中了头彩,而是背上难以名状的包袱!

没有祝福的婚姻难以走出悲剧的宿命

文静女被环境规范成"文静",而她们内心渴望狂野。她们将自己无法实现的诉求投射到男友身上。尽管文静女与狂野男的爱情往往以悲剧收场,但文静女却依然前赴后继地飞蛾扑火,释放她们内心的压抑!

林伊妮给心理机构打来预约电话时特别强调,她从高中时代就看丽珊老师的专栏,现在已经到了而立之年。

第一次见面时,林伊妮上下左右地端详我,我忙解释:"我 1991 年大学毕业工作,1993 年开始从事心理健康工作,1995 年就在媒体开设心理专栏了。"林伊妮笑了:"真的太年轻了!"林伊妮现在是一个职能部门的一把手,高雅而不失灵活的气质,有着很强的亲和力。我们的谈话从"相互吹捧"中开始。

谈话间,我注意到她衣服上别着精致的白花,她看出我眼中的探问,说她的老公在一个月以前去世了。我想或许我们之间的交流主题与她老公有关。林伊妮说自己为了老公、为了维系这个家庭付出了很多心血,遗憾的是这些付出不但没有给老公带来幸福,反而将他推到了自杀的境地,她不明白问题到底出在哪里?

她悠悠地说起她的故事,只有间或看我一眼,证明她不仅讲给自己,还讲给我。

反叛女孩选择了"另类男孩"

"我的父母都是知识分子,有一些社会地位,所以我的成长环境比较优越。我天生骨子里有很强烈的反叛性。小的时候我们住在父母单位的大院里,院里的孩子都很符合大人眼中好孩子的标准。表面上文静的我,却有一颗并不安静的心,我不喜欢和他们在一起玩,我觉得和他们玩不痛快。我喜欢在学校里玩,到大院外边找在马路上跑的孩子玩,我愿意带领大家玩刺激的游戏。

"升入大学之后,我做了系学生会的主席,我的点子很能迎合同学的口味。我们系的活动总是吸引来很多外系的同学,于是很快我在校区里有些名气了。正在我春风得意的时候,阚家宝闯入了我的视线。他来自于一个小县城,但他绝没有小地方来的学生特有的自卑。听同学讲他在家中的地位很特殊,老阚家兄弟三人就守着他这一个男孩,所以他从小得到六位大人的呵护,这使他很有自信心,他坚信所有的人都喜欢他。小学时他是大队长,又以优异的成绩考进北京,他是老阚家的骄傲,踌躇满志的他是学校中的群众领袖,他组织了一个叫'另类'的社团,总是抢在学生会的前面搞起活动,将同学的兴奋点吸引过去。我的几次创意都被他搅和了。

"我的身边有许多虔诚的追随者,他们误认为我真的是大家闺秀,于是在我面前总是表现出儒雅的样子。其实我从小已经看腻了这个类型。此时我只对阚家宝感兴趣,我要让他领教一下我的厉害。

"和阚家宝坐在一起谈判时,我感到了一种不同,他那些略带粗俗的玩笑使我忘记自己的身份和场合狂笑。后来我都忘记了自己为什么要和他坐在一起。总之第一次的见面算是开了个好头,我和他在一起很放松,很快乐,于是我们两个人开始了交往。"

林伊妮是个很反叛的女孩,别人认为好的,她都持一种怀疑的态度,这从她小的时候选择玩伴就可以看出来。她的家庭环境使她对生活中的艰辛考虑得很少,觉得一切的获得都很自然。这是她选择阚家宝的最深层的原因。

文静女孩的内心却是狂野的。在现实生活中我们经常会看到一些文静的女生特别迷恋"狂野男",很多人用性格互补来解释这种组合过于片面。一些文静女被环境塑造为"文静",但骨子里她们欣赏、美慕性情中人,所以当她遇到狂野男时会觉得这样的人生才有味道,活得畅快淋漓。母亲不要太过于压抑女孩,不然她会将自己的愿望投射到未来的男朋友身上。

爱情开始在反叛之中

"阚家宝真的和其他人不一样,他丝毫没有高看我一眼,约会晚半个小时都很自然,有时甚至还指责我太过刻板,为什么必须准时?唉,人也很奇怪,原来那些追求我的人,在我面前都诚惶诚恐,但我就是不喜欢。而像他这个样子的人,我却觉得很舒服很自然。

"可能是那些日子回家就说这个大宝级的人物,母亲有了一些警觉,她很认真地跟我谈了生存环境对一个人的影响是终生的,很难改变,不能说哪种好哪种不好,但不同生存背景的人生活在一起很难和谐。我那个时候没有认真地考虑母亲的忠告,因为这些仿佛离我很远。我并没有想过要嫁给他,只是相处比较愉快而已。

"促使我和阚家宝进一步发展关系的是两件几乎同时发生的事。周六我回家,父亲拿来美国陈伯伯寄给他的邮件,内容是他派儿子陈一博回国办些公司的事,顺便让我们见一见面,如果没有什么大的问题的话,就将我们两个人的婚事确定下来,这样使我的出国更加快捷一些。陈一博和我是青梅竹马,少年老成,大人们都喜欢他,但我不喜欢,从小我就不愿跟他玩。尤其是陈伯伯这样的谈话方式让我更加气恼,这不是强加于人吗?我告诉父亲我不喜欢陈一博,根本不可能与他发展什么感情。当时我看出父亲很不开心,但他没有多说什么,我现在回想当初他为什么不对我狠一点,让我屈从那桩'门当户对'的婚姻,如果那样的话我的人生则是另外一种天地,阚家宝也会在他的轨迹上快乐地生活。

"我不喜欢看父亲尽力压抑自己将愿望强烈表达出来的样子,就找借口回学校了。宿舍里没有人,闲来无聊,我给阚家宝打电话,他说他现在正有事,不能过来。真晦气! 他总是这样敢于违背我的意愿,我很生气。

"转天见到阚家宝时,他一脸严肃,没有了平日的玩世不恭。他说他很珍惜我们之间的交往,将我们的情况写信告诉家里了,本来以为他们会高兴的,没想到，六位老人马上开了家庭会议，派阚家宝最怕的大伯千里迢迢赶来劝阻我们的交往。老人说阚家宝是阚家的掌上明珠，没有过磕绊，以后应该找一个能说会道的媳妇伺候。而我的出身注定我不会低眉顺眼地伺候他，以后阚家宝会受委屈，并且告诫他一定不要攀高枝……阚家宝当时反驳了大伯，最后大伯说如果我们再交往，就停他的生活费……

"阚家宝这么一说激发了我的兴趣。从小到大周围的大人都竭力主张孩子跟我玩，孩子和我在一起，他们放心，我总是同伴中的头儿。一个来自小县城的孩子和我在一起，他们高兴还来不及，却反对我们交往，真的太荒唐了，我倒要看看在阚家宝的心目中是我的地位重要还是他们重要？

"那天我们很认真地谈了许多，双方都将自己心里的话说出来了。我们发现在考虑问题上我们有许多相同的地方，于是我们当下盟约：不离不弃，斗争到底！"

林伊妮与阚家宝交往是因为他与自己所熟悉的那群人完全不同，他不迎合她，甚至很轻慢她，但这使她感到新鲜，是好奇心驱使他们交往下去。双方父母的反对不但没有阻止他们，反而激发了他们继续交往的兴趣。这在社会心理学中叫"罗密欧与朱丽叶"现象，此时他们是为了感情还是为了挣脱长辈的束缚已经说不清了。

婚姻并没有使两个心灵走向结合

趁着林伊妮喝水，我提出第一个问题："当你和他结下盟约不离不弃时，真的那么爱他吗？"

"真的谈不上爱，我根本就没有想过结婚，只是凑在一起玩儿而已。在此之前的人生太顺利了，没有遇到过任何的坎坷，当时的我就是不知愁滋味，觉得这是个很有挑战性的事情而已。我的一位闺蜜曾追问我，和他在一起能幸福吗？我想了想，如果我真的和他结婚，父母肯定不会让我跟他回县城，那他们自然会帮他留在北京，两个人都工作，生活上会有什么麻烦呢？

"大学毕业时，我背着父母托了关系把阚家宝留在了北京。工作两个月之后我们秘密结婚,只有我们的几位大学同学参加,双方的长辈都不知道我们结婚了。现在想起来我都奇怪为什么这么积极地结婚,可能当时是和长辈们玩捉猫猫吧,真的没有想责任、未来什么的。

"我父母属于特别宽厚的人,就算他们内心不舒服,但也绝不会表现出来不快,包括我们的先斩后奏。但每次回娘家,阚家宝都很怵头,平时我们单独在一起时,我觉得他很正常,有时还很幽默,但不知道为什么只要到了我们家,他的言谈举止就与我们家的气氛完全不匹配。我能感觉到他内心很胆怯,但还是强迫自己不停地说话,不分场合地开玩笑,我父母很惊讶他的谈吐和看待问题的角度。我暗示他尽量少说话,可他不知怎么想的,总是不停地说着别人并不感兴趣的事,丝毫不顾及别人的脸色,我都感到难堪。我私下提醒他,在我父母家不像我们两个人单独在一起,要注意自己的形象,但他总是说我骨子里瞧不起他,总是找茬打击他。他以前根本就不是这样,别忘了,他曾经是在同学中很有号召力的'另类'人物。

"在生活中我也感到费劲,谈恋爱时没有机会看到他具体的生活习惯,结婚之后,他的一些习惯让我感到不可思议,甚至不能容忍,有时我说他,他很认真地告诉我他家人都这样,嘲笑我没有见过世面,大惊小怪。为了不陷入争吵,我跟他定了一个君子协议,在我父母家不要这样,算是给我点面子。

"我的父母有很好的涵养,他们能够兼容并包,当初我们大院的孩子们要聚会肯定选择到我们家来,人家都是一家子一家子的,每到这个时候我和阚家宝都紧张,更准确地说我最紧张,当年不可一世的小公主、让他们望而却步的女孩,她到底选择了什么样的老公?我真心觉得他并不能代表我的审美,但却不能不带他去。陈一博还没有成家,将事业当作他的伴侣了。他经常回国做生意,每次回来都要攒一个局。他的确才智过人,儒雅非凡,成为人群的中心是必然的。阚家宝总是用挑战性的话刺激陈一博,但他哪里是陈一博的对手?每每自取其辱之后就狠狠地说他不喜欢这帮'纨绔子弟'。

"强烈的自卑感使他越来越偏执,只要是我说的,他都要反对,只要是陈一博说的他回家就会破口大骂……开始我还要跟他辩论一下,后来我感到他太可笑了。我想如果他事业成功了,心境自然就平和了,所以我开始暗中帮助他的事业。没想到我的这个愿望却断送了他。"

来自不同文化背景和生活境遇的两个人在大学中相遇可以无视在原生家庭中形成的生活方式、价值观念和行为取向，他们毕竟还没有独立面对生活。"一个姑爷半个儿"是指婚姻使双方真正走入对方的原生家庭。原生家庭的差异势必造成冲突。阚家宝在家里很受宠，他远离家庭，留在北京可能是他的梦想，但真的留下来了，他再也找不到那种众星捧月的感觉了，他用自己的方式与新环境争斗，而这种争斗除了伤害与妻子的感情之外，没有任何积极的作用。

失重感让他变得无法平静

"阚家宝打心眼儿里希望用自己的聪明才智打拼一番事业出来，但他发现在机关中他很难适应，他的风趣和幽默成了别人的笑料，没有人真正看重他，倒是几位年轻的好事者经常探问他是如何掠取了我这样一朵名花，在别人的眼里他只是林伊妮的老公……

"阚家宝深思熟虑之后，决定从我和我的家庭阴影中走出来，他要到外面去闯一闯，证明自己的价值。他不顾我的劝阻辞职下海，当上一个医药公司的商业代表。因为对专业知识不太了解，没有很好的业绩，他又跳槽，但每次换工作都以失败而告终。

"说实在的我是挺关心他的，尤其当他事业不顺时，我总是给他鼓励，我并没有后悔当初的选择，我觉得他出生在一般人家，也是父母的宝贝，我很照顾他的情绪，有的时候因为他不愿去我家，我都要很长时间回一次家。但我苦心做的这一切，他却并不领情。总是说'你们怎么能看得起我们？在你们的眼里我是什么？是讨饭的叫花子，吃软饭的'。"

"当阚家宝在婚姻中感觉到压抑时，他的家人在这个婚姻中扮演什么样的角色？"我适时地追问一下。

"他一不开心就回老家。如果没有他们家人的参与，我们的感情也不会出现裂痕。结婚之后，父母还鼓励我和他回老家看看，我见到了一群的公婆，在他们家的那几天，六位老人轮番地对我进行教育，先是打击我的'小姐脾气'，然后告诫我要顺着阚家宝，照顾好他，如果他有什么闪失的话，他们是不会答应的，不要因为他们是小地方人就小瞧了他们……我再也没有回去过,但我很支持阚家宝经常回家看看。每次从老家回来他都要找机会跟我大吵一架,说我当初诱惑他,使他陷入我的圈套……我真的不知这话从何谈起,但和他辩论是没有任何意义的。尽管这个婚姻带给我的是不快乐、烦躁、失望、丢人……但我从没有想过和他离婚,一来我在机关工作,个人生活也是组织考察的重要组成部分,二来我的家庭也不希望我草率结婚,再草率离婚。当时我劝慰自己,我和他在一起很真实,不需要任何的表演。

"但阚家宝并不这样想,他在家总是阴沉着脸,没完没了地抱怨。他对我和我的一家怀着深刻的敌意。看着他一天天消沉,我建议他再回到机关,如果不愿回原来的单位,就另换一个,毕竟专业对口一些。

"我给他铺垫了一下,加上专业对口,阚家宝又进入另一个机关。日子开始平静了,我们也打算要个孩子。

"就在两个月前的一天,他回家就摔摔打打,说我干预他的事太多了,为什么又让新单位的同事知道了他是林伊妮的老公,他什么时候才能真正摆脱我的笼罩?

"那段时间我正在为一项工作伤脑筋,心里也很烦,看着他歇斯底里,我不禁联想起我的闺蜜,她们的老公总是为她们遮风避雨,可自己的这位老公什么也不行,连自己都弄不好,他哪里知道我在帮助他的时候,跟人家说这是我的老公时有多难堪?我越想心里越难受,这一次我没有顺着他,我也跟他喊了起来,没有想到他狠狠地揍了我,之后又很野蛮地强暴我。我当时感到天塌下来了,我没有任何反抗,任他蹂躏,甚至想到他会杀了我,但我也没有什么好怨的,死就死吧。

"他又开始摔东西,我闭上眼,许久,没有了动静,我发现自己站不起来了,到了医院,孩子流产了……

"我躺了五天,没有告诉父母。我觉得我给他们带来的麻烦已经太多了,我在等待着命运的安排。"

林伊妮是一个支配欲很强的女子,她不愿受制于人,她对主流社会有一种深刻的反叛。她坚决拒绝了陈一博父亲为儿子的求婚,她要自己塑造一个成功的老公。此时阚家宝已经成为她力量的象征，为此她尽力地帮助他、迁就他、试图塑造他。我们不可否认她爱阚家宝，因为在他身上她找到了一种她始终迷恋、不入流的野性。

另类男生选择了另类的死去

"阚家宝出走后的第十天我接到了公安局的电话，他们发现一名男尸，口袋中有一封写给我的遗书。

"我认领了阚家宝的尸体，他自杀了，表情异常的宁静，从结婚以后就没有看到过的宁静。他的遗书中只有一句话：'两个不同轨道的行星相遇注定了灾难，幸好灾难由我一人承担。'

"阚家宝死了之后，我没有一天是平静度过的，本来想自己调整好的，但我没有这个能力了。我脑海里只留下了他那扭曲的脸，他大学时的幽默、阳光，都不存在了。我可以坦然地说我没有伤害过他，我一心想将他塑造成成功的人，我希望通过我们共同的努力，开创一个好的生活，但他为什么这么恨我呢？我想在他临死的那一瞬间也会认定是我害了他，他是为我们的错误而去死的。可我又错在哪里呢？

阚家宝的自杀表面上是事业上发展不顺利，自信心受到了严重的挫伤，其实更深层次的原因是他们的婚姻，无论是生活还是事业他都无法找到与林伊妮平等的地位。巨大的心理落差使他无法正视，他选择了逃避。临死之前对林伊妮的强暴是他七年来压抑情绪的总爆发。无论林家如何待他，阚家宝都无法走出自己内在的自卑感。

通过林伊妮的倾诉，阚家宝在自杀之前已经有了明显的抑郁症倾向，这个时候，他最需要的不是一个工作，不是事业，而是专业的心理辅导和心理支持系统的构建。心理支持系统既包括夫妻之间的支持，也要求配偶有意识地调整自己的生活节奏，为他创设一个安静、安全的氛围，让他将心里的话全部倾吐出来。同时更重要的是帮助他与大学时期的朋友建立较为密切的联系，在这种交往中使他重温大学时期自由轻松的感觉。

【丽珊女性幸福心理学】

　　站在舞池外面欣赏舞蹈,是一种享受,也是一种感悟。时光相同,乐曲相同,但不同的人却跳着不同的舞蹈……有的两个舞者都按照舞曲的节拍,却总是磕磕绊绊;有的两个舞者根本不把乐曲放在心上,凭着两个人的感觉跳得自由和谐。有一种舞蹈叫婚姻,尽力了并不一定就会和谐,反而会使双方更加辛苦。

孩子迷失在亲情纠葛之中

"丽珊新门当户对"除了双方家庭的经济状况、所处社会阶层之外,还要注意家人之间的黏合度、沟通模式、价值观等等。

大考失败的阴影挥之不去

漂亮的吴海霞满脸忧郁,局促地坐在我对面,这是一个推迟了三年的心理咨询。

三年前,中考冲刺阶段,海霞陷入强烈的焦虑之中,决意要放弃中考。身在天津却时刻牵挂远方侄女的小姑,希望将海霞从黑龙江接来接受心理辅导。海霞的母亲王倩知道后反应异常激烈,"孩子是我一手带大的,你们认为她需要心理辅导,就是说我的教育彻底失败了,以后凡是有关孩子的事情,我都不再过问,可以了吧?"小姑为自己唐突的建议而内疚,再也不敢提咨询的事了。

中考严重失误使海霞以"二等公民"的身份"屈辱"地留在这所重点校借读,看着原来成绩不如自己的同学现在是重点班的正式学生,海霞暗下决心,放弃所有爱好,全力学习。

高一高二两年,海霞经常是年级第一,但她却丝毫没有安全感,神经总是紧绷的。进入高三,海霞的状态越来越差,夜里经常做梦,考试时大脑一片空白,交上白卷……同学们有说有笑地从她身边跑过,远远地抛下她……每次考试她都无法抑制焦虑和恐惧,手抖得无法写字……

3月份的月考,她已经排到年级300名了。试卷分析课使海霞崩溃,她给父母留了字条"我走了,不然我会疯……",就离家出走了。

中考时有过考试焦虑经历,产生"被剥夺"的感受,并造成现实困难,如果没有引起重视,及时调节,在高三出现考试焦虑的概率很高。中考失利使海霞沦为"二等公民",她对自己的学习能力、人际交往能力、情感管理能力充满了质疑,高三备考的氛围,使她的负性感受全面被唤起。

我与自己的目标渐行渐远

正在全家都发愁之时,海霞到天津来找小姑。搁置已久的心理咨询,这才开始。

"我离自己的目标越来越远了,本来我想通过高中三年的努力,洗刷中考的耻辱,现在却又成了这样,我坚决不去高考……"海霞表情冷漠,态度坚决。

"那你的目标是什么呢?"我决定不就事论事,把目光放远了谈。

"我对时尚特别敏感,打算去清华大学学化工,研制出最适合中国女性的化妆品。"海霞对这个话题有了些兴趣。

"时尚和化工相差有些远,你能具体描述一下你理想的工作状态吗?"

"我喜欢给女性朋友讲如何使用化妆品,如何将自己打扮得更美丽,并从内到外获得幸福……"

"如果我没有理解错,你所说的应该是时尚顾问这样的职业,这个职业需要的是人文科学,而不是化工。"

我与海霞分享了大学专业与职业之间的关系,并建议她重新审视专业和大学的选择。海霞的脸明亮起来,"我完全弄扭了。"我让海霞全面评估自己目前各学科学习的现状,本着顺势而为、发挥优势的原则选择适合自己的大学和专业。

对处于紧张焦虑状态中的高三学生,如果简单地就事论事,给他们做放松训练,不但没有改善的可能,而且可能会进一步强化他们的无力感和无助感。生涯规划为学生打开另一扇窗,明确前进的方向,拥有现实感,以达到减缓压力的目的。

身负家庭使命,我总是胡思乱想

第二次见面,海霞的状态明朗了些。

"我文科不用费劲成绩就能名列前茅,如果状态够好,考上不错的文科类大学是完全有可能的。"海霞无意中透露出她参加高考的可能。

在进一步的交流中,海霞告诉我,从小她就觉得母亲很时尚,总能很得体地打扮自己,有种鹤立鸡群的感觉……遗憾的是母亲不总那么优雅,经常在不经意间露出"狰狞的表情"。"我觉得女性只有心态好,才能达到真正的美丽,才能让周围的人舒服。"

海霞内心的纠结浮出水面。

海霞说,母亲王倩对周围人非常冷漠,和自己的姐姐、哥哥几乎都不来往。海霞奶奶家是个大家族,人与人亲密无间,无论是财富上还是精神上都不分彼此。每到节假日,大家会聚到一起,王倩的面无表情与整体气氛格格不入,大家都很关注她的情绪变化……海霞感觉,如果没有亲朋聚会,父母的关系也还和谐;只要聚会,父母就会很紧张,表情也变得虚假,每次过后就会陷入冷战。

海霞从小就很聪明,成绩一直特别优秀,王倩非常自豪,她告诉海霞,女人就要自立自强,将主动权牢牢地掌握在自己手中。只有考上好大学,才会有好工作。母亲之所以继续留在吴家,只是为了把海霞培养成一流人才……

担负着家庭使命的海霞进入初三非常紧张,如果中考不成功,父母就会离婚吗?父亲真的会如母亲所说要给她娶一个后母吗?她越强迫自己不要胡思乱想,就越无法集中精力,成绩明显下滑。

"说句心里话,我才不在意他们是否离婚呢,这样低质量的生活太折磨人了。"

"这么说来,你现在的压力要比初三时降低一些了?"

海霞坚定地点点头，不过她还是表示，有点儿担心回到学校如何面对同学。我们商量下次见面讨论回到学校会遇到什么困难，如何克服困难。

心航路教育心理机构在做家庭辅导时，一再强调认真审视双方的"原生家庭"。"丽珊新门当户对"除了双方家庭的经济状况、所处社会阶层之外，还要注意家人之间的黏合度、沟通模式、价值观等等。王倩的原生家庭属于松散型的，家人之间情感卷入度低，彼此保持相对的独立；而婆家属于紧密型的，家人之间情感卷入度高，相互介入彼此的生活。两家人的交往模式完全不同，就算王倩竭尽全力适应这个环境，也很难达到婆家的要求。王倩将自己的情感和存在的价值感全部寄托在海霞的成长上，她渴望通过海霞的成功来证明自己是对的，无意中给孩子施加了难以承受的压力。

理解母亲，让自己变得可爱

小姑风风火火地和我联系，说王倩从黑龙江赶过来接孩子，可海霞一听说母亲来了，非常反感，"我不见她，为什么就不能给我一个喘息的机会？"小姑很为难，不知道如何交代，王倩会不会多心？

我决定下次见面的时候，着重解决两个问题：一、回学校有哪些障碍；二、搭建母女感情的桥梁。

第三次见面，海霞头深深地垂着。

"遇到什么困难了？看你不太开心的样子。"

"一想到学校，我就特别郁闷，我不知道如何面对同学，这次离家出走，他们肯定会偷着高兴；我不知道如何面对老师，他们曾经都对我寄予很高的希望；我最不想回家，奶奶、父亲与母亲会是什么态度？他们之间会爆发怎样的战争？本来我希望自己能缓解他们的矛盾，这次犯了这么大的错误，他们肯定相互埋怨……"

海霞把头扎进臂肘，我有点心痛，一个孩子肩负着家庭人际关系的协调，太难了。

海霞说自己在班里没有一个朋友，她像苦行僧一样学习。曾经有一位男生没经她允许把她的笔记本拿去复印，她知道后，血都要从脑门喷出来了，差点儿用头向对方撞去。自此，同学就远远地躲开她了……

"你觉得这件事情你处理的方式妥当吗？"

"我知道是小题大做，但我最受不了被别人侵犯、忽视，难道他不知道征求我的意见吗？难道在他们心中我如此微不足道，可以视而不见吗？"我此时大概能猜出海霞的情绪来自哪里，继续引导。

"不表达情绪就被他人忽视，你感受到愤怒；表达情绪又被周围人隔离、边缘化。我理解得对吗？"

"是的，就是这种感受，太难受了。"海霞的表情很纠结。

我建议海霞想一想在日常生活中还有谁体会过这样的感受……

"母亲在家里的感受！"在海霞喊出母亲的时候，我知道他们母女之间有了连接。

在海霞的心目中，母亲曾经像一个巫婆，总是让大家扫兴。比如一家人去郊游，出发前大家一起去超市买东西，父亲经常会将母亲选购的东西从购物车上拿下去，母亲当时不会有任何抗议，但在途中，却坚定地说："我要下车！"一次家庭郊游败兴而归。王倩在家面无表情，她只用眼神说话——幽怨、讽刺、蔑视……

我问海霞能够理解"热闹是你们的，与我无关"的感受吗？

"我在学校就是这种感觉！"海霞急切地应和着。

"在母亲的心目中，唯一有可能理解她的人是你，如果你也反对她，岂不让她生活在绝望之中？"

海霞终于流下了眼泪。我知道母女之间的冰山在逐渐融化……我问她是不是可以和母亲一起回家。海霞又开始拒绝，"能给我更多的时间适应吗？我希望自己先回去……"

从母亲的人际模式中走出来

在交流回到学校后与同学如何相处的方案时，海霞的思维特别活跃，她积极地想办法缓和与大家的关系。在做高考分数预估时，她自觉地定出上限和下限，一切都很配合。一方面，她从情感层面认同了母亲，少了许多内心的纠结；另一方面又在现实层面卸下了此时此刻见母亲的思想包袱。

谈话结束的时候,海霞已经很明确要回去参加高考:"等我的好消息吧!"

大量的心理咨询案例一再证实心理动力学的理论:母亲的交往模式会深刻地植入孩子的内心,尤其是母亲在人际关系中的不良模式。孩子越是排斥母亲,就越会重演母亲的人际模式。理解母亲交往模式有其合理性,用善意的态度支持母亲,孩子才有机会选择更加适合主流社会、适合自己的人际交往模式。

母亲的焦虑给周围人带来压力

送走海霞,我单独见了王倩,她的确如海霞所说,装扮精致典雅,却非常拘谨。"我很紧张,多年来在婆家不怎么说话,我已经不知道如何向别人表达自己的感受了……"

我向她描述了我和海霞商定的高考相关计划,也分析了海霞目前面临的困难,希望她能够理解,以更为宽松的方式与孩子相处。

慢慢地,王倩放松了,将自己多年来的痛苦和迷茫倾吐出来,表情也变得生动起来,开始讲起她的生活和感受……

王倩的母亲是个精致、追求生活高品质的人,心目中只有她自己,母亲把自己照顾得好好的,但从不干什么家务,基本不和家人说话,表情冷冷的。王倩在家里很孤独。谈恋爱时,第一次到吴家,看着他们家人之间那种亲切的交往方式,说说笑笑的,觉得特别温暖,觉得这才是家。她被深深地吸引了。

嫁进吴家之后,王倩才知道错了,她根本无法适应这种家人不分彼此的状态。小姑当年生病了,老公将家里所有的存款都给了奶奶,并且还找朋友借了钱,这些没有跟王倩商量。当王倩得知有些责怪时,老公很惊讶地问:"难道问你,你会不同意吗?她可是我的亲妹妹呀,我做什么都是应该的呀。"婆婆家的惯例男主外,女主内,女人要承包所有的家务。王倩很不服气,她也工作,并且她在工作上比老公还有建树,但婆婆却强调男人如果做家务,不仅男人丢人,女人更丢人……

王倩真的不太喜欢做家务,小姑每次到家里来,二话不说地把哥哥所有脏衣服和用品彻底清洗干净,王倩看小姑的眼神,仿佛在哀怨地说哥哥在家里受虐待了……

两个完全不一样的家庭模式使他们之间尽管特别努力,但彼此适应还是需要耐心和宽容的。

王倩没有急着回黑龙江,一方面给海霞一个逐渐适应环境的机会,另一方面继续跟我进行婚姻指导和人际交往咨询。

高考结束,海霞考入了一所著名的外国语大学,王倩也正在为改变自己的家庭关系积极努力。

【丽珊女性幸福心理学】

在婚姻中,伤害你的往往就是你曾经迷恋的。王倩在谈恋爱时看到吴家其乐融融、说说笑笑的,觉得特别温暖,和自己处于疏离状态的娘家形成鲜明对比,她觉得这才是家。但婚后她才发现自己根本无法跟上婆家的节奏,无法适应他们的你中有我、我中有你的模式。她的孤独造成女儿内心的慌乱。

心灵作业：你此时是否适宜嫁给他

在回答问题之前，请先检视一下你当下的状态：

1.你身处于一个安全、安静的空间，不会有人唐突打扰你。

2.你至少有两个小时可以全然放松地思考和回答以下问题，请关闭手机。

3.你身体的状态非常良好，没有诸如睡眠不足、腹痛、头痛、心悸等各种不适症状。

4.你的心情非常平静，最近三天以内没有来自人际关系中的纷扰。

条件	满 意	有保留	不满意
一、个人因素			
1.情绪管理能量和稳定程度			
2.心智成熟，思想符合社会主流			
3.人生态度积极			
4.性格适宜，有兴趣爱好			
5.有切实可行的人生目标并努力实现			
6.愿意结束单身进入婚姻状态			
7.能够通过努力获得保证生活的财富			
二、两人相处			
1.彼此了解对方的原生家庭、成长经历			
2.彼此了解对方的人生目标			
3.彼此了解对方对婚姻的期待			
4.彼此了解对方的性格和诉求的表达方式			
5.彼此相亲相爱，接纳对方的一切			
6.彼此能够沟通			
7.当冲突出现，双方会选择沟通而不是争吵			
	有	没有	其他
三、警示信号			
1.过多的争吵和冲突			
2.不可解决的分歧			
3.有过多次分手的记录			

4.两人相处淡而无味,没有见面的欲望			
5.原生家庭对婚姻不支持			
6.不愿带对方进入自己的社交圈			
7.男方对你之前的性经历心存芥蒂			
四、不正确的动机			
1.谈恋爱付出了太多,只能结婚			
2.奉子结婚			
3.父母逼迫结婚			
4.结婚可以满足物质需求			
5.结婚冲冲喜			
6.感情淡了,结婚圈住对方			
7.年纪大了,必须结婚			

　　一般情况,回答之后你就知道了此时是不是适宜嫁给他,如果还犹豫不决,请找一位善于婚姻辅导的心理咨询师,她会帮助你作出正确的选择。

名词解释

一、原生家庭

是指父母照料的，孩子出生并成长的家。原生家庭中父母与孩子之间的互动直接影响孩子的心理感受，对其个性、人格、人际沟通、亲密关系、情绪管理和可持续发展产生深远影响。

将孩子寄养他处会衍生出另一个家，两个家庭的价值观、沟通模式等方面的差异会引起孩子内心的纠结，不知应尊崇父母照料的家，还是尊崇自己成长的家，有的会加大青春期的逆反。

二、负性情绪

是指因某种情境使个体主观感受到紧张、愤怒、耻辱、内疚、焦虑与恐惧等情绪体验。负性情绪具有破坏性，使人的思维受限，处于非理性状态，由此引发情绪的连动性不安；负性情绪也有积极作用，催人自省，增强自我改善的动机，调动各种资源聚焦问题的解决，从而改变诱发负性情绪的各种因素，从负性情绪中解放出来。比如急中生智、知耻而后勇等。

三、生命能量

人的生命需要生命能量和物质能量两类能量。物质能量既包括父精母血，也包括空气、食物、水等；生命能量来自父母的精神滋养。如果父母过于强势则压抑孩子的生命能量的聚集，使孩子缺乏精气神。爱是最核心的生命能量。通过家庭心理辅导修复来访者受伤的爱和被爱的能力，会点燃来访者的生命能量。

四、悦纳自己

是指个体能正确评价自己、接受自己，也能被他人所悦纳，能体验到自己存在的价值，能面对和处理好日常生活中遇到的各种挑战。悦纳自己不仅能接纳自己的优点和长处，更能接受自己的缺点与不足，并有效整合自身和外在资源，努力改进自己、完善自己，实现人生目标。

五、人生脚本

儿童早期通过观察父母及周围人的言语、态度、表情等，获取信息而形成的对自己、别人和周遭世界的看法。如果父母给予孩子很多的爱和允许，让孩子自由地发展，孩子的人生脚本就是积极向上的，在人生脚本的引领下成长为自立快乐的人；反之，若孩子得到过多的禁令，或受到挫折、拒绝、伤害，孩子的人生脚本就是消极的、自我否定的，在人生脚本的引领下自我怀疑、人际关系疏离、退缩。人生脚本是人们应对日常生活的"前提假设"，"命中注定"的结果会再次强化人生脚本。心理咨询通过给来访者注入正能量，将人生脚本改写得更加正向积极。

六、内在小孩

从幼年开始，人就期望被周围的人当作"人"来爱，同时也有人接受他的爱，这是一个人学会爱与信任的起点。如果成长中所期望的需求被漠视、被压抑，孩子就会体验到痛苦与伤害，自我贬低，无法与他人建立信任关系。这些感受植入潜意识，内心的自我就无法伴随身体的成长而长大，以瘦小、脆弱、褴褛的"小孩"态存在于"内在"，这就是精神分析流派所说的"内在小孩"。"内在小孩"过小则会使人在日常生活中表现出自卑、焦虑、恐惧等特质……内在小孩心理疗法的目标在于提升来访者自尊与自我价值感、减少自怜自恨、增进自爱与自我抚慰的能力。

七、丽珊—新门当户对

爱情会在不同的人群中产生，幸福的婚姻则更多的在相似的人中产生。婚姻不是两个人的结合,而是两个家族的联姻,是两个系统的兼容。"丽珊—新门当户对"涉及的维度包括三大类:一是双方本人的特点,包括物质基础、社会地位、性格特点、年龄差距、文化差异、人生阅历、成长环境、价值观、兴趣爱好、审美取向等方面;二是双方的原生家庭,包括父母的夫妻互动模式、人际沟通方式、情绪管理水平、消费习惯、家族间亲情卷入度等方面;三是双方对婚姻的认知水平,包括小到吃饭口味、起居习惯、家务分工,大到事业选择、孩子的养育、情感表达方式、生活与事业平衡等方面。以上各维度匹配的条目数量越多,质量越高,婚姻的稳定性和幸福感就会越强。

后记

孝敬父母使我们的人生更有力量

　　每个人都是带着原生家庭的烙印，按照自己对原生家庭的解读，诠释自己的人生价值。在体验自我内心感受的基础上应对外在世界，并依照外在世界的反馈固化自己的思维和行为模式，形成内外循环，由此书写自己的历史篇章。

　　原生家庭的价值观、行为方式、家人间情绪互动、依恋模式、夫妻沟通模式、家人互动的模式等都会对子女构成深刻的影响。有的经历刻录到潜意识中，左右着子辈的情绪和自我价值感；有的成为他们固化的行为模式，并在未来新生家庭中呈现出来。只有认识自己的原生家庭、接纳原生家庭，才不至于将原生家庭一些负面的元素带到新生家庭去。

　　我接待的大量来访者，无论他们具体问题是什么，但缺乏生命的能量、充满了无力感和无助感是他们共同的特质，追其根本就是无法与父母建立有效的情感链接。我通过实证研究发现，母亲掌管孩子的情感、情绪，如果孩子与母亲情感链接良好，则善于管理自己的情绪，拥有和谐的人际关系……父亲掌管孩子的生命能量，具体表现为学业和事业的持续力，如果孩子与父亲情感链接良好，则有勇气面对挑战，并有信心攻克困难，赢得最后的胜利。

　　母亲在序言中说我的幸福源自内心的强大，而给予我强大内心的是父母给予我的无条件的接纳和无限量的爱。由此我坚信自己是被所有人接受和喜欢的，在人际交往中我的前提假设是："世界是美好的，每个人都是善意的，就算做出不够善良的事也仅仅是暂时没有想明白而已。"我经常沉浸在幸福的自问中，"为什么人家对我这么好呀？我可得好好回报人家！"于是我遇到了无数位生命中的贵人——

感谢我的父母！

1976 年，8 岁的我躺在父母中间，一阵地动山摇，我从熟睡中惊醒——地震了。父母不约而同地扑到我身上，他们用自己的身体替我遮挡，用自己的生命保护我……那一瞬间我坚信父母爱我甚于爱他们自己！

正是这份坚信，青春期的我尽管有了与父母不一样的想法，但绝不与父母顶撞，努力建立个人信誉，当父母确信我已经具有很高的道德标准和自我管理能力时，他们尊重我的选择。

正是这份坚信，我敢于面对生活中的每一次挑战，"年少时，父母是我精神和物质的依靠，我因父母而有力量；成人后，我是父母的依靠，我要父母因我而自豪、幸福。"这是我前进的最核心动力。

正是这份坚信，在心理咨询临床中，我告诉亲子双方，在后喻文化时代，孩子知道的社会新知比父母多是正常的。鼓励孩子在精神层面"反哺"，在规范自己言行的同时，将社会新知讲给父母，提高双方沟通的和谐度；劝慰父母要虚心向孩子学习，使自己的思想与社会保持同步，与孩子在同一个频道中交流。

正是这份坚信，我充当爱的使者，将他们内心对对方的最真挚的爱有效传递，帮助一个又一个陷入负性互动的家庭，由爱出发，以正确的方式表达爱，逐渐恢复家庭自我修正的能量，走向和谐和快乐。

孝敬父母使我的人生有力量！

感谢我的每一位来访者！

他们信任我，从全国各地千里迢迢来到天津，邀请我走入他们的家庭，跟他们共同面对生活的挑战。为了不辜负这份信托，我不断学习，提高自己的助人能力，终于在从事心理学事业 20 年时，推出了可以复制的丽珊心理疗法。他们希望我能够将自己的经历写出来，他们表示自己曾经的痛苦经历如果对别人的人生有所借鉴，他们的痛苦也就有了积极的意义。本书特别献给这些可爱、可敬的来访者们！为了保护他们，我给他们起了化名。

感谢我的 NGO 同伴！

上个世纪 90 年代，作为中国 NGO(非政府非盈利组织)团队中的一员，我结识了许多爱心人士，他们拥有骄人的学历背景、成功的事业、博古通今、游历世界各地、以悲悯之心将自己超人的智慧和爱心奉献给全人类。Angel 就是他们中的一员，作为一家上市公司的 CEO，她听说我要写这套丛书，非常兴奋，认为这是惠及更多人的大善事，她经常放下繁忙的工作，打越洋电话与我讨论、分享，将自己的思索讲给我，并为本书写序，将丽珊心理疗法系统地介绍给读者。

感谢我的编辑们！

在我专业成长的道路上，编辑是最功不可没的。是他们对我的信任，给我搭建一个又一个为公众服务的平台。我从事心理健康事业 20 年就和媒体合作了 20 年，天津人民广播电台的领导具有敏锐的觉察力和高度的社会责任感，自 1995 年起近 20 年间，我从来没有间断过在电台相关专栏中担任嘉宾主持，最忙的时候每周要做三档节目。平面媒体的编辑们帮助我策划一个又一个普惠大众的专栏、催促我定期写出稿子，写稿子过程是我对案例再认识，对咨询再反思的过程，这些对我的专业水平提高大有裨益。我的朋友圈中有一半以上都是媒体朋友，因为合作而成为一生的好朋友。感谢天津人民出版社的任洁老师，为了本套丛书的出版组织了多次头脑风暴、读者问卷，让我更加清楚受众需要什么，我用怎样的方式呈现更能最直接地帮助到受众。玮丽斯和张璐两位编辑用心、用情地编辑这三本书，在细微处不断打造精品。

感谢我的老公和儿子！

2013 年 7 月 11 日，是我和老公结婚 20 周年纪念日。20 年前两个笃信在白纸上画出最新最美图画的年轻人坐上南下的火车，开始了新婚之旅，那是我第一次走了那么远、那么久。旅途中老公对我无微不至的照顾使我坚信选对了人！和老公环游世界成为我当时许下的心愿。20 年间，我们的婚姻就像一曲华尔兹，他轻轻地给我手势，他进时我退，我进时他退，无论在旁观者眼中是否具有观赏性，但作为舞者，我们的内心甜美幸福。我们始终陪伴在儿子身边，看着他一点点长高长壮，分享着他性格温和、人际和谐带来的快乐，幸福着他点点滴滴的成长。多年来，一家三口每到假期都会整装出发，游历了许多国家和地区，将世界作为我们人生的大课堂。

夫妻之爱、亲子之情是女性身体健康、幸福快乐、事业可持续发展的快乐源泉。感谢两位男子汉！

丽珊在这里为普天下为人父母者祈福！为孝敬父母的为人子女者祈福！

丽珊

2013 年 7 月 11 日于观水轩